몽록(夢鹿) 법철학 연구총서 2

왕도와 패도

─ 심재우 교수 법철학 선집 Ⅱ ─

심 재 우 지음

박영사

「몽록 법철학 연구총서」는 평생을 법철학 연구와 강의에 바치신 故 심재우 교수님의 학문적 삶을 기리기 위해 유가족의 지원에 힘입어 창간된 법철학 연구 시리즈입니다. 총서의 명칭 '몽록(夢鹿)'은 심재우 교수님의 아호입니다.

발 간 사

    선생께서 별세하신 지 벌써 이태가 지나고 몽록 법철학 연구총서 2권을 출간하게 되었다. 그 엊그제 같던 기일은 팬데믹 직전이었다. 갑작스러운 부음에 추모를 위해 모인 우리들은 마스크를 쓰고 있지 않았다. 만일 살아계신다면 이 재앙을 두고 뭐라 말씀하실지 궁금하기도 하다. 늘 말로만 약속했던 일산 호수공원 산책은 그렇게 멀어졌고, 무리해서라도 좀 더 자주 뵐 걸 하는 회한을 남긴 채 그분도 그렇게 떠나가셨다. 그러나 떠나감은 결코 없어짐이 아니고 또 다른 무대로 이동하여 새롭게 시작함을 의미할 터이니 슬픔에 잠길 필요는 없을 것이다. 그분의 글이 있고 말이 있고 열정으로 대표되는 갖가지 표정이 있다. 없어진 게 아니고 눈을 감으면 다 보이는 살아 있는 모습이다. 마음의 눈이 침침할까봐 현대적 모습으로 책을 만들어준 손길들이 고맙고 고마울 뿐이다. 사모님께서 길을 터주시고 김일수 선생께서는 잘 안내를 해주셨다. 윤재왕 교수의 다른 모습의 열정이 없었으면 어려운 일이었고, 2권 동양 법철학, 『왕도와 패도』를 편집하고 후기를 써준 이재룡 교수의 동반 또한 어떻게 잊겠는가. 그 밖에도 이름을 열거하지 않은 수많은 제자가 그 뒤에 기라성처럼 받치고 있다. 이 학문적 울타리는 그분만이 누릴 수 있는 특권인지도 모르겠다. 무엇이 오늘의 그분을 있게 했을까? 궁금하기도 하다.

    선생의 학문세계, 법철학, 형법과 성품 등을 떠올리면 몇 가지 생각나는 키워드가 있다. 저항권, 칸트, 인간존엄, 자연법, 법치국가 등이다. 역성혁명은 동양적 저항권의 범위에 포함시켜도 괜찮지 않을까 싶다. 그런데 제자들 사이에 이런 말들은 그분의 면전에서는 함부로 입에 올리면 안 되는 불문율 같은 것이 있었다. 마치 금기어 같은 것, 왜냐하면 그랬다가는 그날 일찍 집에 들어가는 것은 포기해야 하기 때문이었다. 그분의 성품, 곧 열정과 사랑의 표현이었다. 긴 설명을 하지 않아도 제자들은 다 알고 있었고, 모두 여러 번 경험한 일이기도 했을 것이다. 그러면 이 모든 주제를 관통하는 공통분모 또는 토대는 무엇일까? 바로 인간존엄이다. 기둥은 인간존엄이고 다른 것들은 그 것에 붙은 가지들이라고 하면 어떨지 모르겠다. 사실 '존엄'도 법률가 들에게는 너무나 익숙한 단어이지만, 이분의 성품을 생각하면 없는 것이 더 어울린다고 생각한다. 그냥 '사람'이라고 하면 된다. 선생은 사람을 그렇게 중하게 생각했고, 평생을 그 사람을 위한 길을 동서양 에서 찾기 위해 노력하셨다. 눈을 감고 뇌어보자, "사람~". '사람'이 라는 말은 모두를 하나로 묶고 최고의 가치를 품고 있다. 마치 하나님 을 닮은 형상, 천상천하유아독존의 그 사람이다. 존엄이라는 말을 굳 이 붙이지 않더라도 사람은 이미 내재적으로 그런 존재이다. 여자, 남 자가 아니라 그냥 사람으로 보면 젠더갈등이라는 게 있을 까닭이 없 다. 노인, 어린이, 경비원, 노동자, 난민, 탈북민 등 모두 사람이다. 사 람이면 됐지, 이것을 둘로 나누고 싶은 건 악마의 속삭임이다. 그래서 택일은 악마의 산물이라고 하지 않던가. 이 선택하고 싶은 마음만 없 애면 성인이 될 수 있다고 했다. 선생은 '사람'에 대한 확신이 그토록 견고하셨다. 이 믿음에는 한 치의 양보도 없어서, 사실 그렇게 강건하 지 않은 몸이셨지만, 목에 칼이 들어와도 아닌 것은 아니라고 말할 수 있는 단호함, 즉 열정이 나올 수 있었던 것으로 생각한다. 얼마나 무 거운 단어인가. 저항, 역성혁명을 해서라도 '사람'은 지켜야 한다고 믿었다. 법치국가도 마찬가지, 헌법에는 국민이 있고, 형법에는 범죄자가 있다. 형법의 법치국가는 "범죄자도 사람이다"라는 지극히 상식적인 말을 문자를 써서 표현한 것일 뿐이다. 사람은 어떤 경우에도 함부로 대해서는 안 되니 번거롭더라도 경우와 절차를 지키라는 요구를 하는 것이다. 자연법의 '사람'에 대한 관계도 다를 것은 없다.

이분의 사람에 대한 사랑은 글에서도 그대로 나타난다. 『왕도와 패도』의 편집자 후기에 보면, 이재룡 교수도 이분의 글에 대한 이야기를 하고 있다. 생각이 막히고 글이 안 될 때 이분의 글을 찾아 읽어보았다는 고백을 하고 있다. 몽록 선생의 글은 한마디로 인간적이다. 사람에 대한 배려심이 구구절절 묻어난다. 마치 할아버지가 손자에게 설명하듯이 이해하기 쉽게 논리적으로 그리고 친절하게 글을 쓴다. 그러니 자신이 이해하지 못한 내용을 글에 담는다는 것은 상상할 수 없는 일, 전달하고자 하는 내용 이외에 쓸데없는 우상을 글에 붙이는 것은, 그분에게는 곧 인간모독과 같은 것이었다.

여전히 '사람'이 문제가 되는 세상이다. 그리고 앞으로도 계속해서 문제가 될 것이다. '왕도'는 멀고 '패도'의 유혹은 더욱 기승을 부릴 것이다. 『왕도와 패도』가 우리 시대의 사전이 되었으면 좋겠다.

고려대학교 법학전문대학원 명예교수 배 종 대

차 례

6. 동양의 법사상의 재조명
― 덕치주의, 예치주의, 법치주의를 중심으로

맹자의 역성혁명론

Ⅰ. 서언

맹자는 수천 년 전에 역성혁명론을 주장한 국가철학자이다. 그의 역성혁명이 오늘날 서양의 동구권에서 실현되고 있음을 볼 때 격세지 감이 없지 않다. 루마니아의 차우셰스쿠는 폭군살해로 처형되었고, 다른 공산국가의 이른바 당서기장들은 모두 그 자리로부터 쫓겨나고 말았다. 맹자는 일찍이 폭정을 행하는 지배자에 대처하는 두 가지 방식을 우리에게 알려 주었다. 그 하나는 국군(國君)에 큰 잘못이 있으면 간(諫)하고 그것을 되풀이하여 간하여도 들어주지 않으면 국군을 바꾸어 버린다는 것이고, 그 다른 하나는 인의를 해치는 폭군은 잔적(殘賊)으로서 이미 군주의 자격을 상실한 일부(一夫)에 지나지 않으므로 다른 방법이 없는 한 살해해도 괜찮다는 것이다. 이것이 이른바 맹자의 역성혁명론이다. 이 역성혁명의 정당화 근거를 이해하기 위하여는 우선 그의 국가철학을 살펴보아야 한다.

맹자의 국가철학의 특징은 국가의 도덕성을 강조하였다는 데 있다. 국가는 그에게 있어서 단순히 힘으로 통치하는 지배단체가 아니라 인의예지의 인간 가치를 실현하는 윤리단체로 파악되고 있다. 국가윤리가 그의 국가철학의 핵심적 내용이다. 따라서 패도주의(覇道主義) 대신 왕도주의(王道主義)를, 권력주의 대신 덕치주의를 주장하게 되었으며 인정(仁政) 사상과 민본주의를 치도의 본으로 삼았던 것이다.

오늘날 이 발달한 시대에 수천 년 전의 맹자를 원용하는 것은 시대 착오적이라고 생각할 사람이 있을지 모른다. 그러나 자연과학과는 달리 사회과학에서 고전의 가치는 조금도 상실된 것이 없으며 오히려 우리는 거기에서 많은 지혜와 현명함을 배운다. 국가와 정치의 모습은 그때와 많이 달라졌지만, 그 국가와 정치의 본질적 의미에 있어 달라진 것은 아무것도 없다. 국가는 인간을 위하여 존재하고 정치는 인문 가치를 존중하고 보호해야 할 책무를 지고 있다는 점에서 달라진 것은 없다. 이 도덕성의 기초를 상실한 국가는 이미 국가가 아니며 그 본질상 강도단체와 구별될 것이 아무것도 없다. 국가의 정치가 악을 행한다면 그것은 자기모순이며 정치의 본질에 반한다. 공자는 "정자 정야(政者正也)"라고 말하였다. 이 말은 오늘의 정치에 대해서도 마찬가지로 타당한 치도의 본질임에 틀림없다.

국가의 모든 정치활동은 결국 인간을 위하여 있는 것이며, 그 역은 아니다. 시대가 바뀌고 세월이 흘렀다고 하여 인간이 국가를 위하여 존재하는 것은 아니기 때문이다. 그러나 아직도 우리 지구상에는 도덕성을 상실한 국가 아닌 국가가 허다하게 있다. 비인도적인 폭정과 학정을 일삼는 독재주의 국가, 전체주의 국가들이 그러한 것들이다. 이제 와서 우리가 맹자를 다시 찾게 되는 것도 바로 그 때문이다. 국가의 도덕성을 강조한 그의 국가철학이 어떠한 사상으로부터 성립되었는지 살펴봄으로써 그의 역성혁명론의 정당화 근거를 추적해 보기로 한다.

Ⅱ. 맹자의 인성론

맹자의 국가철학의 출발점은 그의 인성론에 있다. 그는 인간의 본성을 선하다고 보며 성선설을 취한다. 이것은 순자의 성악설과 대조적이다. 맹자에 의하면 인간의 본성은 네 가지 사유기관의 작용으로 나타난다고 한다. 그것은 측은지심, 수오지심, 사양지심, 시비지심이다.

"측은지심은 인의 시단(始端)이며 수오지심은 의의 단이며, 사양지심은 예의 단이며, 시비지심은 지의 단이다. 사람은 사단(四端)을 지니고 있으니 그것은 마치 사람에게 사지가 있는 것과 같다. 이와 같은 사단을 가지고 있으면서 스스로 선한 일을 할 수 없다고 말하는 자는 자기 자신을 해치는 자이고, 임금이 선한 일을 할 능력이 없다고 말하는 자는 그 임금을 해치는 자이다."[1]

이 인의예지의 사단은 인간에게 선천적으로 주어져 있는 본성이며 후천적으로 얻어진 것이 아니므로 그것을 가리켜 하늘이 준 '천작(天爵)' 또는 '천성'이라고도 한다. 이에 반하여 순자에 의하면 사람의 본성은 선한 것이 아니라 악하다고 한다. 그는 성악편(性惡編)에서 다음과 같이 말한다.

"사람의 본성은 악하다. 그래서 옛날에 성왕께서는 사람의 본성이 악하여 음험하고 편벽하여 바르지 못하고 질서를 소란케 하여 다스려지지 않기 때문에, 임금의 권세를 세워 이들 위에 군림케 하고, 예의를 밝히어 이단을 교화하

---

1) 『孟子』, 公孫丑上, "惻隱之心, 仁之端也; 羞惡之心, 義之端也; 辭讓之心, 禮之端也; 是非之心, 智之端也. 人之有是四端也, 猶其有四體也. 有是四端而自謂不能者, 自賊者也; 謂其君不能者, 賊其君者也."

고, 올바른 법도를 만들어 이들을 다스렸으며, 형벌을 중하게 하여 이들의 악한 행동을 금지한 것이다. 이것이 성왕의 다스림이고 예의의 교화인 것이다. 지금 시험 삼아 임금의 권세를 없애버리고, 예의를 통한 교화를 중지하고, 바른 법도의 다스림을 없애버리고 형벌에 의한 금지를 폐지하고, 천하의 인민들이 어떻게 어울려 사는가를 한 번 보기로 하자. 그렇게 되면 강자가 약자를 해치고 탈취하며, 다수의 무리는 소수의 무리에게 폭력을 가하여 그들을 굴복시킬 것이다. 천하가 어지럽게 되어 망하는 꼴을 보는 것은 한참을 기다릴 필요조차 없을 것이다. 그러니 사람의 본성이 악한 것은 분명하다."[2]

이것으로 볼 때 맹자와 순자는 각각 인성의 다른 측면을 보고 있다. 즉 맹자는 인간의 '도덕적 본성'을 바라보고 있으며 순자는 인간의 '자연적 본성'을 바라보고 있다. 그러나 맹자의 인성론을 주의해서 살펴보면 그도 인간의 감각기관에 의한 욕망추구의 본성을 부인한 것은 아니다. 다만 그것은 모든 동물에게 공통된 자연적 본성이며 인간에게만 고유한 도덕적 본성, 즉 인성은 아니라는 것이다. 그래서 그는 말하기를

"입이 좋은 맛을, 눈이 좋은 빛을, 귀가 좋은 소리를, 코가 좋은 냄새를, 사지가 편안하기를 바라는 것은 사람의 본성이기는 하나, 명(命)이라는 것이 있기 때문에 군자는 이것을 성(性)이라 하지 않는다. 또 인의예지는 천도(天道)요 명이기는 하나, 성이라는 것이 있기 때문에 군자는 이것을 명이라 하지 않는다."[3]

---

2) 『荀子』, 性惡, "人之性惡, 其善者僞也. 今人之性, 生而有好利焉. 順是, 故爭奪生而辭讓亡焉; 生而有疾惡焉, 順是, 故殘賊生而忠信亡焉; 生而有耳目之欲, 有好聲色焉, 順是, 故淫亂生而禮義文理亡焉. 然則從人之性, 順人之情, 必出於爭奪, 合於犯分亂理而歸於暴. 故必將有師法之化, 禮義之道, 然後出於辭讓, 合於文理, 而歸於治. 用此觀之, 然則人之性惡明矣, 其善者僞也."

3) 『孟子』, 盡心下, "口之於味也, 目之於色也, 耳之於聲也, 鼻之於臭也, 四肢之於

그래서 맹자는 인성론에 관한 고자(告子)와의 대담에서 다음과 같이 말하고 있다.

"이목(耳目)의 감각기관 작용이 없으면 외물의 유혹을 차단할 수 없으므로, 외물에 접촉만 하면 곧 유인되고 만다. 그러나 마음의 사유기관은 생각하는 능력이 있기 때문에, 생각을 하면 본심을 얻고 생각을 안 하면 본심을 얻지 못한다. 우리는 이 두 기관(이목구비의 감각기관과 마음)을 생래적으로 하늘로부터 받아 지녔으니, 먼저 큰 것을 세워 놓으면 작은 것도 빼앗기지 아니한다. 이렇게 하는 것이 대인이 되는 길이다."[4]

그러므로 맹자는 인간의 본성에서 도덕적 본성과 자연적 본성의 양 측면을 다 들여다보고 있으나 도덕적 본성만을 선택적으로 인성으로 받아들이고 있으며 이와는 달리 순자는 자연적 본성(감각기관의 본성)만을 인성으로 바라보고 있다. 맹자가 인간의 본성을 인의예지의 사단의 작용으로 본 것은 인간을 다른 동물과 구별해서 도덕적 존재로 규정짓기 위해서이다. 그러나 인간의 본성은 이성적 작용만을 하는 것은 아니며 감성적 작용도 한다. 이 점에서 순자의 성악설도 잘못 본 것은 아니다. 다만 도덕적 본성의 측면을 무시했다는 점에서 인성론의 이해의 차이가 생겨난 것일 뿐이다. 이러한 이해의 차이로부터 맹자는 덕치주의를 주장하게 되고 순자는 예치주의를 주장하게 되었던 것이다.

安佚也, 性也, 有命焉, 君子不謂性也. 仁之於父子也, 義之於君臣也, 禮之於賓主也, 智之於賢者也, 聖人之於天道也, 命也, 有性焉, 君子不謂命也."
4) 『孟子』, 告子上, "耳目之官不思, 而蔽於物, 物交物, 則引之而已矣. 心之官則思, 思則得之, 不思則不得也. 此天之所與我者, 先立乎其大者, 則其小者弗能奪也. 此爲大人而已矣."

Ⅲ. 천명사상과 민본주의

맹자의 정치철학의 핵심 개념은 인민이다.

"인민이 가장 귀하고, 국가가 그다음이고, 군주는 가장 경(輕)하다."[5]

맹자가 인민을 가장 귀한 위치에 두게 된 것은 그의 도덕적 인간관에 연유한다. 그는 인간을 인의예지에 기초한 도덕적 존재로 보며 성선설을 통해 그 근거를 제시한다. 즉 인간은 그의 도덕적 본성을 통하여 자연적 본성을 스스로 통제할 능력이 있다는 것이다. 이와 같은 자기통제 능력과 자기입법 능력 때문에 인간은 자기 자신을 도덕적 존재로 만들어 나갈 수 있는 것이며 바로 그 때문에 존엄한 존재로 여겨지는 것이다. 인의예지의 도덕적 본성의 바탕이 없다면 사회의 성립은 불가능할 것이며 동물의 세계로 전락하고 말 것이다. 맹자가 인간을 가장 귀한 위치에 둔 것은 그 도덕적 본성을 존중하고 보호하기 위함이다. 인간 가치의 실현이 국가의 목적으로 되어있으며 그 목적을 수행하기 위한 수단이 군주이다. 그래서 "민위귀(民爲貴), 사직차지(社稷次之), 군위경(君爲輕)"이라 말한 것이다.

맹자의 국가철학은 크게 나누어 두 가지 내용을 담고 있다. 그 하나는 천명(天命)에 의한 국가권력의 윤리적 정당화이고, 다른 하나는 인정(仁政)에 의한 국가권력의 윤리적 정당화이다. 전자는 통치권 획득의 윤리적 정당화이고, 후자는 통치권 행사의 윤리적 정당화이다. 전자에서는 국민주권의 이론, 즉 민주주의의 원리가 도출되고 후자에서는 역성혁명의 이론이 도출된다.

---

5) 『孟子』, 盡心下, "民爲貴, 社稷次之, 君爲輕."

맹자에서 통치자는 천자(天子)이며 그 천자는 천명을 받아야만 통치권을 획득한다. 따라서 왕권은 세습되는 것이 아니라 그때그때 하늘로부터 받는다. 이것은 형식적으로는 왕권천수설이라 하겠으나 실질적으로는 왕권민수설이다. 왜냐하면 민(民)이 천(天)을 대신해서 왕을 받아들이기 때문이다. 이 점은 맹자의 만장(萬章)과의 문답에서 잘 표현되어 있다.

"만장이 질문하기를 '요(堯)임금이 천하를 순(舜)에게 주었다는 것이 사실입니까?' 맹자가 대답했다. '아니다. 천자는 천하를 남에게 주지 못한다.' 만장이 말하기를 '그러면 순이 천하를 차지한 것은 누가 준 것입니까?' 맹자가 대답했다. '하늘이 준 것이다.' 만장이 다시 물었다. '하늘이 주었다는 것은 하늘이 직접 명(命)을 내리신 것인가요?' 맹자가 대답했다. '아니다. 하늘은 말을 하지 않는다. 행동과 사실을 가지고 그 뜻을 보여 줄 따름이다.' 만장이 다시 물었다. '행동과 사실을 가지고 그 뜻을 보여준다는 것은 어떻게 되는 것입니까?' 맹자가 대답했다. '천자는 사람을 하늘에 천거할 수는 있지만 하늘로 하여금 그에게 천하를 주도록 할 수는 없다 … 옛날에 요임금이 순을 하늘에 천거하였더니 그를 받아들이신 다음 그를 인민 앞에 내놓았는데 인민들이 그를 받아들였다. 그러므로 하늘은 말을 하지 않고 행동과 사실을 가지고 그 뜻을 보여 줄 따름이라고 하는 것이다.'"[6]

이 대화에서 알 수 있듯이, 천자가 천명을 받는 것은 민의에 의해서

---

6) 『孟子』, 萬章上, "萬章曰, 堯以天下與舜, 有諸? 孟子曰, 否. 天子不能以天下與人. 然則舜有天下也, 孰與之? 曰, 天與之. 天與之者, 諄諄然命之乎? 曰, 否. 天不言, 以行與事示之而已矣. 曰, 以行與事示之者如之何? 曰, 天子能薦人於天, 不能使天與之天下; 諸侯能薦人於天子, 不能使天子與之諸侯; 大夫能薦人於諸侯, 不能使諸侯與之大夫. 昔者堯薦舜於天而天受之, 暴之於民而民受之, 故曰, 天不言, 以行與事示之而已矣."

확인된다. 하늘은 말이 없고 다만 인민을 통하여 말을 할 따름이다. 따라서 민의는 천의(天意)이고, 민심은 곧 천심이다. 그러므로 천자의 통치권은 명목상 하늘로부터 부여받는다고 하지만 실질상 인민으로부터 부여받는다. 그래서 맹자는 이어서 말하기를

"하늘이 순으로 하여금 제사를 주관하게 하였는데 모든 신이 그 제사를 받아들이시니 그것은 하늘이 그를 받아들이신 것이고, 또 그로 하여금 나랏일을 주관하게 하여 다스리게 하였던 바, 백성이 평안하게 되니 이것은 인민이 그를 받아들인 것이다. 하늘이 천하를 그에게 주었으며 인민이 그에게 천하를 주었으니 그 까닭으로 천자가 천사를 남에게 주지 못한다고 하는 것이다 … 태서(泰誓)에 '하늘이 보는 것은 우리 인민이 보는 것을 따르고 하늘이 듣는 것은 우리 인민이 듣는 것을 따른다'라고 한 것은 이것을 두고 한 말이다."[7]

이처럼 맹자에서 지배자의 통치권은 국민에서 나오고 있다. 이것은 오늘날의 민주주의에서 국민주권의 이론에 해당하는 것이다. 국민주권의 이론은 서양의 루소에 앞서 이미 동양의 맹자에게 비롯되고 있음을 주목할 필요가 있다. 다만 그 국민주권의 행사방법으로서 오늘날에는 선거가 활용되고 있지만, 그 당시에는 그러한 제도를 알지 못했다는 차이가 있을 뿐이다.

맹자에서 임금은 천의의 대행자이다. 제(齊)의 선왕(宜王)과의 대화편에서 그는 다음과 같이 말한다.

---

7) 『孟子』, 萬章上, "使之主祭而百神享之, 是天受之; 使之主事而事治, 百姓安之, 是民受之也. 天與之, 人與之, 故曰, 天子不能以天下與人. 舜相堯二十有八載, 非人之所能爲也, 天也. 堯崩, 三年之喪畢, 舜避堯之子於南河之南. 天下諸侯朝覲者, 不之堯之子而之舜; 訟獄者, 不之堯之子而之舜; 謳歌者, 不謳歌堯之子而謳歌舜, 故曰天也. 夫然後之中國, 踐天子位焉. 而居堯之宮, 逼堯之子, 是簒也, 非天與也. 太誓曰, 天視自我民視, 天聽自我民聽, 此之謂也."

"서경(書經)에 말하기를 하늘이 땅에 인민을 내리실 때 그들을 다스릴 임금과 그들을 지도할 스승을 마련하였다. 이것은 그로 하여금 오로지 상제(上帝)를 도와 사방의 인민을 평안하게 하기 위함이다. 죄 있는 자를 처벌하고 죄 없는 자를 보호하는 것은 오직 나(무왕 武王)의 책무에 속해 있으니 온 천하의 인민들이 어찌 감히 그 하늘의 뜻을 무시하리오?"8)

위의 구절이 우리에게 시사하고 있는 바는, 하늘은 직접 인민을 다스리는 것이 아니라 천자를 통하여 간접적으로 인민을 다스린다는 점이다. 말하자면 천자는 천의(天意)의 대행자이다. 그런데 이 대행자는 천의에 반할 수 없고 그것에 구속된다는 점에서 법치주의와 유사한 면을 가지고 있다. 그 대행자에게 주어진 과제는 국태민안(國泰民安)의 질서를 확립함으로써 인간 가치를 실현하고 보호하는 데 있다. 한마디로 말해서 임금이 해야 할 일은 오로지 인민이 편안하게 살 수 있도록 보살펴 주고 돌보아주는 데 있다. 이를 위하여 인민의 유죄, 무죄를 가려서 다스리는 것이고 인민을 선으로 인도하는 것이다. 그렇게 함으로써 인민이 바라는 바를 충족시켜주는 것이 천자의 임무이다. 이렇게 천자는 인민을 위하여 정치를 하는 것이기에 이것을 '민본주의'라고 칭하는 것은 적절한 표현이라 하겠다.

천자가 천하를 통치하는 위치에 있게 된 것(得天下)은 천명(天命)을 대신해서 민의에 의하여 행하여지고, 천자가 천하를 잘 통치해 백성을 보호하는 것(保天下)은 천의를 대신해서 민본과 민생으로서 이루어지는 것이라면, 천자가 지위를 잃게 되는 경우(失天下)도 천명을 대신해서 민의에 의하여 결정되는 것은 당연한 논리적 귀결이다. 이 점

---

8) 『孟子』, 梁惠王下, "書曰, 天降下民, 作之君, 作之師. 惟曰其助上帝, 寵之四方. 有罪無罪, 惟我在, 天下曷敢有越厥志？"

을 맹자는 다음과 같이 말한다.

"걸주(桀紂)가 천하를 잃은 것은 그 인민을 잃은 까닭이다. 그 인민을 잃은 것은 그 민심을 잃은 까닭이다. 천하를 얻는 데는 길이 있으니, 그 인민을 얻으면 곧 천하를 얻을 수 있다. 그 인민을 얻는 데는 길이 있으니 그 민심을 얻으면 곧 인민을 얻을 수 있다. 그 민심을 얻는 데는 길이 있으니, 그것은 인민이 바라는 바를 모아주는 것이요, 인민이 싫어하는 바를 하지 않으면 된다."9)

Ⅳ. 혁명사상과 왕도주의

맹자에서 통치권 행사의 윤리적 정당화는 왕도주의에서 발견된다. 왕도주의는 이제삼왕(二帝三王)의 옛 왕들의 도에 따르는 치세법을 말하는 것인데 그 내용은 인정과 덕치이다. 인정은 인간의 도덕적 본성을 존중하고 보호하는 인도주의적 정치를 행하는 것을 말하며, 덕치는 임금이 성인으로서의 덕을 닦아 그 덕성으로 백성을 선으로 인도하고 다스리는 것을 말한다. 이 점을 맹자는 다음과 같이 말하고 있다.

"성인은 인류의 극치이다. 임금 노릇을 하려면 임금의 도를 다하여야 하고, 신하 노릇을 하려면 신하의 도를 다하여야 한다. 이 두 가지는 다 요순을 모범으로 삼아야 할 뿐이다. 순이 요임금을 섬기던 대로 임금을 섬기지 않으면 임금을 공경하지 않는 사람이 되고, 요임금이 인민을 다스린 대로 인민을 다스리지 않으면 인민을 해치는 사람이 된다. 공자는 '도는 둘이다. 인이 아니면 불인

---

9) 『孟子』, 離婁上, "孟子曰, 桀紂之失天下也, 失其民也; 失其民者, 失其心也. 得天下有道; 得其民, 斯得天下矣; 得其民有道; 得其心, 斯得民矣; 得其心有道; 所欲與之聚之, 所惡勿施爾也."

이 있을 뿐이다'라고 말하였다. 인민에게 심한 폭정을 하면 몸은 시해되고 나라는 망하며, 그 폭정이 심하지 않더라도 몸은 위태로워지고 나라는 기울 것이다."[10]

이처럼 통치자가 인정을 행할 가능성 근거를 맹자는 그의 성선설에 입각한 도덕적 인간관에서 바라본다. 그의 인성론이 국가철학에서 갖는 의의는 인도주의적 지배를 가능하게 한다는 데 있다. 즉 통치자나 피치자나 다 같이 도덕적 존재로서의 인간이므로 인간성의 바탕 위에서 통치가 행해져야 하고 또한 행해질 수 있다는 것이다. 그래서 그는 말하기를

"옛날 선왕은 차마 하지 못하는 마음(不忍人之心)이 있어서 잔인하지 아니한 정치를 하게 되었다. 이 '불인인지심'을 가지고 위에서 움직이는 잔인하지 아니한 정치를 행하면 천하를 통치하는 것은 가히 손바닥 위에서 움직이는 것처럼 쉬울 것이다."[11]

여기서 '불인인지정(不忍人之政)'은 인도주의적 인애(仁愛)의 정치, 즉 인정을 말하는 것이며 그것은 성인인 인자(仁者)만이 할 수 있다고 한다.

"성인이 이미 마음과 생각을 다 하시고 그에 이어 불인인지정을 행하시니

---

10) 『孟子』, 離婁上, "孟子曰, 規矩, 方員之至也; 聖人, 人倫之至也. 欲爲君盡君道, 欲爲臣盡臣道, 二者皆法堯舜而已矣. 不以舜之所以事堯事君, 不敬其君者也; 不以堯之所以治民治民, 賊其民者也. 孔子曰, 道二, 仁與不仁而已矣. 暴其民甚, 則身弑國亡; 不甚, 則身危國削."

11) 『孟子』, 公孫丑上, "孟子曰, 人皆有不忍人之心. 先王有不忍人之心, 斯有不忍人之政矣. 以不忍人之心, 行不忍人之政, 治天下可運之掌上."

인(仁)이 천하를 뒤덮은 것이다 … 그러니 정치를 하는데 선왕의 도를 따르지 않는다면 지혜롭다고 할 수 있겠는가. 그러므로 오직 인자만이 높은 지위에 있어 마땅하다. 불인한 사람이 높은 자리에 있으면 그것은 악을 인민에게 뿌리는 것이다."[12]

맹자의 이와 같은 인정사상의 정치철학적 의의는 치자가 피치자를 인으로 인간답게 다루어 야만 왕도정치가 설 수 있다는 데 있다. 인간의 도덕적 본성인 인이야말로 왕도의 근본이며 인도주의적 정치의 핵심적 덕목이다.

왕도주의의 다른 한 측면은 덕치에 있다. 유가의 치도는 권력에 의한 법치보다 선교(善敎)에 의한 덕치를 중요시한다. 이미 공자도 논어에서 법치보다 덕치가 더 중요하다는 것을 말하고 있다. 즉 "백성을 법으로 인도하고 형벌로 다스리면 그들은 법망을 뚫고 형을 피함을 수치로 여기지 아니한다. 그러나 덕으로 인도하고 예로 다스리면 수치심을 갖게 되고 질서도 바로 잡히게 된다."[13] 오늘날 법의 금지에 의한 형벌만으로는 범죄 문제를 해결하지 못하는 우리의 처지에서 이 말은 잘 새겨들어야 할 것이다. 맹자도 덕치가 법치보다 우월하다는 것을 다음과 같이 강조한다.

"법으로 하는 선정(善政)은 덕으로 하는 선교가 민을 교화하는 것만 못하다. 법으로 하는 선정은 백성이 두려워하지만, 덕으로 하는 선교는 백성이 사랑한다. 따라서 선정은 백성으로 하여금 세금을 잘 내게 하지만, 선교는 백성의 민

---

12) 『孟子』, 離婁上, "(聖人)旣竭心思焉, 繼之以不忍人之政, 而仁覆天下矣. 故曰, 爲高必因丘陵, 爲下必因川澤. 爲政不因先王之道, 可謂智乎 ? 是以惟仁者宜在高位. 不仁而在高位, 是播其惡於衆也."
13) 『論語』, 爲政, "道之以政, 齊之以刑, 民免而無恥, 道之以德, 齊之以禮, 有恥且格."

심을 얻게 한다."[14]

맹자는 이어서 정치의 근본도 군주의 덕에 있음을 강조한다.

"사람의 부족함도 책할 것이 못되며, 정치의 부족함도 비난할 것이 못되니, 오로지 큰 덕을 지닌 사람만이 군주의 마음의 잘못을 바로잡을 수 있다. 군주 가 인자하면 아무도 인자하지 않을 수 없고, 군주가 의로우면 아무도 의롭지 않을 수 없고, 군주가 올바르면 아무도 올바르지 않을 수 없다. 한 번 군주가 올 바르게 되면 나라도 안정된다."[15]

"도덕으로 인정을 실행하는 자가 왕이다." 맹자는 왕도주의를 패도 주의와 명확히 구별한다. 왕도가 인으로 인민을 다스리는 인정을 말 하는 것이라면, 패도는 권력으로 인민을 다스리는 폭정을 뜻한다. 패 도도 겉으로는 인정을 가장하지만, 그 틀의 정치적 목적과 동기는 왕 도와 전혀 다르다. 왕도는 인민을 위하여 다스리는 것이지만 패도는 자기 자신을 위하여 인민을 다스리는 것이다. 즉 자기 자신의 이익과 명성을 위하여 다스리는 것이다. 따라서 왕도에서는 인민이 정치의 목적으로 되어있지만, 패도에서는 인민이 정치의 수단으로 전락한다. 맹자는 다음과 같이 말한다.

"권력으로 인정을 가장하는 자는 패자(霸者)이다. 패자는 반드시 큰 나라를 갖는다. 그러나 덕으로 인을 행하는 자는 왕자(王者)이다. 왕자는 큰 나라를 지 닐 필요가 없다. 탕(湯) 임금은 칠십 리로 왕자가 되었고 문왕(文王)은 백 리로

---

14) 『孟子』, 盡心上, "善政不如善教之得民也, 善政民畏之, 善教民愛之, 善政得民 財, 善教得民心."
15) 『孟子』, 離婁上, "孟子曰, 人不足與適也, 政不足間也. 惟大人爲能格君心之非. 君仁莫不仁, 君義莫不義, 君正莫不正. 一正君而國定矣."

왕자가 될 수 있었다. 힘으로 사람을 복종케 하는 것은 마음에서 복종하는 것
이 아니며, 힘이 부족하기 때문에 하는 수 없이 복종하는 것이지만, 덕으로 사
람을 복종케 하는 것은 마음속으로부터 정말로 기뻐서 복종하는 것이다.”[16]

   이상에서 살펴본 바와 같이 맹자에서 통치권 행사의 윤리적 정당화
는 인정과 덕치에 의한 왕도주의에 있다. 반면 패도주의는 권력과 무
력으로 통치하므로 윤리적으로 정당화될 수 없다. 왕도주의가 천명에
순응하는 천자의 통치권 행사양식이라면 패도주의는 천명에 순응하
지 않는 통치권 행사양식이다. 여기서 명을 바꾸는 혁명이 논의됨은
맹자에서는 당연한 논리적 귀결이다. 맹자는 치자가 왕도에 의한 인
정을 행하지 않고 패도에 의한 폭정을 행하면 반드시 망한다는 확신
을 가지고 있다. 그는 다음과 같이 말한다.

   “삼대(하·은·주) 때에 천하를 얻은 것은 인(仁) 때문이요, 천하를 잃은 것은
불인(不仁) 때문이다. 나라의 흥망성쇠가 역시 그러하다. 천자가 불인하면 나
라를 보존하지 못하고, 제후가 불인하면 사직을 보존하지 못하고, 경이나 대부
가 불인하면 종묘를 보전하지 못하고, 사(士)나 서인(庶人)이 불인하면 사체(四
體)를 보존하지 못한다. 그런데 지금 사멸하는 것은 싫어하면서 불인을 즐기고
있으니, 이것은 취하는 것을 싫어하면서 억지로 술을 마시는 것과 같다.”[17]

----

16) 『孟子』, 公孫丑上, “孟子曰, 以力假仁者霸, 霸必有大國, 以德行仁者王, 王不待
   大. 湯以七十里, 文王以百里. 以力服人者, 非心服也, 力不贍也; 以德服人者, 中
   心悅而誠服也, 如七十子之服孔子也.”
17) 『孟子』, 離婁上, “孟子曰, 三代之得天下也, 以仁; 其失天下也, 以不仁. 國之所
   以廢興存亡者亦然. 天子不仁, 不保四海; 諸侯不仁, 不保社稷; 卿大夫不仁, 不
   保宗廟; 士庶人不仁, 不保四體. 今惡死亡而樂不仁, 是猶惡醉而强酒.” 이와 같
   은 뜻의 말이 公孫丑上에도 보인다. “仁則榮, 不仁則辱, 今惡辱而居不仁, 是猶
   惡濕而居下也.”

맹자는 불인한 치자가 망하는 방법에 두 가지가 있음을 알려 준다. 그 하나는 나라의 군주를 폐위(易位)하는 것이고, 다른 하나는 국군을 살해하는 것이다. 제나라의 선왕(宣王)이 귀척(貴戚)의 경(卿)에 관하여 물었을 때 맹자가 이에 대답하기를,

"국군에 큰 잘못이 있으면 간언하고 그것을 되풀이하여 간하여도 들어주지 아니하면 국군을 바꾸어 버립니다."[18]

이것은 실덕을 한 군주를 폐위하고 다른 사람을 그 자리에 앉히는 역위(易位)를 뜻한다. 또 하나의 방법은 폭군을 살해하는 것이다.

"제나라의 선왕(宣王)이 묻기를, '탕(湯) 왕이 걸왕(桀王)을 내쫓고 무왕(武王)이 주왕(紂王)을 방벌했다는 데 그런 일이 있습니까?' 맹자가 대답했다. '옛 기록에 있습니다.' 선왕이 다시 묻기를 신하로서 군주를 시해하는 일이 있을 수 있습니까?' 맹자가 이어 답하되, '인(仁)을 해치는 자를 적(賊)이라 하고, 의를 해치는 자를 잔(殘)이라고 합니다. 잔적을 일삼는 자를 일부(一夫)라고 합니다. 일부 주를 살해했다는 말은 들었어도, 군주를 시해했다는 말은 아직 듣지 못하였습니다.'"[19]

맹자의 이러한 역성혁명 사상은 국가권력이 도덕성을 상실하면 그것은 이미 국가권력의 권위를 가질 수 없으며 단순한 폭력에 지나지 않는다는 데 있다. 그의 국가철학에서는 불인을 행해서는 안 될 국군

---

18) 『孟子』, 萬章下, "君有大過, 則諫, 反覆之而不聽, 則易位."
19) 『孟子』, 梁惠王下, "齊宣王問曰, 湯放桀, 武王伐紂, 有諸? 孟子對曰, 於傳有之. 曰, 臣弑其君, 可乎? 曰, 賊仁者謂之賊, 賊義者謂之殘, 殘賊之人謂之一夫. 聞誅一夫紂矣, 未聞弑君也."

이 불인을 행하면, 그것은 이미 국군의 자격을 상실한 것이다. 따라서 그러한 불인을 행하는 국군은 한낱 필부에 지나지 않는다. 그러므로 그러한 폭군을 제거하거나 살해하는 것은 찬탈이나 반역이 되지 않는다는 것이다.

맹자의 역성혁명론은 결코 찬탈이나 반역을 정당화하는 이론이 아니다. 역성혁명과 찬탈은 각각 다른 전제로부터 출발하고 있음을 주의해야 한다. 역성혁명으로서의 폭군방벌(暴君放伐)은 방벌하는 쪽의 인과 방벌당하는 쪽의 불인(暴)이 있어야 하지만, 찬탈은 방벌당하는 쪽의 불인(暴)이 없는 경우이다. 이 양자의 구별을 맹자는 명백히 밝혀 놓고 있다.

"공손추가 묻기를 이윤(伊尹)이 '나는 부정한 일을 그냥 보고 견딜 수 없다'라고 말하고 태갑(太甲)을 동(桐)으로 쫓아냈는데 인민이 크게 기뻐하였고, 태갑이 현명하여지자 다시 돌아오게 하였는데 인민이 또한 크게 기뻐하였습니다. 현명한 자로서 신하가 되었을 때 그 군주가 현명하지 못하다면 본래 쫓아내기 마련입니까? 맹자가 이에 답하여, 이윤과 같은 생각이라면 가능하지만, 이윤과 같은 생각이 아니라면 찬탈이다."[20]

이윤은 군주 태갑이 불인하기 때문에 내쫓았다가 다시 인정을 행할 수 있게 현명해지자 돌아오게 하였던 것이다. 따라서 군주에게 불인이 없는데도 왕위를 박탈하여 내쫓는 것은 아니다. 다시 말하면 그것은 찬탈이 아니고 역성혁명이었다. 역성혁명은 폭정이나 학정과 같은 불인이 있을 때만 정당화되는 혁명이며, 찬탈은 그러한 불인이 없음

---

20) 『孟子』, 盡心上, "公孫丑曰, 伊尹曰, '予不狎于不順.' 放太甲于桐, 民大悅. 太甲賢. 又反之, 民大悅. 賢者之爲人臣也, 其君不賢, 則固可放與? 孟子曰, 有伊尹之志, 則可; 無伊尹之志, 則簒也."

에도 불구하고 왕권을 탈취하는 경우이다. 결국 역성혁명은 비인도적인 폭군에 대항하는 저항권을 정당화하고 있으며 그것은 국가권력의 도덕성의 상실을 다시 회복시켜 주기 위함이다. 그것이 역위(易位)이든 폭군살해이든, 국가윤리의 회복이 그 정당화 근거가 되는 것이다. 폭군방벌은 천자가 천명을 어겼을 때 천벌을 받는 것이나 다름없다.

V. 결언

맹자의 역성혁명론은 국가윤리에 근거하고 있으며 그리고 그 국가윤리는 왕도주의 사상에 의하여 밑받침되어 있다. 그에 의하면 덕으로 인정을 행하는 자가 왕이다. 권력으로 폭정을 행하는 자는 패자이며 왕자가 아니다. 따라서 폭군은 왕자가 아니며 잔적을 일삼는 일부에 지나지 않는다. 이 일부는 이미 왕의 자격을 상실한 군주이므로 그러한 자를 제거하거나 살해하는 것은 찬탈이나 시역(弑逆)이 될 수 없으며 오히려 왕도주의의 요청에 부합하는 것으로서 국가권력의 도덕성을 회복하기 위하여 국가윤리상 허용된다는 것이다.

이러한 그의 역성혁명론은 오늘날의 저항권에 해당한다. 현대의 법치국가는 국가권력의 남용을 막기 위하여 저항권을 인정한다. 그것은 우선 '제도화된 저항권'으로 나타난다. 현대 법치국가 헌법에는 국가권력을 통제하기 위한 여러 가지 제도적 장치가 마련되어 있다. 권력분립제도, 헌법재판제도, 탄핵제도, 의회제도, 선거제도, 야당제도, 언론자유의 보장 등이 그러한 것들이다. 이러한 헌법상의 제도들은 국가권력의 남용을 방지하는 통제적 기능을 담당하기 때문에 그것을 '제도화된 저항권'이라 할 수 있다. 그러나 이러한 헌법상의 제도가 아직 마련되어 있지 않거나, 이미 마련되어 있다 할지라도 그 기능을 제대로 발휘하지 못할 때는 '제도화되지 아니한 저항권'이 발동될 수밖에 없다. 즉 제1차적인 '제도화된 저항권'의 통제와 구속에서 벗어난 국가권력의 남용에 대해서는 제2차적인 '제도화되지 아니한 저항권'으로 대처할 수밖에 없고 그것은 국가윤리적으로 정당화될 뿐만 아니라 법치국가 헌법의 구성원리로서 이미 전제되어 있다.

그러나 맹자는 법치주의로부터 그러한 결론에 이른 것이 아니라 덕치주의로부터 그러한 결론에 이르고 있다. 맹자의 왕도주의 사상은 성왕의 도에 따라 덕으로 인정을 행하는 덕치주의를 치도의 근본으로 삼고 있으므로 군주는 덕으로 백성을 인도하고 인으로 백성을 다스리는 성군임을 요구한다. 즉 덕치주의는 성군을 전제한다. 그러나 법치주의는 덕치주의와 다른 전제로부터 출발한다. 즉 법치주의는 폭군을 전제한다. 법치주의는 모든 통치자를 잠재적인 폭군으로 보고 이에 대처하는 예방수단을 강구한다. 이 예방수단은 법을 통하여 권력을 구속함으로써 마련된다. 이렇게 함으로써 통치자가 폭군으로 변하는 것을 막으며 폭군방벌의 저항상황이 생기지 않도록 예방한다. 덕치주의에서는 법을 통한 이러한 타율적 예방수단이 결하여 있다. 그 대신 통치자가 자율적으로 성군이 되게 함으로써 폭군방벌의 저항상황이 출현하는 것을 막아보고자 한다. 군주를 적극적으로 성군으로 만듦으로써 폭군의 출현을 예방하고자 한다. 이처럼 법치주의와 덕치주의 사이에는 예방적 저항권의 수단에서 현저한 차이를 보여주고 있다. 그러나 오늘날 모든 통치자가 이제삼왕(二帝三王)과 같은 성인도 아니고 또 그러한 성인이 될 것을 기대할 수도 없으므로 법을 통한 타율적 통제를 하는 법치주의는 불가피하다고 본다. 이 점에 맹자의 덕치주의의 한계가 있다고 하겠다.

그러나 일단 폭군이 출현하면 그것에 대처하는 저항권의 행사는 양자 사이에 아무런 차이도 발견할 수 없다. 그리고 그 저항권의 정당화 근거도 같은 맥락에 이어져 있다. 현대의 법치국가에서는 모든 권력은 국민에서 나오고 그것은 인간의 존엄과 가치를 존중하고 보호할 의무를 지고 있다. 맹자는 이것을 천명사상과 왕도사상으로 확립하여 놓았다. 그리고 그로부터 역성혁명론을 논리적으로 도출했던 것이다. 맹자는 옛날 그 옛날 사람이지만 바로 현대의 법치국가의 헌법정신에 상응하는 국가철학을 이미 가지고 있었던 사람이다. 그런 관점에서 바라본다면, 맹자는 현대의 우리보다 더 현대적이며, 아니 오히려 초현대적이라고 해야 할 것이다. 그의 역성혁명론은 바로 오늘날의 저항권론을 앞질러 확립하여 놓은 것이기 때문이다.[21)]

---

21) 오늘날의 저항권론에 관하여 자세한 것은 Zai−Woo Shim, *Widerstandsrecht und Menschenwürde*, 1973 참조.

유가의 법사상

Ⅰ. 서언

유가의 법사상은 덕치주의와 예치주의에서 그 특징을 찾아볼 수 있다. 덕치주의는 공자·맹자에 의하여 주장되었고, 예치주의는 특히 순자에 의하여 주장되었다. 한비자의 법치주의와 같은 법가사상은 아직 유가에서는 찾아볼 수 없을 뿐 아니라 그들에 의하여 단호히 거부된다. 그러나 유가에 의하여 거부되는 법치주의는 형식적 법치주의이지 실질적 법치주의는 아니다. 오히려 유가의 법사상은 이 실질적 법치주의의 내용과 일치하고 있음을 주목할 필요가 있다. 현대의 법치국가 개념은 단순히 법으로 조직되고 법으로 다스리는 형식적 법치주의를 의미하는 것이 아니라, 법내용과 법가치에 구속되는 실질적 법치주의를 의미한다. 즉 인간의 존엄과 가치, 그리고 인권을 존중하고 보호하는 것을 그 목적으로 하는 법치주의를 말한다. 유가의 법사상은 이 인간 가치를 존중하고 보호하는 실질적 법치주의 사상에 해당하는 것이었으며, 다만 그 방법을 법이 아니라 덕과 예에 의하였다는 점이 오늘날과 다를 뿐이다. "인간을 위하여 국가가 존재하는 것이지, 국가를 위하여 인간이 존재하는 것은 아니다"라는 국가관은 이미 유가의 민본주의 국가철학에서 확고하게 정립되어 있었음을 알 수 있다. 따라서 유가의 법사상의 특징은 국가의 도덕성을 강조한다. 국가는 유가에서 단순히 힘으로 통치하는 권력 단체가 아니라 인간 가치를 실현하는 윤리단체로 파악되어 있었다. 따라서 패도주의 대신 왕도주의를, 권력주의 대신 예치주의를 주장하게 되었다.

우리 인류의 역사를 돌이켜 볼 때, 비인도적인 폭정과 학정을 일삼는 독재주의 국가, 전체주의 국가 등이 허다하게 있었고 또 현재에도 있다. 도덕성의 기초를 상실한 이러한 국가는 이미 국가가 아니며 그 본질상 강도단체나 마피아 집단과 조금도 다르지 않다. 국가의 정치가 악을 행한다면 그것은 자기모순이며 정치의 본질에 반한다. 공자는 "정자정야(政者正也)"라고 말하였다. 결국 국가의 모든 정치활동은 사회정의를 실현함으로써 인간이 인간답게 살 수 있는 조건을 마련하여 주는 데 있다. 이러한 정치원리와 법원리를 우리는 유가의 법사상에서 확인하여 보고자 한다.

Ⅱ. 민본주의와 왕도주의

"인민이 가장 귀하고, 국가가 그다음이고, 군주는 가장 경하다."[1]

이것은 맹자가 한 말이다. 맹자가 인민을 가장 귀한 위치에 두게 된 것은 그의 도덕적 인간관에 기원한다. 그는 인간을 인의예지에 기초한 도덕적 존재로 보며, 국가는 그러한 인간 가치를 존중하고 보호하는 것을 그 임무로 하고 있다는 것이다. 즉 인간 가치의 실현이 국가의 목적으로 되어있으며, 그 목적을 수행하기 위한 수단이 군주이다. 그래서 "백성이 가장 귀하고 사직은 그다음이며 군주는 가장 가볍다(民

---

1) 『孟子』, 盡心下, "民爲貴, 社稷次之, 君爲輕."

爲貴, 社稷次之, 君爲輕)"라고 한 것이다. 이러한 민본주의 사상은 순자에게서도 찾아볼 수 있다.

"하늘이 백성을 낳은 것은 임금을 위한 것이 아니라, 하늘이 임금을 세운 것은 백성을 위한 것이다."[2]

여기서도 인민은 지배의 목적으로 되어있으며 결코 지배의 수단이 아니라는 점이다. 백성이 주인이어야 한다는 생각은 이처럼 이미 수천 년 전에 유가에서 확립된 정치원리였음을 알 수 있다.

민본주의는 두 가지 내용을 담고 있다. 그 하나는 국민으로부터 국가권력이 기원한다는 점이고, 다른 하나는 국민을 위하여 국가권력이 행사되어야 한다는 점이다. 전자에서는 국민주권의 이론이 도출되고 후자에서는 역성혁명의 이론이 도출된다.

유가에서는 국민이 주권자이며, 국가권력은 국민에게서 나온다. 맹자에 의하면, 지배자는 국민으로부터 지배권을 부여받는다. 형식적으로는 천자가 천명을 받아야만 지배권을 획득한다고 하지만, 실질적으로는 국민으로부터 부여받는다. 왜냐하면 백성들이 하늘을 대신해서 왕을 받아들이기 때문이다. 이 점은 맹자와 만장과의 문답에서 잘 표현되어 있다.

"만장왈, 요(堯)임금이 천하를 순(舜)에게 주었다는 것이 사실입니까?
맹자왈, 아니다. 천자는 천하를 남에게 주지 못한다.
만장왈, 그러면 순이 천하를 차지한 것은 누가 준 것입니까?

---

2) 『荀子』, 大略, "天之生民, 非爲君也. 天之立君, 以爲民也."

맹자왈, 하늘이 준 것이다.

만장왈, 하늘이 주었다는 것은 하늘이 직접 내리신 것인가요?

맹자왈, 아니다. 하늘은 말을 하지 않는다. 행동과 사실을 가지고 그 뜻을 보여줄 따름이다.

만장왈, 행동과 사실을 가지고 그 뜻을 보여준다는 것은 어떻게 되는 것입니까?

맹자왈, 천자는 사람을 하늘에 천거할 수는 있지만, 하늘로 하여금 그에게 천하를 주도록 할 수는 없다 … 옛날에 요임금이 순을 하늘에 천거하였더니 그를 받아들이신 다음, 그를 인민 앞에 내놓았는데 인민들이 그를 받아들였다. 그러므로 '하늘은 말을 하지 않고 행동과 사실을 가지고 그 뜻을 보여줄 따름이다.'라고 하는 것이다."[3]

이 문답에서 알 수 있듯이, 천자가 천명을 받는 것은 민의를 통하여 확인된다. 즉 하늘은 말이 없고, 다만 인민을 통하여 말을 할 따름이다. 따라서 민의는 곧 천의이고, 민심은 곧 천심이다. 그러므로 천자의 지배권은 하늘로부터 부여받지만, 실질상 인민으로부터 부여받는다. 그래서 맹자는 이어서 말하기를,

"하늘이 순으로 하여금 제사를 주관하게 하였는데 모든 신이 그 제사를 받아들이시니 그것은 하늘이 그를 받아들이신 것이고, 또 그로 하여금 나랏일을 주관하게 하여 다스리게 하였던 바, 백성이 평안하게 되니 이것은 인민이 그를 받아들인 것이다. 하늘이 천하를 그에게 주었으며, 인민이 그에게 천하를 주었

으니 그 까닭으로 '천자가 천하를 남에게 주지 못한다'라고 하는 것이다 … 태서(泰誓)에 '하늘이 보는 것은 우리 인민이 보는 것을 따르고, 하늘이 듣는 것은 우리 인민이 듣는 것을 따른다'라고 한 것은 이것을 두고 한 말이다."[4]

이처럼 지배자의 통치권이 국민에게서 나온다는 것은 오늘날의 민주주의의 국민주권이론에 해당하는 것이라 할 수 있다. 알고 보면 국민주권의 이론은 서양에서 비롯된 것이 아니라, 동양에서 비롯되었다는 것을 확인할 수 있다. 다만 그 국민주권의 행사 방법으로서 오늘날에는 선거가 활용되고 있지만, 그 당시에는 그러한 제도를 알지 못했다는 차이가 있을 뿐이다.

지배자의 권력 획득이 민의에 의존되는 것이라면, 지배자의 권력 유지와 권력 상실도 민의에 의존된다. 지배자는 국민이 적극 지지해 주는 한에 있어서만 권력을 유지할 수 있으며, 국민의 지지를 상실하면 지배권은 더 이상 유지될 수 없다. 이 점을 맹자는 다음과 같이 말한다.

"걸주(桀紂)가 천하를 잃은 것은 그 인민을 잃은 까닭이다. 그 인민을 잃은 것은 그 민심을 잃은 까닭이다. 천하를 얻는 데는 길이 있으니, 그 인민을 얻으면 곧 천하를 얻을 수 있다. 그 인민을 얻는 데는 길이 있으니 그 민심을 얻으면 곧 인민을 얻을 수 있다. 그 민심을 얻는 데는 길이 있으니, 그것은 인민이 바라는 바를 모아주는 것이요, 인민이 싫어하는 바를 하지 않으면 된다."[5]

---

4) 『孟子』, 萬章上, "曰, 使之主祭而百神享之, 是天受之. 使之主事而事治, 百姓安之, 是民受之也. 天與之, 人與之, 故曰, 天子不能以天下與人. …… 太誓曰: 天視自我民視, 天聽自我民聽, 此之謂也."
5) 『孟子』, 離婁上, "孟子曰, 桀紂之失天下也, 失其民也. 失其民者, 失其心也. 得天下有道. 得其民, 斯得天下矣. 得其民有道. 得其心, 斯得民矣. 得其心有道. 所欲與之聚之, 所惡勿施爾也."

민본주의의 다른 하나의 측면은 국가권력의 행사에 대한 윤리적 정
당화이다. 이것은 왕도주의의 한 내용을 이루는 인정(仁政) 사상에 기
초하고 있다. 왕도주의는 이제삼왕(二帝三王)의 선왕지도(先王之道)에
따르는 치세법(治世法)을 말하는 것인데, 그 내용은 요순과 같은 어진
임금이 덕으로 인정을 행하는 것을 말한다.[6] 이 점을 맹자는 다음과
같이 말하고 있다.

"성인은 인륜의 극치이다. 임금 노릇을 하려면 임금의 도를 다하여야 하고,
신하 노릇을 하려면 신하의 도를 다하여야 한다. 이 두 가지는 다 요순을 모범으
로 삼아야 할 뿐이다. 순이 요임금을 섬기던 대로 임금을 섬기지 않으면 임금을
공경하지 않는 사람이 되고, 요임금이 인민을 다스린 대로 인민을 다스리지 않
으면 인민을 해치는 사람이 된다. 공자는 '도는 둘이다. 인이 아니면 불인이 있
을 뿐이다'라고 말하였다. 인민에게 심한 폭정을 하면 몸은 시해되고 나라는 망
하며, 그 폭정이 심하지 않더라도 몸은 위태로워지고 나라는 기울 것이다."[7]

따라서 맹자는 지배자는 인정을 행하는 성군이어야만 하며, 폭정
을 행하는 폭군이어서는 안 된다는 것을 역설한다.

"성인이 … 이미 마음과 생각을 다 하시고 그에 이어 불인인지정(不忍人之
政)을 행하시니 인이 천하를 뒤덮을 것이다 … 그러니 정치를 하는데 선왕의
도를 따르지 않는다면 지혜롭다고 할 수 있겠는가. 그러므로 오직 인자만이 높
은 지위에 있어 마땅하다. 불인한 사람이 높은 자리에 있으면 그것은 악을 인

---

6) 『孟子』, 公孫丑上, "以德行仁者王."
7) 『孟子』, 離婁上, "孟子曰, 規矩, 方員之至也. 聖人, 人倫之至也. 欲爲君盡君道,
欲爲臣盡臣道, 二者皆法堯舜而已矣. 不以舜之所以事堯事君, 不敬其君者也. 不
以堯之所以治民治民, 賊其民者也. 孔子曰, '道二. 仁與不仁而已矣.' 暴其民甚,
則身弑國亡. 不甚, 則身危國削."

민에게 뿌리는 것이다."8)

맹자의 이와 같은 인정사상의 정치철학적 의의는 치자가 피치자를 인(仁)으로 인간답게 다루어야만 왕도정치가 설 수 있다는 데 있다. 인간의 도덕적 본성인 인이야말로 왕도의 근본이며, 인도주의적 정치의 핵심적 덕목이다. 맹자는 왕도주의를 패도주의와 명확히 구별한다. 왕도가 인으로 인민을 다스리는 인정을 말하는 것이라면, 패도는 힘으로 인민을 다스리는 폭정을 뜻한다. 패도도 겉으로는 인정을 가장하지만, 그들의 정치적 목적과 동기는 왕도와는 전혀 다르다. 왕도는 인민을 위하여 다스리는 것이지만, 패도는 자기 자신을 위하여 다스리는 것이다. 즉 자기 자신의 이익과 명성을 위하여 다스리는 것이다. 따라서 왕도에서는 인민이 정치의 목적으로 되어있지만, 패도에서는 인민이 정치의 수단으로 되어있다. 오늘날의 용어로 표현한다면, 왕도는 법치주의 사상이고, 패도는 권력주의 사상이다. 맹자는 다음과 같이 말한다.

"권력으로 인정을 가장하는 자는 패자(霸者)이다. 패자는 반드시 큰 나라를 갖는다. 그러나 덕으로 인을 행하는 자는 왕자(王者)이다. 왕자는 큰 나라를 지닐 필요가 없다. 탕(湯) 임금은 칠십 리로 왕자가 되었고 문왕(文王)은 백 리로 왕자가 될 수 있었다. 힘으로 사람을 복종케 하는 것은 마음에서 복종하는 것이 아니며, 힘이 부족하기 때문에 하는 수 없이 복종하는 것이지만, 덕으로 사람을 복종케 하는 것은 마음속으로부터 정말로 기뻐서 복종하는 것이다."9)

---

8) 『孟子』, 離婁上, "聖人既竭目力焉, 繼之以規矩準繩, 以為方員平直, 不可勝用也; 既竭耳力焉, 繼之以六律, 正五音, 不可勝用也; 既竭心思焉, 繼之以不忍人之政, 而仁覆天下矣. 打開字典顯示相似段落顯示更多訊息. 故曰, 為高必因丘陵, 為下必因川澤. 為政不因先王之道. 可謂智乎? 是以惟仁者宜在高位. 不仁而在高位. 是播其惡於眾也."

9) 『孟子』, 公孫丑上, "孟子曰, 以力假仁者霸, 霸必有大國, 以德行仁者王, 王不待

그런데 맹자는 치자가 왕도에 의한 인정을 행하지 않고 패도에 의한 폭정을 행하면, 반드시 망한다는 확신을 가지고 있었다. 그는 다음과 같이 말한다.

"삼대(하·은·주) 때에 천하를 얻은 것은 인(仁) 때문이요, 천하를 잃은 것은 불인 때문이다. 나라의 흥망성쇠가 역시 그러하다. 천자가 불인하면 나라를 보존하지 못하고, 제후가 불인하면 사직을 보존하지 못하고, 경이나 대부가 불인하면 종묘를 보전하지 못하고, 사나 서인이 불인하면 사체를 보존하지 못한다. 그런데 지금 사멸하는 것은 싫어하면서 불인을 즐기고 있으니, 이것은 취하는 것을 싫어하면서 억지로 술을 마시는 것과 같다."[10]

맹자는 불인한 치자가 망하는 방법에 두 가지가 있음을 알려준다. 그 하나는 국군을 역위하는 것이고, 다른 하나는 국군을 시해하는 것이다. 제나라의 선왕이 귀척(貴戚)의 경(卿)에 관하여 물었을 때 맹자가 이에 답하기를,

"국군에 큰 잘못이 있으면 간하고, 그것을 되풀이하여 간하여도 들어주지 아니하면 국군을 바꾸어 버립니다."[11]

이것은 실덕(失德)을 한 군주를 폐위하고 다른 사람을 그 자리에 앉

大. 湯以七十里, 文王以百里. 以力服人者, 非心服也, 力不贍也. 以德服人者, 中心悅而誠服也."

10) 『孟子』, 離婁上, "孟子曰, 三代之得天下也, 以仁; 其失天下也以, 不仁. 國之所以廢興存亡者亦然. 天子不仁, 不保四海. 諸侯不仁, 不保社稷. 卿大夫不仁, 不保宗廟. 士庶人不仁, 不保四體. 惡死亡而樂不仁, 是猶惡醉而强酒." 이와 같은 뜻의 말이 公孫丑上에도 보인다. "孟子曰, 仁則榮, 不仁則辱. 今惡辱而居不仁, 是猶惡溼而居下也."

11) 『孟子』, 萬章下, "君有大過則諫, 反覆之而不聽, 則易位."

히는 역위를 뜻한다. 또 하나의 방법은 폭군을 살해하는 것이다.

"제나라의 선왕(宣王)이 묻기를, '탕왕(湯王)이 걸왕(桀王)을 내쫓고 무왕(武王)이 주왕(紂王)을 방벌했다는 데 그런 일이 있습니까?' 맹자가 대답했다. '옛 기록에 있습니다.' 선왕이 다시 묻기를 신하로서 군주를 시해하는 일이 있을 수 있습니까?' 맹자가 이어 답하되, '인(仁)을 해치는 자를 적(賊)이라 하고, 의를 해치는 자를 잔(殘)이라고 합니다. 잔적을 일삼는 자를 일부(一夫)라고 합니다. 일부 주를 살해했다는 말은 들었어도, 군주를 시해했다는 말은 아직 듣지 못하였습니다.'"12)

맹자의 이러한 역성혁명 사상은 국가권력이 도덕성을 상실하면 그것은 이미 국가권력으로서의 권위를 가질 수 없으며 단순한 폭력에 지나지 않는다는 데 있다. 국군이 인을 행하는 선군이 되지 못하고 불인을 행하는 폭군이 되면, 그것은 이미 국군의 자격을 상실한 한낱 일부(一夫)에 지나지 않는다. 그러므로 그러한 폭군을 제거하거나 살해하는 것은 반역이나 시역이 되지 않는다는 것이다. 결국 역성혁명은 폭군에 대항하는 저항권을 정당화한다. 폭군에 대한 저항권은 서양에서는 사회계약이론에 의하여 정당화되지만, 동양에서는 국가윤리에 의하여 정당화되고 있다. 국가권력의 도덕성 회복이 여기에서 문제의 핵심이며, 그것은 왕도주의의 필연적 결론으로 도출되는 것이다.

---

12) 『孟子』, 梁惠王下, "齊宣王問曰 : 湯放桀, 武王伐紂, 有諸? 孟子對曰, 於傳有之. 曰臣弑其君, 可乎? 曰賊仁者謂之賊, 賊義者謂之殘, 殘賊之人謂之一夫. 聞誅一夫紂矣, 未聞弑君也."

Ⅲ. 덕치주의

왕도주의의 다른 한 측면은 덕치에 있다. 유가의 치도는 권력에 의
한 법치보다 선교(善敎)에 의한 덕치를 중요시한다. 덕치주의는 덕으
로 백성을 인도하고 인(仁)으로 백성을 다스리는 도덕정치를 말하는
것이며, 유가의 정치철학의 핵심적 내용을 이룬다. 이미 공자는 논어
에서 법치보다 덕치가 더 중요하다는 것을 말하고 있다.

"백성을 법으로 인도하고 형벌로 다스리면, 그들은 법망을 뚫고 형벌을 피
함을 수치로 여기지 아니한다. 그러나 덕으로 인도하고 예로 다스리면, 수치심
을 갖게 되고 질서도 바로잡히게 된다."13)

이것은 법보다 덕과 예로 다스릴 것을 강조한 말이다. 또한 공자는
치자가 피치자를 강제로 위협하여 다스릴 것이 아니라, 덕으로 인도
하여 다스릴 것을 바란다.

"계강자가 공자에게 묻기를 '무도한 죄인은 사형에 처하여 백성들로 하여
금 겁내게 하여 바른 방향으로 나아가게 함이 어떻겠습니까?' 이에 공자가 답
하되, '그대 정치를 함에 있어서 어찌 살인을 일삼으리오. 그대가 스스로 착하
고자 하면 인민도 착하여질 것이다. 군자의 덕은 바람이요, 소인의 덕은 풀이
어서 바람을 맞으면 풀은 반드시 머리 숙이니라.'"14)

---

13) 『論語』, 爲政, "子曰, 道之以政, 齊之以刑, 民免而無恥. 道之以德, 齊之以禮, 有
恥且格."
14) 『論語』, 顔淵, "季康子問政於孔子曰, 如殺無道, 以就有道, 何如? 孔子對曰, 子
爲政, 焉用殺? 子欲善, 而民善矣. 君子之德風, 小人之德草. 草上之風, 必偃."

또 계강자가 공자에게 정치에 관하여 물었을 때, 공자는 다음과 같이 답하고 있다.

"정치는 바른 것을 행하는 것이다. 그대가 솔선하여 바르게 행하면 누가 감히 바르게 행하지 아니 하겠는가?"[15]

이것은 치자의 도덕성이 법의 효력의 근거가 됨을 알려주고 있다. 그래서 그는 또한 다음과 같이 이어서 말한다.

"윗사람의 몸가짐이 바르면 명령하지 아니하여도 백성은 행하고, 그 몸가짐이 부정하면 비록 명령하여도 백성은 따르지 아니한다."[16]

공자의 이러한 말들은 모두 덕치주의 사상을 대변하고 있다. 맹자도 덕치가 법치보다 우월하다는 것을 다음과 같이 강조한다.

"법으로 하는 선정(善政)은 덕으로 하는 선교가 민(民)을 교화하는 것만 못하다. 법으로 하는 선정은 백성이 두려워하지만, 덕으로 하는 선교는 백성이 사랑한다. 따라서 선정은 백성으로 하여금 세금을 잘 내게 하지만, 선교는 백성의 민심을 얻게 한다."[17]

맹자는 이어서 정치의 근본도 군주의 덕에 있음을 강조한다.

---

15) 『論語』, 顏淵, "政者正也, 子帥以正, 孰敢不正."
16) 『論語』, 子路 "子曰, 其身正, 不令而行. 其不正, 雖令不從."
17) 『孟子』, 盡心上, "善政, 不如善教之得民也. 善政民畏之, 善教民愛之. 善政得民財, 善教得民心."

"사람의 부족함도 책할 것이 못되며, 정치의 부족함도 비난할 것이 못되니, 오로지 큰 덕을 지닌 사람만이 군주의 마음의 잘못을 바로잡을 수 있다. 군주가 인자하면 아무도 인자하지 않을 수 없고, 군주가 의로우면 아무도 의롭지 않을 수 없고, 군주가 올바르면 아무도 올바르지 않을 수 없다. 한 번 군주가 올바르게 되면 나라도 안정된다."[18]

순자도 덕치의 중요성을 역설한다.

"임금은 백성의 근원이다. 근원이 맑으면 흐름도 맑고, 근원이 흐리면 흐름도 흐린 것이다."[19]

"임금이 드러내어 밝히면 백성도 잘 다스려질 것이며, 임금이 바르고 성실하면 곧 백성도 성실해질 것이며, 임금이 공정하면 백성들도 정직하게 될 것이다."[20]

순자의 이러한 말들은 치도에 있어서 "윗물이 맑아야 아랫물도 맑다"라는 정치철학을 강조하는 것이다. 따라서 법보다 군자가 있어야 질서가 바로 선다는 것이다.

"좋은 법이 있어도 어지러워질 수는 있지만, 군자가 있으면서 어지러워진다는 말은 자고로 들어본 적이 없다. 옛말에 '다스림은 군자에서 나오고, 혼란은 소인에게서 생겨난다'라고 한 것은 이를 두고 말한 것이다."[21]

---

18) 『孟子』, 離婁上, "人不足與適也, 政不足間也. 惟大人爲能格君心之非. 君仁莫不仁, 君義莫不義, 君正莫不正. 一正君而國定矣."
19) 『荀子』, 君道, "君者, 民之原也. 原淸則流淸, 原濁則流濁."
20) 『荀子』, 正論, "上宣明, 則下治辨矣. 上端誠, 則下愿慤矣. 上公正, 則下易直矣."
21) 『荀子』, 王制, "故有良法而亂者有之矣, 有君子而亂者, 自古及今, 未嘗聞也. 傳曰, 治生乎君子, 亂生乎小人. 此之謂也."

"법은 다스림의 단(端)이고, 군자는 법의 근원이다. 그러므로 군자가 있으면 법이 비록 생략되었다 할지라도 충분히 두루 펴질 것이다. 군자가 없으면 법이 비록 잘 갖추어져 있다 하더라도 앞뒤로 시행할 순서를 잃고 일의 변화에 적응하지 못하여 족히 어지러워질 것이다. 법의 뜻을 알지 못하면서 법의 조문만을 바로 지키는 사람은 비록 박식하다 할지라도 일을 당하면 반드시 혼란을 겪을 것이다. 그러므로 밝은 임금은 사람을 얻기를 서두르고 어리석은 임금은 권세 얻기를 서두른다."[22]

나라에는 법이나 제도가 있지만 이를 운용하고 다스리는 것은 사람이다. 따라서 다스리는 사람이 군자라면 법이나 제도가 다소 불완전하다 하더라도 다스려지지만, 다스리는 사람이 소인이라면 아무리 법과 제도가 완전하다 할지라도 제대로 다스려질 수 없다는 것이다. 그래서 순자는 이의 극단적인 표현으로 다음과 같이 말한다.

"어지러운 임금이 있는 것이다. 어지러운 나라가 따로 있는 것이 아니요, 다스리는 사람이 있는 것이지 다스리는 법이 따로 있는 것이 아니다."[23]

유가의 이러한 덕치주의 사상은 '인치(人治)'에 중점을 두고 있다. 얼핏 보기에는 이것은 오늘날의 '법치'와는 정반대의 개념이다. 원래 법치는 '법의 지배(Rule of Law)'의 사상에서 유래된 것인데, 그것은 지배자의 주관적 자의를 배제하고 객관적인 법을 통해 다스리는 것을 말한다. 따라서 왕도 법의 지배하에 들어가야 한다. 이러한 법치주의

---

22) 『荀子』, 君道, "法者, 治之端也. 君子者. 法之原也. 故有君子, 則法雖省, 足以遍矣. 無君子, 則法雖具, 失先後之施, 不能應事之變, 足以亂矣. 不知法之義, 而正法之數者, 雖博臨事必亂. 故明主急得其人, 而闇主急得其埶."
23) 『荀子』, 君道, "有亂君, 無亂國. 有治人, 無治法."

는 모든 통치자를 잠재적인 폭군으로 보고, 그의 권력 남용을 통제하기 위하여 법을 마련한다. 즉 법치주의는 폭군을 전제한다. 그러나 이와는 반대로, 덕치주의는 성군을 전제한다. 즉 덕치주의는 덕으로 백성을 인도하고 인(仁)으로 백성을 다스리는 성군을 필요로 하며, 그러한 성군의 도덕성에 의하여 지배자의 권력 남용을 방지하겠다는 것이다. 법치주의와 덕치주의는 다 같이 지배자의 자의와 권력 남용을 배제한다는 데 그 목적이 있으며, 다만 그 수단에 차이가 있을 뿐이다. 법치주의는 지배자의 권력을 법에 구속함으로써 타율적으로 권력을 통제하겠다는 것이고, 덕치주의는 지배자를 성군으로 만듦으로써 자율적으로 권력을 남용하지 못하도록 하겠다는 것이다.

그러나 오늘날 모든 통치자가 요순과 같은 성인도 아니고 또 그러한 성인이 될 것을 기대할 수도 없으므로, 법을 통한 타율적 통제를 하는 법치주의는 불가피하다. 이 점에 덕치주의의 한계가 있다고 보겠다. 그러나 다른 한편, 아무리 지배자의 권력을 구속하는 법이 있다 할지라도, 지배자가 법을 마음대로 바꾸든지 또는 그 법을 애당초 무시해 버리고 자의에 의하여 다스릴 때는 속수무책이다. 현대판 폭군들은 전부 그렇게 했었다. 이 점에 또한 법치주의의 한계가 있다고 보겠다.

우리는 '법치'와 '인치'를 배타적 관계로 보지 말고, 상호보완적 관계로 이해해야 할 것이다. 즉 법치는 인치의 단점을 보완하지만, 인치는 법치의 단점을 보완하는 것으로 보아야 할 것이다. 이런 관점에서 바라볼 때, 덕치주의는 오늘날 법치주의가 지배하고 있는 현대사회에서도 필요하다. 요즘 우리나라의 '윗물 맑기' 개혁 운동은 바로 이러한 덕치주의의 필요성을 확인시켜 주고 있다.

Ⅳ. 예치주의

유가의 삼철(공자·맹자·순자) 중 순자는 특히 예치주의를 강조하였다. 그는 덕치주의만으로는 사회의 질서를 확립하고 유지하는데 부족하다고 보았으며, 모든 사람의 행동준칙이 되는 객관적 예규범을 정립하여 이에 따라 다스리지 않으면 안 된다고 믿었다. 이러한 그의 예치주의 사상은 성악설적 인간관으로부터 출발하고 있다. 그는 다음과 같이 말한다.

"인간의 본성은 악하다. 선하다고 하는 것은 거짓이다. 사람은 나면서부터 이익을 좋아하기 때문에 이것을 따르면 쟁탈이 벌어지고 사양(辭讓)이 없어진다. 나면서부터 질투하고 미워하기 때문에 이것을 따르면 타인을 해치게 되고 충과 신이 없어진다. 나면서부터 귀와 눈의 욕망이 있어 아름다운 소리와 빛깔을 좋아하기 때문에, 이것을 따르면 음란이 생기고 예의와 질서가 없어진다. 사람의 감정을 좇는다면, 반드시 쟁탈이 벌어지고 분수를 어기게 되고 질서가 문란해지고 난폭한 무질서에 이르게 된다 … 이렇게 본다면 사람의 본성이 악하다는 것이 분명하다. 그것이 선하다는 것은 거짓이다."[24]

순자에 의하면 "사람의 본성은 악하다." 맹자의 성선설은 잘못되어 있다는 것이다. 만일 인간의 본성이 선하여 정의와 이성에 합치하는 행위를 스스로 할 수 있다면, 성왕이 무슨 필요가 있으며 예의와 법도를 세워야 할 필요가 어디에 있는가라고 반문한다. 인간의 본성이 악

---

24) 『荀子』, 性惡, "人之性惡, 其善者僞也. 今人之性, 生而有好利焉, 順是, 故爭奪生而辭讓亡焉. 生而有疾惡焉, 順是, 故殘賊生而忠信亡焉. 生而有耳目之欲, 有好聲色焉, 順是, 故淫亂生而禮義文理亡焉. 然則從人之性, 順人之情, 必出於爭奪, 合於犯分亂理, 而歸於暴. 故必將有師法之化, 禮義之道, 然後出於辭讓, 合於文理, 而歸於治. 用此觀之, 然則人之性惡明矣, 其善者僞也."

하기 때문에 무질서와 쟁탈이 벌어지는 것이며, 그 때문에 성왕과 예
의와 법도가 필요하게 된 것이라 한다. 그는 다음과 같이 말한다.

"사람의 본성은 악하다. 그래서 옛날에 성왕께서는 사람의 본성이 악하여
음험하고 편벽하여 바르지 못하고 질서를 소란케 하여 다스려지지 않기 때문
에, 임금의 권세를 세워 이들 위에 군림케 하고, 예의를 밝히어 이단을 교화하
고, 올바른 법도를 만들어 이들을 다스렸으며, 형벌을 중하게 하여 이들의 악
한 행동을 금지한 것이다. 이것이 성왕의 다스림이고 예의의 교화인 것이다.
지금 시험 삼아 임금의 권세를 없애버리고, 예의를 통한 교화를 중지하고, 바
른 법도의 다스림을 없애버리고 형벌에 의한 금지를 폐지하고, 천하의 인민들
이 어떻게 어울려 사는가를 한 번 보기로 하자. 그렇게 되면 강자가 약자를 해
치고 탈취하며, 다수의 무리는 소수의 무리에게 폭력을 가하여 그들을 굴복시
킬 것이다. 천하가 어지럽게 되어 망하는 꼴을 보는 것은 한참을 기다릴 필요
조차 없을 것이다. 그러니 사람의 본성이 악한 것은 분명하다."25)

순자의 이와 같은 성악적 인성론의 전제는 서양의 홉스(T. Hobbes)
의 입장과 똑같다. 홉스는 인간의 욕망과 이익을 추구하는 성정 때문
에, 자연상태에서는 인간은 만인의 만인에 대한 투쟁상태에 놓이게
되며 인간은 인간에 대한 늑대가 된다고 한다.26) 인간이 이기심과 욕

---

25) 『荀子』, 性惡, "故古者聖人以人之性惡, 以爲偏險而不正, 悖亂而不治, 故爲之
立君上之埶以臨之, 明禮義以化之, 起法正以治之, 重刑罰以禁之, 使天下皆出
於治, 合於善也. 是聖王之治而禮義之化也. 今當試去君上之埶, 無禮義之化, 去
法正之治, 無刑罰之禁, 倚而觀天下民人之相與也. 若是則夫彊者害弱而奪之,
衆者暴寡而譁之, 天下之悖亂而相亡, 不待頃矣. 用此觀之, 然則人之性惡明矣,
其善者僞也."
26) T. Hobbes, *Vom Menschen Vom Bürger*, hrsg. von Günter Gawlick, 1959,
kap. 5, art. 9, S. 59f.: "status naturalis est bellum omnium in omnes."; "homo
homini lupus."

망을 추구하는 것이 그 자체 나쁜 것은 아니지만, 그로 인하여 타인에게 미치는 사회적 효과가 악하다는 것이다. 따라서 법도를 세우고 예의를 정하여 교화하면, 타인에게 미치는 효과에 있어서도 선하게 된다는 것이다. 그러나 이 선은 교화를 통하여 비로소 이루어지는 것이기 때문에, 인위적으로 만들어 낸 작위의 산물이지 인간의 자연적 본성은 아니라는 것이다. 따라서 인간의 자연적 본성이 선하다는 맹자의 성선설은 잘못되어 있다는 것이다.

순자의 성악설과 맹자의 성선설은 그 당시로부터 오늘에 이르기까지 커다란 학설 논쟁의 대상으로 되어 왔지만, 잘 살펴보면, 양설 사이에 해결할 수 없는 충돌이 전제되어 있는 것은 아니다. 왜냐하면 맹자도 인간의 선한 본성만 바라본 것이 아니고, 악한 본성도 인정하고 있기 때문이다. 맹자에 의하면, 인간의 본성은 네 가지 사유기관의 작용으로 나타난다고 한다. 그것은 측은지심, 수오지심, 사양지심, 시비지심이다.

"측은지심은 인의 시단(始端)이며 수오지심은 의의 단이며, 사양지심은 예의 단이며, 시비지심은 지의 단이다. 사람은 사단(四端)을 지니고 있으니 그것은 마치 사람에게 사지가 있는 것과 같다. 이와 같은 사단을 가지고 있으면서 스스로 선한 일을 할 수 없다고 말하는 자는 자기 자신을 해치는 자이고, 임금이 선한 일을 할 능력이 없다고 말하는 자는 그 임금을 해치는 자이다."[27]

이 인의예지의 사단은 인간에게 선천적으로 주어져 있는 본성이며 후천적으로 얻어진 것이 아니므로, 그것을 가리켜 하늘이 준 '천작(天

---

27) 『孟子』, 公孫丑上, "惻隱之心, 仁之端也. 羞惡之心, 義之端也. 辭讓之心, 禮之端也. 是非之心, 智之端也. 人之有是四端也, 猶其有四體也. 有是四端而自謂不能者, 自賊者也. 謂其君不能者, 賊其君者也."

爵)' 또는 '천성'이라고도 한다. 이것은 사유기관에 의한 (도덕적) 본성이다. 그러나 맹자는 이외에 감각기관에 의한 (자연적) 본성을 따로 인정한다.

"입이 좋은 맛을, 눈이 좋은 빛을, 귀가 좋은 소리를, 코가 좋은 냄새를, 사지가 편안하기를 바라는 것은 사람의 본성이기는 하나, 명(命)이라는 것이 있기 때문에 군자는 이것을 성(性)이라 하지 않는다. 또 인의예지는 천도(天道)요 명(命)이기는 하나, 성이라는 것이 있기 때문에 군자는 이것을 명이라 하지 않는다."28)

그래서 맹자는 인성론에 관한 고자와의 대담에서, 두 기관의 본성 작용이 다르다는 것을 분명히 하고, 사유기관의 본성 작용만을 '인성'으로 받아들인다.

"눈과 귀의 감각기관은 사유기관의 작용이 없으면 외물의 유혹을 차단할 수 없으므로 외물에 접촉만 하면 곧 유인되고 만다. 그러나 마음의 사유기관은 생각하는 능력이 있기 때문에 생각을 하면 본심을 얻고 생각을 안 하면 본심을 얻지 못한다. 우리는 이 두 기관(耳目之官과 心之官)을 생래적으로 하늘로부터 받아 지녔으니, 먼저 큰 것을 세워 놓으면 작은 것도 빼앗기지 아니한다. 이렇게 하는 것이 대인이 되는 길이다."29)

그러므로 맹자는 인간의 생래적 본성에는 사유기관의 도덕적 본성

---

28) 『孟子』, 盡心下, "孟子曰, 口之於味也, 目之於色也, 耳之於聲也, 鼻之於臭也, 四肢之於安佚也, 性也, 有命焉, 君子不謂性也. 仁之於父子也, 義之於君臣也, 禮之於賓主也, 智之於賢者也, 聖人之於天道也, 命也, 有性焉, 君子不謂命也."
29) 『孟子』, 告子上, "耳目之官不思, 而蔽於物, 物交物, 則引之而已矣. 心之官則思, 思則得之, 不思則不得也. 此天之所與我者, 先立乎其大者, 則其小者弗能奪也. 此爲大人而已矣."

과 감각기관의 자연적 본성이 있다는 것을 인정하고 그 가운데 도덕
적 본성(심지관心之官)만을 선택적으로 인성으로 받아들이고 있으며,
이와는 달리 순자는 자연적 본성(이목지관耳目之官)만을 성으로 바라보
고 있다. 인간의 본성은 감성적 작용만 하는 것이 아니라, 이성적 작
용도 한다. 다만 순자는 인성 가운데서 이 이성적 작용을 하는 도덕적
본성을 무시했다는 점에서 맹자와의 사이에서 인성론의 이해에 차이
가 생겨났던 것이다. 이러한 이해의 차이로부터 맹자는 성선설에 기
초한 덕치주의를 주장하게 되었고, 순자는 성악설에 기초한 예치주의
를 주장하게 되었던 것이다. 순자는 예가 생겨난 이유를 다음과 같이
설명한다.

"'예는 왜 생겨났는가?' 그것은 사람은 나면서부터 욕망이 있는데. 바라면서
도 얻지 못하면 곧 추구하지 않을 수 없고, 추구함에 있어 일정한 척도나 한계
가 없다면 곧 다투지 않을 수 없게 된다. 다투면 질서가 문란하여지고 질서가
문란하여지면 궁하여진다. 옛 임금께서는 그 질서가 어지러워지는 것을 싫어
하셨기 때문에 예의를 제정하여 그 한계를 정함으로써, 사람들의 욕망을 충족
시켜주고 사람들이 추구하는 것을 얻게 하였던 것이다. 그리하여 욕망으로 하
여금 반드시 물건에 궁하여지지 않도록 하고, 물건은 반드시 욕망에 부족함이
없도록 하여 이 두 가지 것이 서로 견제하며 발전하도록 하였는데, 이것이 예
가 생겨난 이유인 것이다."[30]

순자의 이와 같은 예론은 서양의 칸트(I. Kant)의 법개념과 똑같다.
칸트에 의하면 인간은 이기와 욕망을 추구하는 자연적 자유를 가지고

---

30) 『荀子』, 禮論, "禮起於何也 ? 曰, 人生而有欲, 欲而不得, 則不能無求. 求而無度
量分界, 則不能不爭. 爭則亂, 亂則窮. 先王惡其亂也, 故制禮義以分之, 以養人之
欲, 給人之求. 使欲必不窮乎物, 物必不屈於欲. 兩者相持而長, 是禮之所起也."

있는데, 이 자연적 자유는 일정한 척도와 한계가 없다면 항상 타인의
자연적 자유와 충돌하여 쟁탈이 벌어지고 무질서 상태를 가져오게 된
다고 한다. 그래서 각자의 자연적 자유에 한계를 그어, 서로 충돌되지
않도록 법을 정함으로써 평화로운 공존조건을 마련한다는 것이다. 이
것이 법이 필요한 이유이다. 그래서 칸트의 유명한 법의 정의는 다음
과 같이 되어있다.

"법이란 한 사람의 자의(자연적 자유)가 다른 사람의 자의(자연적 자유)와
자유의 일반법칙에 따라 서로 양립할 수 있는 조건의 총체이다."[31]

이상에서 살펴본 바와 같이, 칸트의 법개념과 순자의 예개념은 같
다. 따라서 법개념과 마찬가지로 예개념도 객관적인 행위준칙이며,
그것은 입법자에 의하여 만들어지는 것이지 인간의 자연적 본성은 아
니다. 그래서 순자는 말하기를,

"예의라는 것은 사람의 본성에서 생겨나는 것이 아니고, 성인의 작위에 의
하여 생겨난다. 성인이 생각을 쌓고 작위를 오랫동안 익히어, 예의를 만들어
내고 법도를 제정하는 것이다."[32]

순자는 예개념에 의하여 사회질서를 유지할 것을 바라고 있다. 이

---

31) I. Kant, *Die Metaphysik der Sitten*, in: *Kant−Werke*, Bd. 7, 1968, S, 337; "Das
   Recht ist Inbegriff der Bedingungen, unter denen die Willkür des einen mit der
   Willkür des anderen nach einem allgemeinen Gesetz der Freiheit zusammen
   vereinigt werden kann."
32) 『荀子』, 性惡, "凡禮義者, 是生於聖人之僞, 非故生於人之性也. 故陶人埏埴而
   爲器, 然則器生於陶人之僞, 非故生於人之性也. 故工人斲木而成器, 然則器生
   於工人之僞, 非故生於人之性也. 聖人積思慮, 習僞故, 以生禮義而起法度."

점은 공자에 있어서도 마찬가지이다.

 "안연(顏淵)이 공자에게 인이 무엇인지를 물었는데, 공자가 이에 답하여, '자기를 극복하여 예를 행함이 인이다. 단 하루라도 자기를 극복하여 예를 행하면 천하가 인으로 돌아올 것이니, 인은 자기에게 의존함이요 남에게 의존함이 아니다.' 안연이 다시 그 자세한 세목을 묻자, 공자는 답하기를 '예가 아니면 보지 말며, 예가 아니면 듣지 말며, 예가 아니면 말하지 말며, 예가 아니면 움직이지 말라.'"[33]

 동양에 있어서 예의 개념은 행위를 통제하여 질서를 세우는 규범으로서, 그 기능은 법과 같다. 다만 그것이 법과 다른 점은 강제가 수반되어 있지 않다는 데 있다. 즉 예는 사회윤리 규범일 따름이며, 강제규범은 아니다. 유가의 법사상의 특징은 그것이 덕치주의이든 예치주의이든, 규범의 강제성을 배제하고 있다는 데 있다. 강제성이 없는 규범이 얼마만큼 질서유지의 실효성을 가질 수 있을 것인지를 의심하는 사람도 있겠지만, 그 반면에 강제성이 있는 법규범이 얼마만큼 질서력을 발휘할 수 있을 것인지를 의심하는 사람도 없지 않다. 오늘날의 법만능 사회에서도 지배자의 권력 남용이 사라지지 않고, 범죄행위가 줄어들지 않는 이유를 우리는 다시 한번 돌이켜 생각해 보아야 할 것이다. 이때 우리는 강제규범으로서의 법의 효력의 한계를 솔직히 인정하지 않을 수 없고, 이러한 한계를 극복하기 위하여 도덕규범으로서의 덕과 윤리규범으로서의 예가 필요하다는 것을 곧 알 수 있게 될 것이다.

---

33) 『論語』, 顏淵, "顏淵問仁. 子曰, 克己復禮爲仁. 一日克己復禮, 天下歸仁焉. 爲仁由己, 而由人乎哉? 顏淵曰, 請問其目. 子曰, 非禮勿視, 非禮勿聽, 非禮勿言, 非禮勿動."

V. 결언

오늘날 이 발달한 시대에 수천 년 전 원시유가의 사상을 원용하는
것은 시대착오적이라고 생각할 사람이 있을지 모른다. 그러나 동서양
을 막론하고 법철학과 정치철학의 분야에 있어서 고전의 가치는 조금
도 상실된 것이 없으며, 오히려 우리는 거기에서 많은 지혜와 현명함
을 배운다. 법과 국가와 정치의 모습은 그때와 많이 달라졌지만, 그
본질적 의미에 있어 달라진 것은 아무것도 없다. 국가와 법은 인간을
위하여 만들어진 것이고, 정치는 도덕적 기초를 상실해서는 안 된다
는 것이다. 덕치주의는 바로 이와 같은 정치원리를 우리에게 가르쳐
주고 있는 것이다.

물론 오늘날의 현대사회가 덕치주의만으로 다스려질 수는 없다.
현대사회의 지배원리는 어디까지나 법치주의이지만, 그러나 그것만
으로는 올바르게 다스려지지 않는다는 것을 깨달아야 할 것이다. 법
치는 인치의 자의성을 배제할 수 있었지만, 그 법을 만드는 것도 사람
이고 그 법을 운용하는 것도 사람이라는 것을 간과하고 있다. 지배자
가 악법을 만들어 집행하거나 또는 좋은 법이 만들어져 있다 하더라
도 그것에 구속되지 않을 때는 정치는 부도덕한 지배로 전락하고 만
다는 사실을 현대사회는 뼈저리게 경험하고 있다. 우리는 이러한 법
치주의의 한계를 인식하고, 덕치주의가 주는 교훈을 받아들여 법치주
의를 보완하여야 할 것이다.

그리고 예치주의도 법치주의에 대한 보완원리로서 받아들여져야
할 것으로 본다. 인간의 행동을 규율하는 규범에는 법규범만 있는 것
이 아니다. 도덕규범, 윤리규범도 인간의 행위준칙이 되는 규범이다.
오히려 이러한 윤리규범이 지배하는 영역은 법규범의 지배영역보다

훨씬 더 넓다. 그러한 의미에서 '법은 윤리의 최소한도'임에 틀림없다. 예규범은 사회윤리 규범으로서 공사 생활의 모든 분야에서 규범력을 가지고 있지만, 특히 그 사회, 그 민족의 전통윤리에 기초한 문화규범의 색채가 강하다. 특히 동양에는 이 예규범이 발달해 있으며 '살아있는 법'으로서의 역할을 한다. 예규범은 법규범과 같은 타율적 강제성이 없다고 할지라도 자율적으로 질서를 형성하는 규범력을 가지고 있으므로, 사회정책적으로는 예규범이 지배하는 영역이 크면 클수록 좋다. 여기에는 가정윤리, 사회윤리, 국가윤리 등이 모두 포함되어야 한다. 이러한 모든 사회생활의 영역을 전부 법으로 강제하는 것은 불가능할 뿐만 아니라, 또한 바람직스럽지도 않다. 법은 예의 최소한도에 그쳐야 하며, 양 규범의 지배영역은 서로 존중되어야 할 것이다. 순자의 예치주의도 법의 지배영역을 부인한 것이 아니고, 주예종법(主禮從法)의 입장을 취했던 것이다.

유가의 법사상이 우리에게 가르쳐주는 교훈은, 덕과 예 없이 법만으로는 인간사회의 질서가 설 수 없다는 점이다. 특히 인간다운 자율적 사회질서를 확립하기 위하여는, 법규범의 강제보다 도덕규범의 덕과 윤리규범의 예에 눈을 돌려야 할 것이다.

순자의 법사상

Ⅰ. 서언

순자는 유가의 삼철(공자·맹자·순자) 중의 한 사람으로서 예치주의를 주장한 사상가이다. 법사상사적으로 볼 때, 그의 예치주의 사상은 공자·맹자에 의한 덕치주의로부터 한비자의 법치주의로 넘어가는 중간단계에 위치한다. 따라서 그의 사상은 아직 덕치주의로부터 완전히 벗어나지는 못하였지만 그렇다고 완전히 법치주의에 이르러 있는 것도 아니다. 아직도 주례종덕(主禮從德)과 주례종법(主禮從法)의 입장에 머물러 있었다. 그는 종래의 덕치주의만으로는 사회질서를 유지하는데 부족하다고 보았으며, 따라서 주관적 도덕규범 외에 객관적 예규범이 필요하다는 것을 강조하였다.

동양에 있어서 예의 개념은 행위를 통제하여 질서를 세우는 객관적 규범으로서 그 기능은 법과 같다. 다만 그것이 법과 다른 점은 강제가 수반되어 있지 않다는 데 있다. 즉 예는 사회 윤리규범일 따름이며 강제규범은 아니다. 그러나 예규범은 강제규범은 아니지만, 공사 생활의 모든 분야에서 규범력을 가지며, 특히 그 사회, 그 민족의 전통윤리에 기초한 문화규범으로서의 색채가 강하다. 특히 동양에서는 이 예규범이 발달해 있으며 '살아있는 법'으로서의 역할을 한다. 여기에는 가정윤리, 사회윤리, 국가윤리가 모두 포함된다. 그래서 예규범은 동시에 가정, 사회, 국가의 각 제도를 마련하는 기틀이 된다. 순자의 예의 개념은 이렇게 그 대상 범위가 대단히 넓으며, 오히려 개인윤리보다는 제도윤리에 중점이 놓여 있다. 그래서 그는 덕치주의의 선왕지도(先王之道)보다는 예치주의의 후왕지도(後王之道)를 특히 강조하게 된다.

순자의 예치주의의 법사상적 특징은 도덕규범으로부터 법규범으로의 전환이다. 그는 국가 공동체의 질서유지 수단으로서 법(그의 예는 광의의 법에 해당한다)이 존재하지 않으면 안 된다는 것을 그의 성악설에 기초해 철학적으로 정당화한 사상가이다. 즉 인간은 그의 본성때문에 법과 국가 없이는 살아갈 수 없는 존재라는 것을 확인시켜 준최초의 법철학자이다. 우리는 그의 이러한 법철학관을 수천 년이 지난 후 서양의 홉스와 칸트에서 겨우 찾아볼 수 있을 따름이다. 따라서 순자의 법사상은 법철학적으로 단순히 고전적 가치를 가지는 데 그치지 않고 그 현대적 의의 또한 크다.

오늘날 이 발달한 시대에 수천 년 전의 순자의 사상을 연구하는 것은 시대착오적이라고 생각할 사람이 있을지 모른다. 그러나 동서양을 막론하고 법철학과 정치철학의 분야에서 고전의 가치는 조금도 상실된 것이 없으며, 오히려 우리는 거기에서 많은 지혜와 현명함을 배운다. 법과 국가와 정치의 모습은 그때와 많이 달라졌지만, 그 본질적 의미에 있어 달라진 것은 아무것도 없다. 법과 국가는 인간을 위하여 만들어진 것이고, 정치는 도덕성의 기초를 상실해서는 안 된다는 원칙은 그때나 지금이나 다를 바 없기 때문이다. 순자는 옛날 그 옛날 사람이지만 그의 사상은 현대적일 뿐만 아니라 오히려 초현대적으로 타당할 수 있음을 간과해서는 안 될 것이다.

Ⅱ. 왕도주의

유가의 치도의 근본은 왕도주의에 있다. 왕도주의는 성왕지도(聖王之道)에 따라 백성을 다스리는 것을 말하는 것인데, 그 내용은 성군이 덕으로 인정(仁政)을 행하는 것을 말한다.[1] 순자의 왕도주의는 예치주의에 따른 후왕지도를 강조하지만, 덕치주의와 민본주의에 따른 선왕지도의 치세법(治世法)을 결코 경시하지 않는다.

1. 민본주의

"하늘이 백성을 낳은 것은 임금을 위한 것이 아니라, 하늘이 임금을 세운 것은 백성을 위한 것이다."[2]

이것은 치도에 있어서 백성이 주인이 되어야 한다는 민본주의 사상을 대변한 말이다. 유가에서 확립된 이 민본주의 사상은 국가철학에서 대단히 큰 의의를 지니고 있다. 동서고금을 막론하고 국가가 있으면 지배가 있었는데, 그 지배자의 정당화 근거가 무엇이냐 하는 국가철학적 물음이 여기서 중요한 문제가 되기 때문이다. 순자에 의하면 그 지배권의 정당화 근거는 민본주의에 있다. 따라서 국민은 지배의 수단이 아니라 지배의 목적이다. 임금은 백성을 잘살게 보살펴 주는 봉사자에 지나지 않으며 결코 주인이 아니다. 이것은 맹자의 "백성이 가장 귀하고 사직을 유지하는 일이 다음으로 중요하며, 이 두 가지에 비해 군주는 오히려 가벼운 존재다(民爲貴, 社樓次之, 君爲輕)"라는 말

---

1) 『孟子』, 公孫丑上, "以德行仁者王."
2) 『荀子』, 大略, "天地生民, 非爲君也, 天之立君, 以爲民也."

과 그 뜻이 같다. 순자는 이 민본주의의 구체적 내용을 애민(愛民)과 이민(利民)에 두고 있다. 그는 다음과 같이 말한다.

"나라를 다스리는 사람이 백성을 사랑하지 않고 백성을 이롭게 하지 못하면서 백성들이 자기와 친애하기를 바라는 것은 될 수 없는 일이다."[3]

"백성들에게 이익을 주지 않고서 이용만 하는 것은 먼저 그들에게 이익을 준 다음에 이용하는 이로움만 못하다. 또 백성들을 사랑하지 않으면서 부리는 것은 먼저 그들을 사랑한 다음에 부리는 것의 효과만 못하다. 또 백성들에게 이익을 준 다음에 이용하는 것은 그들에게 이익을 주고서도 이용하지 않는 이로움만 못하고, 백성들을 사랑한 다음에 부리는 것은 그들을 사랑하면서도 부리지 않는 것의 효과만 못하다. 이익을 주면서도 이용하려 하지 않고, 사랑하면서도 부리려 하지 않는 임금은 천하를 얻어 천자가 될 것이요, 이익을 준 다음에 이용하려 하고 사랑한 다음에 부리려는 임금은 한 나라를 보존하게 될 것이요, 아무런 이익도 주지 않으면서 이용만 하려 하고 사랑도 하지 않으면서 부리려고만 하는 임금은 나라를 위태롭게 할 것이다."[4]

이러한 애민사상과 이민사상은 유가의 왕도주의 정치철학의 근본 이념이다. 바로 여기에 국가의 도덕성의 기초가 놓여 있다. 유가에서의 국가는 단순히 힘으로 다스리는 권력 단체가 아니라 인간 가치를 존중하고 보호하는 윤리단체이다. 따라서 국가의 지배는 윤리적으로 정당화된다. 유가에서는 이러한 국가윤리를 전제하기 때문에 패도주

---

3) 『荀子』, 君道, "有社稷者, 而不能愛民, 不能利民, 而求民之親愛己, 不可得也."
4) 『荀子』, 富國, "不利而利之, 不如利而後利之之利也, 不愛而用之, 不如愛而後用之之功也, 利而後利之, 不如利而不利者之利也, 愛而後用之, 不如愛而不用者之功也, 利而不利也, 愛而不用也者, 取天下矣. 利而後利之, 愛而後用之者, 保社稷也, 不利而利之, 不愛而用之者, 危國家也."

의(霸道主義) 대신 왕도주의(王道主義)를, 권력주의 대신 민본주의를
주장하게 된다.

우리 인류의 역사를 돌이켜 볼 때 이미 아득한 옛날부터 민본주의
의 치도에 반하는 폭정과 학정을 일삼는 권력국가가 있었고 또 현재
에도 아직 있다. 도덕성의 기초를 상실한 그러한 국가는 왕도주의에
서는 이미 국가가 아니며, 따라서 그러한 국가의 지배자는 이미 임금
의 자격을 상실한 단순한 필부(匹夫)에 지나지 않으므로 권좌에서 제
거하거나 살해하는 것이 허용되었었다. 우리는 이러한 역성혁명 사
상을 맹자에서 찾아볼 수 있지만 순자에서도 마찬가지로 찾아볼 수
있다.

"탕왕과 무왕은 백성들의 부모였고 폭군 걸(桀)과 주(紂)는 백성들의 원수
인 적(賊)이었다. 지금 세속의 세자(說者)들은 걸과 주를 임금이라 하고 탕왕과
무왕을 자기 임금을 시해한 사람이라고 하는데 그렇다면 이는 백성의 부모를
주멸하고 백성의 원수인 적을 웃어른으로 받드는 격이니 상서롭지 못한 말로
서 이보다 더한 것은 없을 것이다. 천하가 복종하는 것이 왕인즉 천하가 일찍
이 걸과 주에게 복종한 일이 없다. 그런데도 탕왕과 무왕이 자기 임금을 시해
하였다고 하니 천하에 아직 이런 논리가 있어 본 적이 없으며 이는 헐뜯기 위
한 망언에 지나지 않는다."5)

이것은 맹자의 역성혁명론의 근거와 동일하다. 맹자도 탕과 무가
걸과 주를 살해한 것은 임금을 시해한 것이 아니라 잔적(殘賊)을 일삼

---

5) 『荀子』, 正論, "湯武者, 民之父母也. 桀紂者, 民之怨賊也. 今世俗之爲說者, 以桀
紂爲君, 而以湯武爲弑, 然則是誅民之父母, 而師民之怨賊也, 不祥莫大焉. 以天
下之合爲君, 則天下未嘗合於桀紂也. 然則以湯武爲弑, 則天下未嘗有說也, 直墮
之耳."

는 일부를 살해한 것으로서 시역이나 시해에 해당하는 것이 아니라고 말하고 있기 때문이다.[6] 맹자와 순자의 이러한 역성혁명 사상은 폭군 살해의 저항권을 국가윤리에 의하여 정당화하는 것이다.[7] 폭군살해는 성군을 전제로 하는 왕도주의에서는 논리필연적 귀결이다.

순자에 의하면, 왕이 된 자는 백성들이 적극 지지해 주어야 나라를 지탱한다. 백성들의 마음이 떠나면 나라도 망할 수밖에 없다는 것이다. 즉 지배자의 안전은 피지배자의 안전에 의존한다.

"임금은 배요, 백성은 물이다. 물은 배를 뜨게도 하지만 물은 배를 전복시키기도 한다."[8]

민본주의에서는 이렇게 임금의 자격이 없는 폭군을 혁명을 통하여 배제하기도 하지만, 임금의 자리를 획득할 때도 성군의 자격을 갖추고 있는 자만이 왕자가 될 수 있다. 그래서 순자는 전래되어 온 왕위의 선양설을 인정하지 않는다.

"세속의 설에 따르면, 요임금은 순임금에게 임금 자리를 선양하였다고 하는 데 사실은 그렇지 않다. 천자란 권세와 지위가 지극히 존귀하여 천하에 필적할 게 없는데 누구에게 지위를 양도한단 말인가. 도와 덕이 순수하게 갖추어져 있고, 지혜가 매우 밝으며, 왕좌에 앉아 천하의 일을 듣고 처리하면 백성들 모두가 감동하여 복종함으로써 그에게 교화되어 순종케 된다. 그런데 어찌 천

---

6) 『孟子』, 梁惠王下, "齊宣王問曰, 湯放桀, 武王伐紂, 有諸? 孟子對曰, 於傳有之. 曰, 臣弑其君, 可乎? 曰, 賊仁者謂之賊, 賊義者謂之殘, 殘賊之人謂之一夫. 聞誅一夫紂矣, 未聞弑君也."
7) 서양의 사회계약론에서도 역성혁명론과 같이 폭군살해의 저항권이 정당화된다(沈在宇, 「抵抗權」, 『法學論集』 제26집, 1991, 68면 이하 참조).
8) 『荀子』, 王制, "君者舟也. 庶人者水也. 水則載舟, 水則覆舟."

하를 물려 줄 수 있겠는가?"[9]

　이처럼 성인이 지니는 천자의 자리는 남에게 물려 줄 수가 없다는 것이다. 요임금 다음에 순임금이 천자가 된 것은 요임금이 순임금에게 왕위를 물려 준 것 때문이 아니라 요임금과 같은 성인인 요임금이 있었기 때문에 성인이 성인의 자리를 계승한 것이라는 것이다.

　이렇게 왕도주의에서는 임금의 자리를 잃는 경우뿐만 아니라 임금의 자리를 얻는 경우도 백성을 사랑하고 이롭게 하는 성군의 자격이 있느냐 없느냐에 따라서 결정된다. 유가의 이러한 위민사상은 왕도주의 정치의 근본이념이다.

2. 덕치주의

　왕도주의의 다른 한 측면은 덕치에 있다. 덕치주의는 덕으로 백성을 인도하고 인(仁)으로 백성을 다스리는 도덕정치를 말하는 것인데, 이것은 유가의 정치철학의 핵심적 내용을 이룬다. 전통적으로 유가의 치도는 권력에 의한 법치보다는 선교(善教)에 의한 덕치를 중요시하였다. 이미 공자는 논어에서 법치보다 덕치가 중요하다는 것을 말하고 있다.

　"백성을 법으로 인도하고 형벌로 다스리면, 그들은 법망을 뚫고 형벌을 피함을 수치로 여기지 아니한다. 그러나 덕으로 인도하고 예로 다스리면, 수치심을 갖게 되고 질서도 바로잡히게 된다."[10]

---

9) 『荀子』, 正論, "世俗之爲說者曰, '堯舜擅讓.' 是不然. 天子者, 執位至尊, 無敵於天下, 夫有誰與讓矣? 道德純備, 智惠甚明, 南面而聽天下, 生民之屬莫不振動從服以化順之. 天下無隱士, 無遺善, 同焉者是也, 異焉者非也. 夫有惡擅天下矣."
10) 『論語』, 爲政, "道之以政, 齊之以刑, 民免而無恥, 道之以德, 齊之以禮, 有恥且格."

맹자도 덕치의 중요성을 다음과 같이 강조한다.

"사람의 부족함도 책할 것이 못되며, 정치의 부족함도 비난할 것이 못되니, 오로지 큰 덕을 지닌 사람만이 군주의 마음의 잘못을 바로잡을 수 있다. 군주가 인자하면 아무도 인자하지 않을 수 없고, 군주가 의로우면 아무도 의롭지 않을 수 없고, 군주가 올바르면 아무도 올바르지 않을 수 없다. 한 번 군주가 올바르게 되면 나라도 안정된다."[11]

순자도 이러한 덕치주의 사상을 이어받아 군자의 도로서 덕치의 중요성을 역설한다.

"임금이 만 가지 변화를 다스리고, 만물을 이용하여 백성을 길러 주며, 천하를 통제하는 것은 인덕 있는 사람의 선정을 목표로 하여 실천해 나아가기 위함이다. 그렇게 함으로써 그 임금의 지혜와 사려는 만백성을 다스리기에 족하고, 그의 인후(仁厚)함은 만백성을 편안하게 함에 족하며, 그의 덕은 만백성을 교화하기에 족하다. 이와 같은 임금을 얻으면 세상은 잘 다스려질 것이고, 얻지 못하면 혼란해질 것이다 … 그러므로 군자는 덕으로 백성을 대하고 소인은 힘으로 대한다고 말하는 것인데, 힘은 덕의 부림을 받는 것이다. 백성의 노력은 위정자의 덕에 의하여 비로소 공적을 거두고 백성의 무리도 덕에 의하여 비로소 화합하는 것이고, 백성의 재물도 덕에 의하여 비로소 모이는 것이고, 백성의 생활도 덕에 의하여 비로소 편안하게 되고, 백성의 수명도 덕에 의하여 비로소 길어지는 것이다."[12]

---

11) 『孟子』, 離婁上, "孟子曰, 人不足與適也, 政不足間也. 惟大人爲能格君心之非, 君仁莫不仁, 君義莫不義, 君正莫不正. 一正君而國定矣."

12) 『荀子』, 富國, "治萬變, 材萬物, 養萬民, 兼制天下者, 爲莫若仁人之善也夫. 故其知慮足以治之, 其仁厚足以安之, 其德音足以化之, 得之則治, 失之則亂. … 故曰. 君子以德, 小人以力. 力者, 德之役也. 百姓之力, 待之而後功. 百姓之群, 待之而

인과 덕은 군자가 갖추어야 할 필수적 덕목이며, 이것 없이는 다스려지지 않는다는 것이다. 즉 백성을 인으로 사랑하고 덕으로 교화하여야지, 힘으로 억누르고 법으로 강제하여서는 백성은 따라오지 않는다는 것이다. 그래서 이미 공자도 "윗사람의 몸가짐이 바르면 명령하지 아니하여도 백성은 행하고, 그 몸가짐이 바르지 아니하면 비록 명령하여도 백성은 따르지 아니한다"라고 말하고 있다."[13] 순자도 "윗물이 맑아야 아랫물도 맑다"라는 덕치주의 정치철학을 다음과 같이 강조한다.

"임금은 백성의 근원이다. 근원이 맑으면 흐름도 맑고, 근원이 흐리면 흐름도 흐린 것이다."[14]

"임금이 드러내어 밝히면 곧 백성도 잘 다스려질 것이며, 임금이 바르고 성실하면 곧 백성도 성실해질 것이며, 임금이 공정하면 백성들도 정직하게 될 것이다."[15]

이것은 다스리는 법보다 다스리는 사람이 올바를 때 비로소 다스려진다는 것을 말하고 있다. 즉 법보다 군자가 있어야 질서가 바로 선다는 것이다. 그러므로 순자는 이어서 다음과 같이 말한다.

"좋은 법이 있어도 어지러워질 수는 있지만, 군자가 있으면서 어지러워진다는 말은 자고로 들어본 적이 없다. 옛말에 '다스림은 군자에서 나오고, 혼란은 소인에게서 생겨난다'라고 한 것은 이를 두고 말한 것이다."[16]

後和. 百姓之財. 待之而後聚. 百姓之執, 待之而後安. 百姓之壽, 待之而後長."
13) 『論語』, 子路, "子曰, 其身正, 不令而行, 其身不正, 雖令不從."
14) 『荀子』, 君道, "君者, 民之原也, 原淸則流淸, 原濁則流濁."
15) 『荀子』, 正論, "上宣明則下治辨矣, 上端誠則下愿愨矣. 上公正則下易直矣."
16) 『荀子』, 致士, "故有良法而亂者有之矣, 有君子而亂者, 自古及今, 未嘗聞也. 傳

"법은 다스림의 단(端)이고, 군자는 법의 근원이다. 그러므로 군자가 있으면 법이 비록 생략되었다 할지라도 충분히 두루 펴질 것이다. 군자가 없으면 법이 비록 잘 갖추어져 있다 하더라도 앞뒤로 시행할 순서를 잃고 일의 변화에 적응하지 못하여 족히 어지러워질 것이다. 법의 뜻을 알지 못하면서 법의 조문만을 바로 지키는 사람은 비록 박식하다 할지라도 일을 당하면 반드시 혼란을 겪을 것이다. 그러므로 밝은 임금은 사람을 얻기를 서두르고 어리석은 임금은 권세 얻기를 서두른다."[17]

나라에는 법이나 제도가 있지만 이를 운용하고 다스리는 것은 사람이다. 따라서 다스리는 사람이 군자라면 법이나 제도가 다소 불완전하다 하더라도 다스려지지만, 그 다스리는 사람이 소인이라면 아무리 법과 제도가 완벽하다 할지라도 제대로 다스려질 수 없다는 것이다. 이점을 순자는 극단적으로 다음과 같이 표현한다.

"어지러운 임금이 있는 것이다. 어지러운 나라가 따로 있는 것이 아니요, 다스리는 사람이 있는 것이지 다스리는 법이 따로 있는 것이 아니다."[18]

순자의 이러한 덕치주의 사상은 '인치(人治)'를 '법치'보다 우위에 두고 있다. 즉 백성은 법의 강제를 통해 다스려지는 것이 아니라 성군의 덕에 의하여 다스려진다는 것이다. 이러한 인치 사상은 반드시 성군을 전제한다. 지배자가 성군이 아닌 폭군일 때에는 유가에서는 그는 이미 임금이 아니므로 역성혁명을 통하여 제거한다. 그러나 '법의

지배'의 사상에서 유래된 법치 사상은 폭군을 전제한다. 즉 법치주의는 모든 통치자를 잠재적인 폭군으로 보고 그의 권력 남용을 통제하기 위하여 법을 마련한다. 그렇게 함으로써 폭군의 출현을 막아보자는 것이다. 이와는 달리 덕치주의는 모든 통치자는 성군일 것을 전제하고 그 성군의 도덕성에 의하여 지배자의 권력 남용을 원천적으로 봉쇄하겠다는 것이다. 이렇게 법치주의와 덕치주의는 다 같이 지배자의 자의와 권력 남용을 배제한다는 같은 목표에 지향되어 있으나 그 수단에 있어서 차이가 있다. 전자는 법에 의하고, 후자는 도덕에 의한다. 즉 법치주의는 지배자의 권력을 법에 구속함으로써 타율적으로 권력 남용을 배제하겠다는 것이고, 덕치주의는 지배자를 성군으로 만듦으로써 그 도덕성에 의하여 자율적으로 권력을 남용하지 못하도록 하겠다는 것이다. 어느 것이 효과적인가는 단정적으로 말하기 어렵다. 양자의 방법에는 각각 일장일단이 있기 때문이다.

우선 덕치주의의 전제는 비현실적이다. 오늘날 현실적으로 모든 통치자가 요순과 같은 성인도 아니고 또 그러한 성인이 될 것을 기대할 수도 없다. 그것은 하나의 이상이지 현실은 아니다. 따라서 법을 통한 타율적 통제를 하는 법치주의는 불가피하다. 이 점에 덕치주의의 한계가 있다고 보겠다. 다른 한편 법치주의의 방법도 완전무결한 것이 아니다. 아무리 지배자의 권력을 법을 통해 통제할지라도 지배자가 그 법에 구속되지 아니할 때, 다시 말하면 그 법을 마음대로 바꾸어 악법으로 만든다거나 또는 그 법을 애당초 무시해 버리고 자의에 의하여 다스릴 때는 속수무책이기 때문이다. 우리가 경험한 현대판 폭군들은 전부 그렇게 했으며 오히려 법을 통하여 합법적으로 권력을 남용하는 것이 가능했다. 여기에 또한 법치주의의 한계가 있는 것이다. 이처럼 법치와 인치는 일장일단이 있다. 따라서 우리는 법치와 인치를 배타적 관계로 보지 말고 상호보완적 관계로 볼 것이 필요하다. 즉 법치로 인치의 단점을 보완하고 인치로 법치의 단점을 보완할 것이 필요하다. 이렇게 이해할 때, 덕치주의는 현대의 법치주의 사회에서도 그 존재의의를 잃지 않고 있음을 알 수 있다.

Ⅲ. 예치주의

순자는 덕치주의만으로는 국가사회의 질서를 확립하고 유지하는 데 부족하다고 보았으며, 모든 사람의 행위준칙이 되고 국가사회의 제도를 확립하는 객관적 예규범을 만들어 그것에 따라 다스리는 예치주의를 주장한다. 법사상사적인 관점에서 볼 때, 이것은 도덕에 의한 통치시대를 지나서 법을 통한 통치시대에 들어간 것을 의미한다. 주례(周禮)에서 보는 바와 같이, 예라는 이름 아래 모든 법제도가 완비되고, 그리고 그 법제도에 따라 지배자가 통치를 하게 된다. 순자가 후왕지도(後王之道)에 따른 것은 그 때문이다. 이러한 시대적 배경이 순자의 예치주의 사상을 만들어 낸 것이지만 순자의 법철학자로서의 위대함은 예의 성립근거를 인간의 본성으로부터 바라보았다는 데 있다. 따라서 순자의 예개념은 역사적 개념이 아니라 철학적 개념이다. 이것은 서양의 법철학보다 훨씬 앞서는 것이다. 서양에서는 겨우 근대에 들어와서 홉스나 칸트 등에 의하여 비로소 인간의 본성으로부터 법의 성립근거를 찾기 시작했다. 순자는 성악설적 인간관으로부터 예의 발생의 필연성과 당위성을 연역한다.

1. 성악설

"인간의 본성은 악하다. 선하다고 하는 것은 거짓이다. 사람은 나면서부터 이익을 좋아하기 때문에 이것을 따르면 쟁탈이 벌어지고 사양(辭讓)이 없어진다. 나면서부터 질투하고 미워하기 때문에 이것을 따르면 타인을 해치게 되고 충과 신이 없어진다. 나면서부터 귀와 눈의 욕망이 있어 아름다운 소리와 빛깔을 좋아하기 때문에, 이것을 따르면 음란이 생기고 예의와 질서가 없어진다. 사람의 감정을 좇는다면, 반드시 쟁탈이 벌어지고 분수를 어기게 되고 질서가 문란해지고 난폭한 무질서에 이르게 된다 … 이렇게 본다면 사람의 본성이 악하다는 것이 분명하다. 그것이 선하다는 것은 거짓이다."[19]

순자는 "사람의 본성은 악하다"라는 성악설을 취한다. 따라서 "사람의 본성은 선하다"라는 맹자의 성선설은 잘못되어 있다는 것이다. 만일 인간의 본성이 선하여 정의와 질서에 합치하는 행위를 스스로 할 수 있다면, 성왕이 무슨 필요가 있으며 예의와 법도를 세워야 할 필요가 어디에 있겠는가라고 반문한다. 인간의 본성이 악하기 때문에 무질서와 쟁탈이 벌어지는 것이며, 그 때문에 성왕과 예의와 법도가 필요하게 된 것이라 한다. 그는 이어서 다음과 같이 말한다.

"사람의 본성은 악하다. 그래서 옛날에 성왕께서는 사람의 본성이 악하여

---

19) 『荀子』, 性惡, "人之性惡, 其善者僞也. 今人之性, 生而有好利焉, 順是, 故爭奪生而辭讓亡焉. 生而有疾惡焉, 順是, 故殘賊生而忠信亡焉. 生而有耳目之欲, 有好聲色焉, 順是, 故淫亂生而禮義文理亡焉. 然則從人之性, 順人之情, 必出於爭奪, 合於犯分亂理, 而歸於暴. … 用此觀之, 然則人之性惡明矣." 여기서 '其善者僞也'에서의 '僞'는 거짓이란 뜻도 있으나 동시에 인위적인 것, 즉 작위(作爲)를 뜻하기도 한다. 순자에 의하면, 악성(惡性)은 본성이지만 선성(善性)은 인위적 작위이지 본성이 아니라고 한다.

음험하고 편벽하여 바르지 못하고 질서를 소란케 하여 다스려지지 않기 때문
에, 임금의 권세를 세워 이들 위에 군림케 하고, 예의를 밝히어 이단을 교화하
고, 올바른 법도를 만들어 이들을 다스렸으며, 형벌을 중하게 하여 이들의 악
한 행동을 금지한 것이다. 이것이 성왕의 다스림이고 예의의 교화인 것이다.
지금 시험 삼아 임금의 권세를 없애버리고, 예의를 통한 교화를 중지하고, 바
른 법도의 다스림을 없애버리고 형벌에 의한 금지를 폐지하고, 천하의 인민들
이 어떻게 어울려 사는가를 한 번 보기로 하자. 그렇게 되면 강자가 약자를 해
치고 탈취하며, 다수의 무리는 소수의 무리에게 폭력을 가하여 그들을 굴복시
킬 것이다. 천하가 어지럽게 되어 망하는 꼴을 보는 것은 한참을 기다릴 필요
조차 없을 것이다. 그러니 사람의 본성이 악한 것은 분명하다."[20]

순자의 이와 같은 성악설적 인성관은 서양의 홉스의 견해와 똑같
다. 다만 우리가 여기서 주의해야 할 것은, 양자는 다 같이 인간의 본
성 그 자체가 악한 것이 아니라 그러한 본성을 따를 때 타인에게 미치
는 사회적 효과가 악하다는 것이다. 홉스는 자연상태(status naturalis)
에서의 인간상을 가리켜 "인간은 인간에 대하여 늑대(homo homini
lupus)"라고 표현한다. 그러나 시민상태(status civilis)에서의 인간상은
"인간은 인간에 대하여 신(homo homini deus)"이라고 표현한다.[21] 이
것은 이기와 욕망을 추구하는 인간의 본성 자체가 나쁜 것이 아니라
그들이 처해 있는 상태에 따라서 악이 될 수도 있고 선이 될 수도 있다

---

20) 『荀子』, 性惡, "人之性惡. 故古者聖人以人之性惡, 以爲偏險而不正, 悖亂而不
治. 故爲之立君上之埶以臨之, 明禮義以化之, 起法正以治之, 重刑罰以禁之, 使
天下皆出於治, 合於善也. 是聖王之治而禮義之化也. 今當試去君上之埶, 無禮
義之化, 去法正之治, 無刑罰之禁, 倚而觀天下民人之相與也. 若是則夫彊者害
弱而奪之, 衆者暴寡而譁之, 天下之悖亂而相亡, 不待頃矣. 用此觀之, 然則人之
性惡明矣."
21) T. Hobbes, *Vom Menschen Vom Bürger*, hrsg. von Günter Gawlick, 1959,
kap. 5, art. 9, S. 59f.

는 것이다. 자연상태에서는 각자의 이기적 욕망의 추구가 법을 통해
통제되어 있지 않기 때문에 만인은 만인에 대하여 투쟁상태에 놓일
수밖에 없지만, 사회계약을 통해 법질서가 확립된 시민상태에서는 그
이기적 욕망이 법으로 통제되기 때문에 만인은 평화로운 공존상태에
놓이게 된다는 것이다. 그래서 홉스에 의하면, 도덕철학은 사회에 있
어서 선악이 무엇인가에 관한 학문인데, 선악의 판단대상을 주관화함
으로써 그것을 알 수 없었다고 한다. 그에 의하면, 그것은 자연상태(투
쟁상태)와 시민상태(평화상태)의 차이에서 구별된다. 즉 전자의 상태
는 악이고 후자의 상태는 선이다.[22]

　순자의 성악설도 이와 마찬가지이다. 그의 성악설의 설명을 자세
히 보면, 이기와 욕망을 추구하는 본성 자체가 악한 것이 아니라 '**이것
을 따르면**(順是)' 악하게 된다는 것이다. 즉 "사람은 나면서부터 이익
을 좋아하기 때문에 **이것을 따르면** 투쟁이 벌어지고 사양이 없어진다
… 사람은 나면서부터 욕망이 있어서 아름다운 소리와 빛깔을 좋아하
기 때문에 **이것을 따르면** 음란이 생기고 예의와 질서가 없어진다"라
고 한다. 따라서 이기와 욕망 자체가 악하다는 것이 아니고 그러한 본
성이 타인의 이익적 욕망과 충돌될 때 쟁탈이 벌어지고 질서가 파괴
되어 악하게 된다는 것이다. 이러한 충돌이 일어나지 않도록 일정한
척도와 한계를 그어 놓은 것이 그의 예규범이다. 그러므로 예의를 정
하고 법도를 세워 이에 따르게 하면 타인에게 미치는 효과에 있어서
도 선하게 된다는 것이다. 그러나 이러한 선한 효과는 교화를 통하여
비로소 이루어지는 것이므로 인위적인 작위의 산물이지 자연적 본성
으로부터 오는 것은 아니라는 것이다. 따라서 인간의 자연적 본성이

---

22) T. Hobbes, *Leviathan*, edited by John Plamenatz, M.A., 1962(London), chap.
　15, p. 156 f., p.168

선하다는 맹자의 성선설은 잘못되어 있다는 것이다.

순자의 성악설과 맹자의 성선설은 그 당시로부터 오늘에 이르기까지 커다란 학설 논쟁의 대상으로 되어 왔지만, 양자의 주장을 잘 살펴보면, 양설 사이에 해결할 수 없는 대립이 전제되어 있는 것은 아니다. 왜냐하면 맹자도 인간의 선한 본성만 바라본 것이 아니고 악한 본성도 인정하고 있으며, 또한 순자도 인간의 악한 본성만 바라본 것이 아니고 선한 본성도 인정하고 있기 때문이다. 이 성악설과 성선설의 논쟁은 실익 없는 학설 논쟁이 아니라 법의 존재 이유와 법의 효력의 근거에 관한 근원적인 물음에 관계되어 있어서 법철학적으로는 대단히 중요한 문제이다.

우선 먼저 맹자의 성선설의 입장을 들어보기로 하자. 맹자에 의하면, 인간의 본성은 네 가지 사유기관의 작용으로 나타난다고 한다. 그것은 측은지심·수오지심·사양지심·시비지심이다.

"측은지심은 인의 시단(始端)이며 수오지심은 의의 단이며, 사양지심은 예의 단이며, 시비지심은 지의 단이다. 사람은 사단(四端)을 지니고 있으니 그것은 마치 사람에게 사지가 있는 것과 같다. 이와 같은 사단을 가지고 있으면서 스스로 선한 일을 할 수 없다고 말하는 자는 자기 자신을 해치는 자이고, 임금이 선한 일을 할 능력이 없다고 말하는 자는 그 임금을 해치는 자이다."[23]

이 인의예지의 사단은 인간에게 선천적으로 주어져 있는 본성이며 후천적으로 얻어지는 것이 아니므로 그것을 가리켜 하늘이 준 '하늘이 내려준 작위(天爵)' 또는 '천성'이라고 한다. 이것은 사유기관에 의

---

23) 『孟子』, 公孫丑上, "測隱之心, 仁之端也, 羞惡之心, 義之端也, 辭讓之心, 禮之端也, 是非之心, 智之端也, 人之有四端也. 猶其有四體也, 有是四端而自謂不能者, 自敵者也, 謂其君不能者, 賊其君者也."

한(도덕적) 본성이다. 만일 이러한 본성만 인간에게 있다면 쟁탈과 무질서는 일어나지 않을 것이므로 법과 국가의 존재 이유는 생겨나지 않을 것이다. 그러나 맹자는 이외에 감각기관에 의한 (자연적) 본성을 따로 인정한다.

"입이 좋은 맛을, 눈이 좋은 빛을, 귀가 좋은 소리를, 코가 좋은 냄새를, 사지가 편안하기를 바라는 것은 사람의 본성이기는 하나, 명(命)이라는 것이 있기 때문에 군자는 이것을 성(性)이라 하지 않는다. 또 인의예지는 천도(天道)요 명이기는 하나, 성이라는 것이 있기 때문에 군자는 이것을 명이라 하지 않는다."24)

그래서 맹자는 인성론에 관한 고자(告子)와의 대담에서 두 기관의 본성 작용이 다르다는 것을 분명히 하고 사유기관의 본성 작용만을 '인성'으로 받아들인다.

"눈과 귀의 감각기관은 사유기관의 작용이 없으면 외물의 유혹을 차단할 수 없으므로 외물에 접촉만 하면 곧 유인되고 만다. 그러나 마음의 사유기관은 생각하는 능력이 있기 때문에 생각을 하면 본심을 얻고 생각을 안 하면 본심을 얻지 못한다. 우리는 이 두 기관(耳目之官과 心之官)을 생래적으로 하늘로부터 받아 지녔으니, 먼저 큰 것을 세워 놓으면 작은 것도 빼앗기지 아니한다. 이렇게 하는 것이 대인이 되는 길이다."25)

---

24) 『孟子』, 盡心下, "口之於味也, 目之於色也, 耳之於聲也, 鼻之於臭也, 四肢於安佚也, 性也. 有命焉, 君子不謂性也. 仁義禮智也天道也, 命也. 有性焉君子不謂命也."
25) 『孟子』, 告子上, "耳目之官, 不思而廠於物, 物交物則引之而已矣, 心之官則思, 思則得之, 不思則不得也, 此天之所與我者, 先立乎其大者, 則其小者不能奪也, 此焉大人已矣."

그러므로 맹자는 인간의 생래적 본성에 사유기관의 도덕적 본성과 감각기관의 자연적 본성의 둘이 있다는 것을 인정하고 그 가운데서 도덕적 본성(心之官)만을 선택적으로 인성으로 받아들이고 있다. 그래서 성선설을 주장하기에 이른 것이다.

이와는 달리 순자의 성악설은 자연적 본성(耳目之官)만을 인성으로 선택한다. 자연적 본성이란 감각기관이 외적인 사물과 접촉하여 자연히 감응하는 것을 말하며 오관(伍官)의 감각작용이 이에 해당한다.

"눈은 아름다운 색채를 좋아하고, 귀는 아름다운 소리를 좋아하고, 입은 맛있는 음식을 좋아하고, 마음은 이익을 좋아하고, 육체는 안락한 것을 좋아하는데, 이것은 모두 사람의 감성으로부터 생기는 것이다. 느껴서 자연히 그러한 것이며 후천적 작위에 의하여 그러한 것이 아니다. 느껴서 그러하지 못하고 반드시 후천적 작위에 의하여 생기는 것을 인위적인 것이라고 한다. 이것이 선천적 본성으로 생기는 것과 후천적 작위로부터 생기는 것이 같지 않다는 명백한 증거이다."[26]

순자는 자연적인 것과 인위적인 것을 구분하고 전자만이 인간의 생래적 본성이고 후자는 후천적 작위에 속한다는 것이다. 따라서 맹자의 선성(善性)은 후천적 작위이지 생래적 본성이 아니라는 것이다. 순자는 인식을 가시적 대상에 대한 경험의 축적으로 보고 거기에서 다만 감각작용으로서의 인식작용만을 본성으로 파악하고 이성작용으로서의 인식은 본성의 개념에서 배제하고 있다. 이와는 반대로 맹자는 순자에 의하여 본성개념에서 배제된 그 이성의 인식작용만을 인간

---

26) 『荀子』, 性惡, "若夫目好色, 耳好聲, 口好味, 心好利, 骨體膚理好倫佚, 是皆生於人之情性者也, 感而自然, 不待事而後生之者也, 夫感而不能然, 必且待事而後然者, 謂之生於僞, 是性僞之所生, 其不同之徵也."

의 본성으로 바라보고 있다. 그러면 순자는 인간의 인식작용 가운데
서 이성적 판단작용은 없다고 보았느냐 하면, 그렇지 않다. 그는 정명
편(正名編)에서 감각작용을 통제하는 이성작용의 존재를 분명히 인정
한다.

"욕망은 그것이 가능하든지 가능하지 않든지 간에 일어나지만, 그 추구는
가능한 데로 따라간다. 가능하고 아니하고 간에 욕망이 일어나는 것은 타고난
천성으로부터 오는 것이지만 그 가능한 것에 따라 추구하는 것은 마음에서 오
는 것이다. 타고난 하나의 욕망은 마음에서 일어나는 모든 생각에 의해 제약을
받으므로 타고난 대로의 욕망을 다 충족시킬 수는 없다 … 그러므로 욕망이 아
무리 과대해도 실행이 거기까지 이르러 가지 않는 것은 마음의 판단이 제약하
기 때문이다."27)

여기서는 이기를 추구하는 욕망이 마음의 작용을 통해 통제되고 있
는데, 그것은 바로 이성이다. 이렇게 순자는 이성을 인정하고 있다.
다만 그것은 사람의 본성은 아니라는 것이다. 이와는 달리 맹자는 사
람의 선천적 본성 가운데 감성과 이성을 다 받아들였으나, 감성은 다
른 동물들도 다 가지고 있는 성이기 때문에 굳이 사람의 성이라 할 것
은 없고, 따라서 오직 사람만이 가지고 있는 이성을 특히 '인성'으로
받아들인 것이다.

결국 성악설과 성선설의 논쟁은 개념의 차이에서 온 것이지 본질의
차이에서 온 것은 아니다. 한쪽에서는 본성개념에서 이성을 빼버렸

---

27) 『荀子』, 正名, "欲不待可得, 而求者從所可. 欲不待可得, 所受乎天也. 求者從所
可, 所受乎心也. 所受乎天之一欲, 制於所受乎心之多, 固難類所受乎天也. 人之
所欲生甚矣, 人之惡死甚矣; 然而人有從生成死者, 非不欲生而欲死也. 不可以
生而可以死也. 故欲過之而動不及, 心止之也."

고, 다른 한쪽에서는 본성개념에서 감성을 빼버렸기 때문에 생긴 논쟁이지, 감성작용은 이성작용을 통해 통제된다는 점에서는 양자 사이에 아무런 차이도 없는 것이다. 인간은 자기의 욕망을 이성에 의하여 자율적으로 통제할 능력이 있다. 그러나 욕망이 지나치게 강하면 자율적으로 통제가 되지 않기 때문에 타율적 통제수단인 법이 필요하게 되는 것이다. 성선설과 성악설의 진정한 의미는 "사람은 선하게 행위한다", "사람은 악하게 행위한다"라는 단정적 명제 가운데 놓여 있는 것이 아니라, "사람은 선하게 행위할 수 있다", "사람은 악하게 행위할 수 있다"라는 가능적 명제 가운데 놓여 있다고 보아야 할 것이다. 이 가능성의 영역이 바로 법과 예가 위치하여야 할 자리인 것이다. 왜냐하면 불가능의 영역은 애당초 규범의 규율대상이 될 수 없기 때문이다.

2. 예론(禮論)

순자는 성악설에 근거하여 예치주의를 주장한다. 즉 예규범을 세워 인간의 악한 행위를 통제함으로써 사회질서를 유지하겠다는 것이다. 그는 예가 생겨난 이유를 다음과 같이 말한다.

"'예는 왜 생겨났는가?' 그것은 사람은 나면서부터 욕망이 있는데, 바라면서도 얻지 못하면 곧 추구하지 않을 수 없고, 추구함에 있어 일정한 척도나 한계가 없다면 곧 다투지 않을 수 없게 된다. 다투면 질서가 문란하여지고 질서가 문란하여지면 궁하여진다. 옛 임금께서는 그 질서가 어지러워지는 것을 싫어하셨기 때문에 예의를 제정하여 그 한계를 정함으로써, 사람들의 욕망을 충족시켜주고 사람들이 추구하는 것을 얻게 하였던 것이다. 그리하여 욕망으로 하여금 반드시 물건에 궁하여지지 않도록 하고, 물건은 반드시 욕망에 부족함이 없도록 하여 이 두 가지 것이 서로 견제하며 발전하도록 하였는데, 이것이 예가 생겨난 이유인 것이다."28)

순자의 이와 같은 예론은 서양의 칸트의 법개념과 똑같다. 칸트에 의하면, 인간은 이기와 욕망을 추구하는 자연적 자유를 가지고 있는데 이 자연적 자유는 일정한 척도와 한계가 없다면 항상 타인의 자연적 자유와 충돌하여 쟁탈이 벌어지고 무질서 상태를 가져오게 된다고 한다. 그래서 각자의 자연적 자유에 한계를 그어 서로 충돌되지 않도록 법을 정함으로써 평화로운 공존조건을 마련한다는 것이다. 이것이 법이 필요한 이유이다. 그래서 칸트의 유명한 법의 정의는 다음과 같이 되어있다.

"법이란 한 사람의 자의(자연적 자유)가 다른 사람의 자의(자연적 자유)와 자유의 일반법칙에 따라 서로 양립할 수 있는 조건의 총체이다."29)

이렇게 칸트의 법개념과 순자의 예개념은 그 내용이 같다. 그러면 순자의 예개념은 인간의 이기적 욕망을 어떠한 방법으로 통제하여 서로 충돌되지 않도록 할 것인가? 그는 사회신분제도를 마련하여 그에 따른 직분(職分)적 정의를 실현할 때 그것은 가능하다고 한다.

---

28) 『荀子』, 禮論, "禮起於何也 ? 曰, 人生而有欲, 欲而不得, 則不能無求. 求而無度量分界, 則不能不爭. 爭則亂, 亂則窮. 先王惡其亂也, 故制禮義以分之, 以養人之欲, 給人之求. 使欲必不窮乎物, 物必不屈於欲. 兩者相持而長, 是禮之所起也."

29) I. Kant, *Die Metaphysik der Sitten*, in; *Kant–Werke*, Bd.7, 1968, S.337; "Das Recht ist Inbegriff der Bedingungen, unter denen die Willkür des einen mit der Willkür des anderen nach einem allgemeinen Gesetz der Freiheit zusammen vereinigt werden kann."

"천자가 되어 귀해지고 싶고 천하를 가져 부해지고 싶은 것은 사람의 감정
으로서는 모두가 다 같이 바라는 바이지만, 그 사람들의 욕심을 따른다면 권세
는 다 받아들여질 수 없고, 재물도 충분할 수가 없을 것이다. 그래서 옛 임금께
서 생각하신 끝에 이를 위하여 예의를 제정함으로써 분별을 마련하였다. 즉 사
람에게 귀천의 등급이 있게 하고, 어른과 아이의 차별을 두게 하고, 지혜 있는
자와 어리석은 자의 능력이 있고 없음을 분별하여 사람들로 하여금 그들에게
합당한 일을 맡겨 각자가 마땅함을 얻게 하였다. 그러한 뒤에야 녹으로 받는
곡식이 많고 적고 두텁고 엷은 균형이 있게 된 것이다. 이것이 곧 여러 사람이
사회생활을 하면서 하나로 조화되는 도리인 것이다."[30]

　모든 사람의 지위와 세력이 같으면서 바라는 것과 싫어하는 것이
같으면 욕망을 고루 충족시켜 줄 수가 없으므로 덕망, 능력, 지식, 귀
천, 연령 등에 따른 사회신분제도를 마련하여 각자 그 직분에 따라 대
우를 받게 함으로써 욕망의 충돌을 해소하는 것이 예라는 것이다. 순
자의 이러한 예론은 그 당시의 봉건사회의 신분질서를 정당화하는 것
으로 볼 수도 있으나 그보다는 신분질서의 직분 윤리를 강조한 것으
로 보인다. 왜냐하면 그에 의하면 신분의 귀천은 생래적인 것이나 세
습적인 것이 아니고 각자의 학문과 능력에 따라 결정되기 때문이다.
이 점을 그는 다음과 같이 말한다.

　"비록 임금이나 사대부들의 자손이라 할지라도 예의에 합당하지 않으면 곧
서민으로 돌려 버리고, 비록 서민의 자손이라 할지라도 학문을 쌓고 몸의 행실

---

30) 『荀子』, 榮辱, "夫貴爲天子, 富有天下, 是人情之所同欲也. 然則從人之欲, 則埶
不能容, 物不能瞻也. 故先王案爲之制禮義以分之, 使有貴賤之等, 長幼之差, 知
愚能不能之分, 皆使人載其事, 而各得其宜. 然後使穀祿多少厚薄之稱, 是夫群
居和一之道也."

이 올바르고 예의에 합당하면 곧 그들을 경상(卿相)이나 사대부로 돌린다. 그리고 그 직분을 안정되게 다하면 잘 길러 주고 그 직분을 안정되게 다하지 못하면 버린다."³¹⁾

"임금은 임금 노릇을 하고, 신하는 신하 노릇을 하고, 아버지는 아버지 노릇을 하고, 아우는 아우 노릇을 하는 것도 한 가지 원리인 것이다. 농군은 농군 노릇을 하고, 선비는 선비 노릇을 하고, 공인(工人)은 공인 노릇을 하고, 상인은 상인 노릇을 하는 것도 한 가지 원리에 의한 것이다."³²⁾

이처럼 순자의 예론은 직분론에 기초하고 있으며, 이 직분이 예에 따라 잘 조화될 때 사회질서가 바로 선다는 것이다. 이것은 서양의 플라톤의 직분적 정의관과 유사하다. 또한 순자에 의하면 관직도 예규범에 따라 규정되는데 이것은 정부의 각 부서의 장관들이 그들의 직분을 다 하도록 정부의 행정질서를 마련하기 위함이다. 따라서 관제에 관한 정부조직의 규정도 예전(禮典)에 수록된다.

그러면 이러한 예규범은 누가 만드는가? 순자에 의하면 그것은 성인이 만든다고 한다.

"예의라는 것은 사람의 본성에 의하여 생겨나는 것이 아니고 성인의 작위에 의하여 생겨난다. 성인이 생각을 쌓고 작위를 오랫동안 익히어 예의를 만들어내고 법도를 제정하는 것이다."³³⁾

---

31) 『荀子』, 王制, "雖王公士大夫之子孫也, 不能屬於禮義, 則歸之庶人. 雖庶人之子孫也, 積文學, 正身行, 能屬於禮義, 則歸之卿相士大夫. 故姦言, 姦說, 姦事, 姦能, 遁逃反側之民, 職而敎之, 須而待之, 勉之以慶賞, 懲之以刑罰. 安職則畜, 不安職則棄."

32) 『荀子』, 王制, "君君・臣臣・父父・子子・兄兄・弟弟, 一也, 農農・士士・工工・商商, 一也."

33) 『荀子』, 性惡, "凡禮義者, 是生於聖人之僞, 非故生於人之性也. 故工人斲木而成器, 然則器生於工人之僞, 非故生於人之性也. 聖人積思慮習僞故, 以生禮義,

"옛날 성왕께서는 사람의 본성이 악하기 때문에 편벽되고 음험하여 바르지 않으며 도리에 어긋나는 어지러운 짓을 하여 다스려지지 않으므로 이를 위하여 예의를 만들고 법도를 제정하여 사람의 감정과 본성을 교정하고 수식함으로써 올바르게 하였으며, 사람의 감정과 본성을 길들이고 교화함으로써 이를 바르게 인도하셨다. 이에 비로소 잘 다스려지고 도리에 맞는 행동을 하게 된 것이다."[34]

여기서 입법자는 성인이다. 즉 예규범은 성인인 임금이 만들고 백성은 그것을 받아들여 그들의 행위규범으로 삼는다는 것이다. 그러면 수범자인 백성은 단순한 규범의 객체에 지나지 않고 규범의 주체는 될 수 없는가? 순자는 수범자의 규범의 주체성을 인정한다. 즉 수범자의 자기입법(禮) 능력을 승인한다. 그는 다음과 같이 말한다.

"길거리의 보통 사람들도 우임금과 같은 성인이 될 수 있다고 하는데, 그것은 무엇을 말하는 것인가? 우임금이 우임금일 수 있는 것은 어짊과 의로움과 올바른 법도를 세우고 행하기 때문이다. 이것은 어짊과 의로움과 올바른 법도를 알 수 있는 능력이 있다는 이론을 성립시킨다. 그런데 길거리의 보통 사람들도 모두 어짊과 의로움과 올바른 법도를 알 수 있는 자질이 있고 모두 어짊과 의로움과 올바른 법도를 행할 수 있는 능력이 있는 것이다. 그러니 그들도 우임금과 같은 성인이 될 수 있음이 분명하다. 만일 그렇지 않다면, 길거리의 보통 사람들은 안으로는 아버지와 자식의 의리를 알 수 없을 것이며, 밖으로는 임금과 신하의 올바른 관계를 알 수 없을 것이다. 그러나 그렇지 않다. 지금 길

而起法度."

34) 『荀子』, 性惡, "古者聖王以人之性惡, 以爲偏險而不正, 悖亂而不治, 是以爲之起禮義, 制法度, 以矯飾人之情性而正之, 以擾化人之情性而導之也. 始皆出於治, 合於道者也."

거리의 보통 사람이라 할지라도 모두 안으로는 아버지와 자식의 의리를 알 수 있으며, 밖으로는 임금과 신하의 올바른 관계를 알 수 있는 것이다. 그러니 그 것들을 알 수 있는 자질과 행할 수 있는 능력이 길거리의 보통 사람들에게도 있음이 분명하다."[35]

위의 언급은 성인뿐만 아니라 모든 보통 사람도 예를 알 수 있는 자질과 행할 수 있는 능력이 있다는 것을 말하고 있다. 그렇다면 이것은 성선설의 입장과 다를 것이 아무것도 없다. 왜냐하면 성선설도 모든 사람이 현실적으로 선하게 행동한다는 것이 아니고 선하게 행동할 자질과 능력을 지니고 있다는 것을 뜻하기 때문이다. 물론 순자는 모든 사람이 우임금과 같은 성인이 될 수는 있지만, 반드시 그렇게 되는 것은 아니라고 한다.[36] 즉 작위(作爲)를 쌓으면 우임금과 같은 성인이 될 수 있지만, 작위를 쌓지 않으면 그렇게 될 수 없다는 것이다. 이것도 성선설을 부인할 근거는 못 된다고 본다. 왜냐하면 작위를 쌓는 것 자체가 선성을 전제하지 않으면 안 되기 때문이다. 작위를 쌓는다는 것은 인의예지의 도를 알게 된다는 것인데 이것은 인의예지를 알 수 있는 자질과 능력이 있음을 전제하고 있다. 칸트는 이것을 이성능력이라 하였으며 그것을 이성과 구별하였다. 즉 인간은 이성능력을 부여받은 존재이지 그 자체 이성적 존재가 아니라는 것이다.[37] 인간은 이 이성

---

35) 『荀子』, 性惡, "塗之人可以爲禹. 曷謂也 ? 曰, 凡禹之所以爲禹者, 以其爲仁義法正也. 然則仁義法正有可知可能之理. 然而塗之人也, 皆有可以知仁義法正之質, 皆有可以能仁義法正之具, 然則其可以爲禹明矣. 今以仁義法正爲固無可知可能之理邪 ? 然則唯禹不知仁義法正, 不能仁義法正也. 將使塗之人固無可以知仁義法正之質, 而固無可以能仁義法正之具邪 ? 然則塗之人也, 且內不可以知父子之義, 外不可以知君臣之正. 不然, 今塗之人者, 皆內可以知父子之義, 外可以知君臣之正, 然則其可以知之質, 可以能之具, 其在塗之人明矣."
36) 『荀子』, 性惡, "故塗之人, 可以爲禹, 則然塗之人能爲禹, 未必然也."
37) I. Kant, *Die Metaphysik der Sitten*, in; *Kant – Werke*, Bd. 7, 1968, S. 593 f.

능력에 의하여 사물의 옳고 그른 것을 변별하여 그에 따라 행위 할 수 있다는 것이다. 이것을 자기입법 능력이라 한다. 순자는 이러한 자기입법 능력을 인정한 것이다. 그래서 그는 또한 다음과 같이 말한다.

"마음이란 육체의 군주이며 신명(神明)의 주체이므로, 스스로 명령을 발하고 남의 명령을 받지 않는다. 스스로 금하고, 스스로 부리고, 스스로 빼앗고, 스스로 취하고, 스스로 행하고, 스스로 그치는 것이다 … 마음은 억지로 그 뜻을 바꾸게 할 수 없는 것으로서 옳으면 받고 그르면 물리친다. 그러므로 마음의 자태는 그 선택을 남이 금하지 못하며 스스로 보고 선택하는 것이다."[38]

자기입법 능력은 규범의 효력에 관계하여 법철학적으로 대단히 중요한 의미가 있다. 왜냐하면 인간으로부터 규범의 자기입법 능력을 부인할 때 수범자가 어떻게 규범을 따르게 되는지를 알 수 없기 때문이다. 이것은 규범의 효력이 결코 타율적 강제나 구속으로부터 발생하는 것이 아니라 반드시 자율적 규범의식을 매개로 하여 발생하는 것임을 알려 주고 있다. 사람은 법전이나 예전의 조문을 알고 그에 따라 행위하는 것은 아니다. 무엇이 옳고 그른지를 스스로 판단하는 능력이 있으므로 그 자기입법과 자기입례에 따라 행위하는 것이다. 만일 그렇지 않다면 동물의 세계에 왜 법과 예가 통하지 않는지를 알 수 없을 것이다.

인간은 단순한 규범의 객체가 아니라 동시에 규범의 주체이다. 규범이 효력을 갖는 것은 타율적 명령에 의해서가 아니라 자율적 당위에 의해서이다. 이것은 성인만이 입법능력이 있는 것이 아니라 수범

---

38) 『荀子』, 解蔽, "心者, 形之君也, 而神明之主也, 出令而無所受令. 自禁也, 自使也, 自奪也, 自取也, 自行也, 自止也. 故口可劫而使墨云, 形可劫而使詘申, 心不可劫而使易意, 是之則受, 非之則辭. 故曰, 心容其擇也, 無禁必自見."

자도 입법능력이 있다는 것을 뜻한다. 그렇다고 하여 이것은 자율적 자기입법 이외에 성인에 의한 타율적 입법의 존재 이유를 부인하는 것은 아니다. 왜냐하면 수범자가 법과 예에 어긋나는 옳지 않은 범죄 행위를 하는 경우도 그것이 악이라는 것을 알지 못해서가 아니라 알고는 있지만, 이기적 욕심이 앞서기 때문에, 즉 악한 의지를 선한 의지가 통제하지 못하기 때문에 악한 행위로 나아가게 되는 것이다. 다시 말하면, 자율적 통제가 불가능한 곳에서는 법과 예에 의한 타율적 통제가 필요하기 때문이다. 타율적 통제의 필요성은 성악설을 통해 정당화되지만, 자율적 통제의 가능성은 성선설을 통해 정당화될 수밖에 없다. 순자는 이점을 간과하고 있다.

3. 도론(道論)

성인은 입법권을 갖지만 제멋대로 법과 예를 정하는 것은 아니다. 순자에 의하면 법과 예는 도(道)에 따라 만들어진다고 한다. 즉 도를 모르면 입법과 입례를 할 수 없다는 것이다. 그런데 순자에서 도는 도가의 천도와 같은 것이 아니고 유가의 인도(人道)를 뜻한다.

"도란 것은 하늘의 도도 아니요 땅의 도도 아니며 사람이 지켜야 할 도이며 군자가 행하는 도인 것이다."[39]

하늘에는 하늘의 작용이 있고 땅에는 땅의 작용이 있으며 사람은 사람으로서의 작용이 있어야 한다는 것이다. 순자의 천의 개념은 형이상학적 천도 아니고 의지천(意志天)도 아니고 다만 자연천(自然天)

---

39) 『荀子』, 儒效, "道者, 非天之道, 非地之道, 人之所以道也, 君子之所道也."

을 의미할 따름이다.

"하늘의 운행에는 일정한 법칙이 있으나 그것은 요임금 때문에 존재하게 된 것도 아니요 걸왕 때문에 없어질 것도 아니다. 다스림으로 그것에 호응하면 길하고, 혼란으로 그것에 호응하면 흉하다. 농사에 힘쓰고 쓰는 것을 절약하면 하늘도 가난하게 할 수 없고, 잘 보양하고 제때 움직이면 하늘도 병나게 할 수 없고, 도를 닦아 도리에 어긋나지 않으면 하늘도 재난을 줄 수 없다."40)

"하늘은 만물을 생성하기는 하지만 만물을 분별하지는 못하며, 땅은 사람을 그 위에 살게 하기는 하지만 사람들을 다스리지는 못한다."41)

"하늘에는 그 철이 있고, 땅에는 그 재물이 있으며, 사람에게는 그 다스림이 있는데, 이것을 두고 참여라 말한다. 그 참여하는 근거를 버리고 그가 참여되기를 바라는 것은 미혹된 것이다."42)

따라서 하늘이 사람을 다스리는 게 아니라 반대로 사람이 하늘을 다스려야 한다는 것이다.

"하늘과 땅은 군자를 낳았고, 군자는 하늘과 땅을 다스린다."43)

이것으로 순자가 의미하는 도가 무엇인지 분명하게 드러난다. 즉 도는 그에게 있어서는 하늘과 땅 사이에서 사람이 사람답게 살 수 있는 치도(治道)를 의미한다. 이 점을 순자는 다음과 같이 표현하고 있다.

---

40) 『荀子』, 天論, "天行有常, 不爲堯存, 不爲桀亡. 應之以治則吉, 應之以亂則凶. 彊本而節用, 則天不能貧. 養備而動時, 則天不能病. 修道而不貳, 則天不能禍."
41) 『荀子』, 禮論, "天能生物, 不能媒物也, 地能載人, 不能治人也."
42) 『荀子』, 天論, "天有其時, 地有其財, 人有其治, 夫是之謂能參, 舍其所以參, 而願其所參則惑矣."
43) 『荀子』, 王制, "天地生君子, 君子理天地."

"성왕의 공용(功用)은 위로는 하늘을 살피고 아래로는 땅에 적절히 알맞게 하여 하늘과 땅 사이에 가득히 차게 하며 만물 위에 작용을 가하는 것이다. 미세한 듯하면서도 뚜렷하고, 짧은 듯하면서도 길고, 좁은 듯하면서도 넓고, 신통하고 밝고 넓고 크면서도 지극히 간약(簡約)한 것이다. 그러므로 한 가지 원칙과 한 가지 원리는 바로 사람을 위하여 있는 것이니, 이것을 행함을 두고 성인이라 말하는 것이다."[44]

여기서 "한 가지 원칙과 한 가지 원리는 바로 사람을 위하여 있는 것이다"라고 말하고 있는데, 이것은 사람을 위한 치도의 원칙, 즉 인도(人道)를 뜻한다. 이것은 사람을 보호하고, 사람을 양생하고, 사람을 배려함으로써 사람답게 살 수 있는 길을 뜻한다. 따라서 사람을 중심에 놓고 그것을 모든 가치판단의 척도로 삼아서 치도의 원칙을 정한다. 여기서는 프로타고라스가 말한 바와 같이 "인간이 만물의 척도이다." 그래서 순자는 다음과 같이 말하고 있다.

"만물을 진열해 놓고서 여기서 그 중을 잡아 저울, 곧 만물의 무게를 재는 일정한 척도를 세우는 것이다. 그 척도란 무엇을 말하는 것인가? 그것이 바로 도(道)이다."[45]

성인은 이 도에 따라서 시비곡직을 가려서 예와 법도를 정한다. 순자는 이어서 말한다.

---

44) 『荀子』, 王制, "聖王之用也. 察於天, 下錯於地, 塞備天地之間, 加施萬物之上, 微而明, 短而長, 狹而廣, 神明博大以至約. 故曰. 一與一是爲人者, 謂之聖人."
45) 『荀子』, 解蔽, "兼陳萬物, 而中縣衡焉, 是故衆異不得相蔽以亂其倫也. 何謂 衡, 曰, 道."

"전하는 말에 천하에 두 가지 길이 있으니, 그른 것으로 옳은 것을 따지는 것과 옳은 것으로 그른 것을 따지는 것이라 했다. 그른 것이란 성왕의 제도에 맞지 않는 것이요, 옳은 것이란 성왕의 제도에 맞는 것을 말한다. 천하에 이것으로써 옳은 것의 척도로 삼지 않고서 시비를 가리고 곡직(曲直)을 다스릴 수 있겠는가? 만일 시비를 가리지 못하고, 곡직을 다스리지 못하며, 치란(治亂)을 분별하지 못하고, 인도를 다스리지 못한다면, 아무리 능해도 사람에게 유익하지 못할 것이며 해를 면치 못할 것이다."46)

그러면 도는 어떻게 알 수 있는가? 순자에 의하면 도를 알기 위해서는 마음에 가리움이 있어서는 안 된다고 한다. 욕망이나 이기, 사랑이나 미움 등이 마음을 가리우고 있으면 도를 알 수 없다는 것이다. 따라서 마음이 허(虛), 일(壹), 정(靜)의 상태에 놓여 있을 때만 도를 알 수 있다고 한다. 그는 다음과 같이 말한다.

"도를 따르고자 하면 마음을 비워야 할 것이요, 도를 실천하고자 하면 마음을 하나 되게 해야 할 것이요, 도를 생각하고자 하면 마음을 고요하게 해야 분명해질 것이다. 도를 분명히 인식하고 그것을 실천하는 사람은 도를 체득한 사람이니 이렇게 허하고 일하여 정을 얻는 것을 대청명(大淸明)이라 부른다. 허(虛), 일(壹), 정(靜)하여 대청명에 이르면 만물에 통하는 까닭에 일체의 현상이 보이지 않는 것이 없고, 보면 설명하지 못할 것이 없으며, 설명하면 질서에 맞지 않는 것이 없다. 그리하여 방안에 앉아서 세계의 정세를 말할 수 있고, 오늘에 앉아서 아득한 옛날을 논할 수 있으며, 만물을 꿰뚫어 보아 그 실정을 알고, 치란의 자취를 더듬어 법칙을 알며, 천지를 다스리고 만물을 활용하며, 위대한

---

46) 『荀子』, 解蔽, "天下有二, 非察是, 是察非. 謂合王制與不合王制也. 天下有不以是爲隆正也, 然而猶有能分是非, 治曲直者邪? 若夫非分是非, 非治曲直, 非辨治亂, 非治人道, 雖能之無益於人, 不能無損於人."

도리를 재단하고 우주를 포괄한다 … 이를 일러 대인(大人)이라 한다."⁴⁷⁾

이처럼 대청명(大淸明)에 이르면 만물에 통달한다고 하였는데, 이
것은 결국 천도와 지도(地道)에 참여하여 그것을 인도를 위하여 합당
하게 재단할 수 있는 능력을 갖추게 된다는 것을 의미한다. 그리고 그
인도란 사람을 위한 치도, 즉 모여 사는 모든 사람의 삶을 가능케 하는
질서원칙을 의미할 것이다. 순자의 다음의 소박한 표현은 이 점을 뜻
하는 것으로 보인다.

"임금이란 여럿이 모여 잘 살도록 해 주는 사람이다. 여럿이 모여 사는 방법
이 합당하면 곧 만물도 모두 그들에게 합당하게 되며, 온갖 가축들도 모두 그
들대로 잘 자라게 될 것이며, 모여 사는 모든 사람의 삶도 그들의 목숨대로 잘
살게 될 것이다."⁴⁸⁾

그 모여 사는 합당한 방법(群道當)이 바로 예(禮)라 할 것이다. 오늘
날의 법철학적 표현을 빌린다면, 예는 실정법이고 도는 자연법에 해
당한다. 성인은 이 자연법에 따라 예규범을 정립한다.

---

47) 『荀子』, 解蔽, "作之, 則將須道者之虛則人, 將事道者之壹則盡, 盡將思道者靜
則察. 知道察, 知道行, 體道者也. 虛壹而靜, 謂之大淸明. 萬物莫形而不見, 莫
見而不論, 莫論而失位. 坐於室而見四海, 處於今而論久遠. 疏觀萬物而知其情,
參稽治亂而通其度, 經緯天地而材官萬物, 制割大理而宇宙裏矣. … 夫是之謂
大人."
48) 『荀子』, 王制, "君者善群也, 群道當, 則萬物皆得其宜, 六畜皆得其長, 群生皆得
其命."

Ⅳ. 결언

순자의 법사상의 핵심은 민본주의와 덕치주의와 예치주의이다. 우리는 이러한 순자의 법사상의 현대적 의의를 여기서 다시 한번 음미해 보고자 한다.

첫째, 민본주의의 현대적 의의는 그 근본이 인본주의 사상에 있다고 하겠다. 즉 국가와 법은 인간을 위하여 만들어진 것이고, 정치는 인간 가치를 존중하고 보호하는 것을 그 목적으로 하고 있다는 점이다. 우리는 이것을 현대의 법치국가 사상에서 찾아볼 수 있다. 현대의 법치국가개념은 단순히 법으로 조직되고 법으로 다스리는 형식적 법치국가가 아니라 법내용과 법가치에 구속되는 실질적 법치국가를 의미한다. 즉 인간의 존엄과 가치 그리고 인권을 존중하고 보호하는 것을 그 목적으로 하는 법치국가를 말한다. 여기서는 인간은 어디까지나 지배의 목적으로 되어있으며 결코 지배의 수단이 아니다. 따라서 이러한 법치국가의 지배권의 정당화 근거는 인간이다. 이러한 인간 본위의 사상을 우리는 유가의 민본주의에서 찾아볼 수 있는 것이다. 다시 말하면, 현대 법치국가 사상은 그 근원을 유가의 민본주의 국가 사상에 두고 있음을 알 수 있다.

또한 현대의 법치국가에서는 비인도적이고 반인간적인 폭군에 대한 저항권을 인정한다. 그 근거는 국가가 인간의 존엄과 가치를 존중하고 보호할 의무를 지고 있기 때문이다. 그러나 이 저항권의 사상은 오늘날의 현대국가에서 비롯된 것은 아니다. 우리는 그것을 유가의 역성혁명 사상에서 이미 찾아볼 수 있는 것이다. 그 근거도 현대의 법치국가와 같이 지배자의 인간존중 의무와 인간보호 의무에 반했기 때문이다. 걸(桀)·주(紂)와 같은 폭군은 이 의무에 반하는 잔적(殘賊)으

로서 백성의 적이었다. 따라서 그들에 대한 폭군살해는 인간 본위의
민본주의 사상에 의하여 정당화되었던 것이다. 우리는 이와 같은 유
가의 민본주의 사상의 현대적 의의를 결코 간과해서는 안 될 것이다.

둘째, 덕치주의의 현대적 의의이다. 오늘날의 법치 만능 시대에 도
덕으로 다스리는 덕치가 어떠한 의미를 지닐 것인가? 얼핏 보기에는
시대착오적 사상과 같이 보인다. 그러나 그렇지 않다. 법치주의의 '법
의 지배' 사상은 국가권력을 법에 구속함으로써 그 남용을 방지해야
할 필요에서 생겨난 것이다. 그러나 현대사회에서 우리가 겪은 경험
에 의하면, 법치주의의 권력 통제 기능은 불완전했을 뿐만 아니라 심
지어는 무능했으며, 오히려 법을 통하여 권력은 남용될 대로 남용되
었다. 이것은 법치주의의 맹점이다. 따라서 우리는 법치주의의 권력
통제 기능에 한계가 있다는 것을 솔직히 시인하지 않을 수 없다. 그러
면 어떻게 해야 권력을 완전히 통제할 수 있겠는가? 덕치주의로 법치
주의를 보완하는 것 외에 다른 방법이 없다고 본다. 즉 소극적으로 법
으로 지배권력을 통제할 뿐만 아니라 적극적으로 덕으로 지배자를 도
덕화시켜 권력을 남용하지 못하도록 하는 방법이다. 다른 말로 표현
하면, 지배권력이 아니라 지배자를 통제해야 한다는 것이다. 부도덕
한 지배자를 그대로 놓아두고 아무리 법으로 그 부도덕한 지배권력을
막아 보려 해도 그 실효성을 기대하기는 어렵다는 것이 역사에 의하
여 판명되었기 때문이다. 따라서 덕치주의의 현대적 의의는 오늘날
한층 더 클 뿐만 아니라 절실한 요청이 되었다.

셋째, 예치주의의 현대적 의의이다. 예치주의도 법치주의에 대한
보완원리로서 받아들여야 할 것으로 본다. 인간의 모든 행위를 법으
로 통제하는 것은 불가능할 뿐만 아니라 불필요하다. 윤리규범이 지
배하는 영역과 법규범이 지배하는 영역은 엄격히 분리되어야 하며,

후자가 전자를 침해해서는 안 된다. 그리고 옐리네크가 말한 바와 같이 '법은 윤리의 최소한도'로서 그 지배영역을 되도록 축소해야 한다. 특히 형법 분야에서 단순히 윤리에 반하는 행위를 형벌로 다스리는 것은 바람직하지 않다. 오히려 윤리 규범에 따라 행위할 수 있도록 사람을 적극적으로 교화시켜서 범죄를 미리 예방하여야 할 것이다. 사회질서의 파괴를 막기 위하여는 법을 통한 제재보다 예에 의한 교화가 더 효과적일 수 있기 때문이다. 특히 동양사회에서 예의 질서 유지적 기능은 오늘날의 현대사회에서도 대단히 크며 그 지배영역을 점점 넓혀 나가야 할 것이다.

순자의 법사상이 우리에게 가르쳐 주는 교훈은 덕과 예 없이 법만으로는 인간 행위를 제대로 통제할 수 없다는 점이다. 따라서 법규범은 도덕규범과 윤리규범에 의하여 보완되지 않으면 안 될 것이다.

한비자의 법사상

Ⅰ. 서언

한비자는 법가의 사상을 대표하는 사람으로서 법치주의를 주장하였다. 법사상사적으로 볼 때, 그의 법치주의 사상은 공·맹에 의한 덕치주의와 순자에 의한 예치주의를 거쳐 그다음에 나타난 법사상이다. 그는 유가에 의한 덕치나 예치로는 당시의 전국시대의 사회적 혼란을 극복하는 것은 불가능하다고 보았으며, 오로지 강력한 법치에 의하여서만 그러한 혼란은 극복될 수 있다고 확신하였다. 실제로 그의 법치주의 사상은 진나라의 지배원리로 받아들여져서 진의 시황(始皇)으로 하여금 천하대란을 평정하고 천하통일을 이룩하게 하였다.

동서고금을 막론하고 전쟁상태나 내전상태와 같은 불안정한 사회상태를 극복하기 위한 노력은 강력한 중앙집권적 권력국가의 형태로 나타났다. 서양에서 종교전쟁과 내란의 와중에서 홉스의 『Leviathan』이 탄생한 것도 그러한 예의 하나이다. '만인의 만인에 대한 투쟁상태'를 극복하고 안정된 법상태를 마련하는 것이 『Leviathan』의 제일의 목표였다.

한비자도 군주의 강력한 권위와 힘에 기초한 전제군주정의 권력국가를 확립함으로써 전국시대의 전쟁상태를 극복하고 안정된 통일국가를 마련하고자 하였다. 결국 한비자의 국가는 동양의 'Leviathan'

에 해당하는 것이었다.

그러나 이 한비자의 'Leviathan'은 홉스의 'Leviathan'과는 그 목적을 달리한다. 전자는 군주를 보호하기 위한 권력국가이고, 후자는 백성을 보호하기 위한 권력국가였다. 즉 전자의 국가는 자기목적으로서의 권력국가였고, 후자는 인간을 위한 수단으로서의 권력국가였다. 따라서 한비자의 국가는 형식적으로는 법치국가이지만 실질적으로는 권력국가를 뜻하는 것이며, 그 반대로 홉스의 국가는 형식적으로는 권력국가이지만 실질적으로는 법치국가를 뜻하고 있다.

한비자는 이 권력국가의 통치수단을 오로지 법에 의존하였다. 그 법은 형법을 의미한다. 인간의 행위를 통제하고 강력한 국가질서를 세우는 데는 법처럼 효과적인 것이 없다고 한다. 법이 통치의 유일한 수단이라는 의미에서 법치주의라고 일컬어지지만, 그것은 서양의 법치주의와는 근본적으로 다른 것이었다. 서양의 법치주의는 이른바 법의 지배(Rule of Law)의 원리로서 "국왕도 법 아래에 있다." 즉 권력은 법에 구속된다. 그러나 동양의 한비자의 법치주의는 "국왕은 법 위에 있다." 즉 권력은 법에 구속되지 않는다. 여기서는 법은 다만 권력을 실현하기 위한 도구에 지나지 않는다. 한비자에 있어서 법은 권력자의 의지의 표현이며, 군주의 명령일 따름이다. 군주는 강력한 권력을 가진 가장 존귀한 존재이며, 백성은 그의 명령을 받는 단순한 통치 객체에 지나지 않는다. 이것을 그는 '군주는 존귀하며 신하는 그 보다 낮다(主尊臣卑)'라고 표현한다. 따라서 여기서는 맹자의 민본주의의 표현이 군주주의의 표현으로 바뀔 수밖에 없다. 즉 "백성이 가장 귀하고(民爲貴), 사직은 그다음이며(社稷次之), 군주는 가볍다(君爲輕)"는 거꾸로 "군위귀(君爲貴), 사직차지(社稷次之), 민위경(民爲輕)"이라는 표현으로 뒤집힐 수밖에 없다. 한비자에 있어서 법이란 군주 자신의 주관적 자의의 표현 이외에 아무것도 아니며, 그것은 실질적으로 인치주의를 의미한다.

일반적으로 한비자의 국가론을 '법치주의'라고 한다. 그러나 그것은 당시의 유가에 의한 덕치주의와 예치주의에 대칭하여 부른 명칭일 뿐, 오늘날의 실질적 법치주의와는 전혀 다르며, 오히려 그 정반대이다. 따라서 한비자의 법치주의는 실질적으로는 '인치주의', '군주주의' '권력실증주의'이다. 이 점을 그의 이론을 통하여 확인하고 입증하고자 하는 것이 본고의 목적이다.

Ⅱ. 한비자의 인간관

맹자의 성선설이 덕치주의의 근원이 되고, 순자의 성악설이 예치주의의 근원이 되었던 것과 같이, 한비자의 이기적, 이해타산적 인간관은 법치주의의 근원이 되고 있다. 한비자는 인간의 본성을 이익추구에 있다고 보며, 따라서 모든 인간관계는 이익과 손해의 관점에서 행위 동기를 부여하는 이해타산적 존재에 의하여 형성된다. 이것은 이익과 손해를 계산하여 이익을 좇아 행위하는 '오성적 존재'에 해당한다.[1] 유가에서의 인간관계는 인(仁)과 의(義)로 맺어지고, 부모와 자식의 관계는 효(孝)와 친(親)으로 맺어지고, 군주와 신하의 관계는 충(忠)과 신(信)으로 맺어진다고 한다. 그러나 법가의 한비자에서는 이러한 모든 관계가 이익과 손해로 맺어진다는 것이다. 그는 다음과 같이 말한다.

---

1) 칸트는 인간존재를 감성적 존재, 오성적 존재, 이성적 존재로 나누고, 오성적 존재는 이익과 손해를 교량하여 이익되는 쪽으로 행위 동기를 부여한다고 한다.

"의사가 환자의 상처에 입을 대고 고름을 빨아내는 것은 골육지친의 관계에 있기 때문이 아니라 이익이 있기 때문이다. 수레를 만드는 장인은 사람들이 부자가 되기를 바라고, 관을 만드는 장인은 사람들이 많이 죽기를 바라지만, 전자가 어진 사람이고 후자가 나쁜 사람이기 때문이 아니라 사람들이 부귀해지지 않으면 수레가 팔리지 않을 것이고, 사람들이 죽지 않으면 관이 팔리지 않기 때문이다. 사람을 증오해서가 아니라 사람이 죽음으로써 이익이 생기기 때문이다."2)

"또한 부모의 자식에 대한 관계를 보면, 아들이 태어나면 서로 축하하고 딸이 태어나면 죽여 버린다. 아들이나 딸이나 다 같은 부모에게서 태어나는데 아들은 축복을 받고 딸은 죽임을 당하는 것은 노후를 생각하여 먼 훗날의 이익을 계산에 넣고 있기 때문이다. 그러므로 부모의 자식에 대한 관계는 계산하는 마음을 가지고 서로 대우하는 것이다. 하물며 부자지간과 같은 애정이 없는 다른 인간관계에서는 말할 나위가 있겠는가?"3)

"임금은 계산으로 신하를 거느리고 신하도 계산으로 임금을 섬긴다. 임금과 신하가 서로 쓰는 계산에서 신하는 자신이 손해를 보면서 나라를 이롭게 하는 행동을 하지 않고, 임금은 나라의 손해를 보면서 신하를 이롭게 하는 행동을 하지 않는다. 신하의 감정으로서는 자신을 해친다는 것은 이익이 없다고 여기고 있고, 임금의 감정으로서는 나라를 해치면 친한 사람도 없다고 여긴다. 임금과 신하는 계산으로 합쳐져 있는 것이다."4)

"신하는 죽을힘을 다하여 일하는 대가로 군주에게서 작록을 사고, 군주는

---

2) 『韓非子』, 備內, "醫善吮人之傷, 含人之血, 非骨肉之親也, 利所加也. 故輿人成輿, 則欲人之富貴; 匠人成棺, 則欲人之夭死也."
3) 『韓非子』, 六反, "且父母之於子也, 産男則相賀, 産女則殺之. 此俱出父母之懷袵, 然男子受賀, 女子殺之者, 慮其後便, 計之長利也. 故父母之於子也, 猶用計算之心以相待也, 而況無父子之澤乎？"
4) 『韓非子』, 飾邪, "故君臣異心, 君以計畜臣, 臣以計事君, 君臣之交, 計也. 害身而利國, 臣弗爲也; 富國而利臣, 君不行也. 臣之情, 害身無利; 君之情, 害國無親. 君臣也者, 以計合者也."

작록을 신하에게 판다. 군신간의 관계는 부자간의 관계와 같이 친한 것이 아니며 이해타산에서 나오기 때문이다."⁵⁾

"전유(田鮪)가 그의 아들 전장(田章)에게 가르쳐 말하였다. '군주는 관직과 작위를 팔고, 신하는 지혜와 노력을 판다.'"⁶⁾

"성왕(聖王)은 국가를 다스림에 있어 법금(法禁)을 엄하게 하는데, 법금이 분명하니 관리들이 청렴해지고 상벌을 엄격히 하여 공정해지니 백성들이 자진해서 최선을 다한다. 그러면 나라가 부강해지고 나라가 부강해지니 군대가 강해져서 패왕(霸王)의 공업이 이루어진다. 패왕이 된다는 것은 군주에게는 최대의 이익이다."⁷⁾

"군주가 이러한 큰 이익을 염두에 두고 정치를 함에 있어 능력에 따라 관직을 맡기고 상벌을 공평하게 하면, 신하들은 이를 알고 목숨을 다하여 일을 한즉 공을 세우고 작록을 얻게 된다. 작록을 얻으면 부귀가 보장된다. 부귀를 얻는다는 것은 신하에게는 가장 큰 이익이다."⁸⁾

이상의 한비자의 언급에서 특히 주목할 것은, 군주는 자기의 이익을 추구하는 자이지 백성의 이익을 추구하는 자가 아니라는 점이다. 즉 한비자의 치도(治道)의 목적은 백성들의 이익과 행복추구(民利民福)에 있는 것이 아니라 군주의 이익과 국가의 부강함(君利國强)에 있다. 이것은 유가의 민본주의나 인정(仁政) 사상과는 정반대이다. 순자는 "백성에게 아무런 이익도 주지 않으면서 이용만 하려 하고, 사

---

5) 『韓非子』, 難一, "且臣盡死力以與君市, 君垂爵祿以與臣市. 君臣之際, 非父子之親也, 計數之所出也."

6) 『韓非子』, 外儲說右下, "田鮪教其子田章曰, 主賣官爵, 臣賣智力, 故曰自恃無恃人."

7) 『韓非子』, 六反, "聖人之治也, 審於法禁, 法禁明著, 則官治; 必於賞罰, 賞罰不阿, 則民用. 官治則國富; 國富, 則兵强, 而霸王之業成矣. 霸王者, 人主之大利也."

8) 『韓非子』, 六反, "人主挾大利以聽治, 故其任官者當能, 其賞罰無私. 使士民明焉, 盡力致死, 則功伐可立而爵祿可致, 爵祿致而富貴之業成矣. 富貴者, 人臣之大利也."

랑도 하지 않으면서 부리려고만 하는 임금은 나라를 위태롭게 할 것이다"라고 말한다.[9] 또한 묵자는 겸애설을 주장하면서 "천하의 모든 사람이 서로 사랑하면 질서가 안정되고, 서로 미워하면 혼란해질 것"이라 하며[10] 그 까닭은 "남을 해치고 자기를 이롭게 하기 때문"이라고 한다.[11]

일반적으로 한비자의 인간관은 순자의 성악설에 근거하고 있다고 한다. 한비자가 인간을 이익추구적 존재로 이해한 점에서는 순자와 입장이 같지만, 그러한 인간관으로부터 치도의 원리와 목표를 도출하는 점에서는 전혀 다르다. 순자에서 예가 추구하는 목적은 인간 상호 간의 이익충돌을 형평하게 조정하고 인간의 악한 본성을 교화하는 데 있지만, 한비자에서 법이 추구하는 목적은 군주와 신하 사이의 이익충돌에서 군주의 이익을 우선시키고 인간의 이해타산적 성질을 이용하여 상과 벌을 줌으로써 신하를 군주에게 복종시키는 데 있다.

순자는 예가 생겨난 이유를 다음과 같이 말한다. "'예는 왜 생겨났는가?' 그것은 사람은 나면서부터 욕망이 있는데, 바라면서도 얻지 못하면 곧 추구하지 않을 수 없고, 추구함에 있어 일정한 척도나 한계가 없다면 곧 다투지 않을 수 없게 된다. 다투면 질서가 문란하여지고 질서가 문란하여지면 궁하여진다. 옛 임금께서는 그 질서가 어지러워지는 것을 싫어하셨기 때문에 예의를 제정하여 그 한계를 정함으로써, 사람들의 욕망을 충족시켜주고 사람들이 추구하는 것을 얻게 하였던 것이다. 그리하여 욕망으로 하여금 반드시 물건에 궁하여지지 않도록 하고, 물건은 반드시 욕망에 부족함이 없도록 하여 이 두 가지 것이 서로 견제하며 발전하도록 하였는데, 이것이 예가 생겨난 이유

---

9) 『荀子』, 富國, "不利而利之, 不愛而用之者, 危國家也."
10) 『墨子』, 兼愛上, "天下兼相愛則治, 交相惡則亂."
11) 『墨子』, 非攻上, "以虧人自利也."

인 것이다."[12]

그러나 한비자에 있어서 법이 생겨난 이유는 이와 다르다. 그에 의
하면 "인간은 편안하고 이익이 있으면 그곳으로 나아가고, 위태롭고
손해가 있으면 그곳을 떠나는 게 인지상정이다."[13] 이러한 인지상정
을 이용하여 이익과 손해에 법을 통한 상과 벌을 연계시키면 모든 신
하는 군주의 명령에 복종하게 되어 강력한 지배질서가 확립될 수 있
다는 것이다. 이점을 그는 다음과 같이 말한다.

"밝은 임금이 신하를 인도하고 통제하는 데는 두 가지 칼자루(二炳)가 있
을 따름이다. 이병이란 형벌과 은덕을 말한다. 형벌과 은덕은 무엇을 말하는
가? 그것은 사람을 죽이는 것을 형벌이라 하고, 상을 주는 것을 은덕이라 말한
다. 신하된 사람들은 형벌을 두려워하고 상 받기를 좋아한다. 그러므로 임금
자신이 그의 형벌과 은덕을 사용하면 곧 여러 신하는 그의 위세를 두려워하고
이로운 쪽으로 달라붙게 된다."[14]

"채찍의 위협과 재갈의 준비가 없다면 비록 조보(造父)와 같은 유명한 말몰
이꾼이라 할지라도 말을 복종시킬 수 없다. 잣대의 법도와 먹줄의 바름이 없다
면 비록 왕이(王爾)와 같은 유명한 목수라 할지라도 네모꼴과 동그라미를 바르
게 그릴 수 없다. 위엄있는 권세와 상벌의 법이 없다면 비록 요순 같은 임금도
나라를 바르게 다스릴 수 없을 것이다."[15]

---

12) 『荀子』, 禮論, "禮起於何也？ 曰, 人生而有欲. 欲而不得, 則不能無求, 求而無
度量分界, 則不能不爭. 爭則亂, 亂則窮, 先王惡其亂也, 故制禮義以分之, 以養
人之欲, 給人之求, 使欲必不窮乎物, 物必不屈於欲, 兩者相持而長, 是禮之所起
也."
13) 『韓非子』, 姦劫弑臣, "夫安利者就之, 危害者去之, 此人之情也."
14) 『韓非子』, 二柄, "明主之所導制其臣者, 二柄而已矣. 二柄者, 刑德也. 何謂刑
德？ 曰, 殺戮之謂刑, 慶賞之謂德. 爲人臣者畏誅罰而利慶賞, 故人主自用其刑
德, 則群臣畏其威而歸其利矣."
15) 『韓非子』, 二柄, "無捶策之威, 銜橛之備, 雖造父不能以服馬. 無規矩之法, 繩墨
之端, 雖王爾不能以成方圓. 無威嚴之勢, 賞罰之法, 雖堯, 舜不能以爲治."

"나라를 다스리는 데 법술과 상벌을 쓴다는 것은 마치 육로를 갈 때 튼튼한 수레와 좋은 말을 사용하는 것과 같으며, 물 위를 가는 데 가벼운 배와 편리한 노를 사용하는 것과 같다. 이런 것을 이용하는 자는 드디어 나라를 다스리는 데 성공할 것이다."16)

이렇게 한비자는 이해타산적 인간관을 기초로 해서 법에 의한 상벌을 통하여 지배질서를 확립하고자 하였다. 그래서 그는 "천하를 다스리는 데는 반드시 인간의 감정에 따라야 한다. 인간의 감정에는 좋아하는 것과 싫어하는 것이 있다. 그러므로 상벌을 사용하여야 한다. 상벌을 사용하면 곧 금령은 행해진다"라고 한 것이다.17) 그러면 상벌의 금령을 통하여 한비자가 궁극적으로 얻고자 한 것은 무엇인가? 그것은 바로 부국강병과 천하통일을 이루는 패왕의 업이다. 이점을 그는 다음과 같이 표현하고 있다. "그리하여 나라는 다스려지고 군대는 강하여졌고 땅은 넓어지고 임금은 존귀하여졌다."18) 한비자의 인간관이 법과 법의 목적에 어떻게 연결되어 있는지 이것으로 분명히 밝혀졌다.

Ⅲ. 한비자의 법치주의 사상

한비자의 법치주의에는 법치만 있는 것이 아니라 술치(術治)와 세치(勢治)가 합해져 있다. 법치는 상앙(商鞅)에서 이어받았고, 술치는

---

16) 『韓非子』, 姦劫弑臣, "治國之有法術賞罰, 猶若陸行之有犀車良馬也, 水行之有輕舟便檝也, 乘之者遂得其成."
17) 『韓非子』, 八經, "凡治天下, 必因人情. 人情者, 有好惡, 故賞罰可用, 賞罰可用, 則禁令可立而治道具矣."
18) 『韓非子』, 姦劫弑臣, "是以國治兵强, 地廣而主尊."

신불해(申不害)에서 이어받았고, 세치는 신도(愼到)에서 이어받았다. 이 법·술·세의 삼치(三治)는 임금이 반드시 간직하고 있어야 할 세 가지 요소(三守)로서 그 어느 하나를 결하여도 다스려지지 않는다는 것이다. 즉 법만 있고 술이 없거나, 술만 있고 법이 없거나, 또 법술이 있어도 세가 없으면 통치는 제대로 할 수 없다고 한다.

"이 세 가지는 임금이 반드시 지켜야 할 요소이다. 세 가지 지킬 것이 완전하면 곧 나라가 편안하고 자신도 영화로워지며, 세 가지 지킬 것이 완전하지 못하면 곧 나라가 위태로워지고 자신도 위험하게 된다."[19]

1. 법치

한비자의 법은 신하들과 백성들의 어지러움을 다스리는 데 있다.[20] 그는 법을 정의하여 다음과 같이 말한다.

"법이란 문서로 기록 편찬하여 관청에 비치해 놓고 백성에게 공포한 것이다."[21]

"법이란 관청에 비치해 놓은 헌령(憲令)이며 상벌이 백성들의 마음에 반드

---

19) 『韓非子』, 三守, "人主有三守, 三守完. 則國安身榮, 三守不完, 則國危身殆." 삼수(三守)편의 맨 끝 절에서 한비자는 삼겁(三劫)에 대하여 언급하고 있다. 삼겁이란 첫째 '사겁(事劫)'으로서 임금이 세를 잃고 신하가 나라의 권세를 휘두르는 것이며, 둘째 '명겁(明劫)'으로서 임금이 술(術)을 잃고 신하들의 불충에 의하여 이목이 가리워지는 것이며, 셋째 '형겁(刑劫)'으로서 임금이 법을 잃고 신하들이 형벌권을 차지하여 멋대로 행사하는 것이다. 이 삼겁이 있으면 나라가 망한다고 한다.
20) 『韓非子』, 定法, "臣無法則亂於下."
21) 『韓非子』, 難三, "法者, 編著之圖籍, 設之於官府, 而布之於百姓者也." 한비자의 법개념에는 실정법 이외의 어떠한 규범도 존재하지 않으므로 '순수한 법실증주의자'라고 해야 할 것이다.

시 아로새겨져 있어서 상은 법을 잘 지키는 사람에게 주는 것이고 벌은 법령을 범한 사람에게 가해지는 것이다. 이것은 신하들이 따라야 할 규범이다."[22]

"밝은 임금이 다스리는 나라에서는 군주의 명령이 말 중에서도 가장 귀한 말이며, 법은 일 중에서도 가장 적정한 일이다. 말에는 두 가지 귀한 것이 없으며, 법에는 두 가지 적정한 것이 없다. 그러므로 언행이 법령에 따르지 아니할 때는 반드시 금해야 한다."[23]

한비자는 위에서 "언행이 법령에 따르지 아니할 때는 반드시 금해야 한다"라고 말하고 있다. 그러면 법은 어떠한 행위를 금지해야 하는가?

"법술이란 여러 신하와 백성들의 사사로운 행위를 금하는 것이다."[24]

"밝은 임금은 공과 사의 구분을 살피고, 이(利)와 해(害)의 소재를 살펴서 간사한 사람들이 사리를 추구하지 못하도록 한다."[25]

"명령은 반드시 행하여지고, 금한 것은 반드시 그쳐야 한다. 이것이 군주의 공의(公義)이다. 사사로움이 반드시 행하여지고 여러 사람이 그것을 믿으면, 상을 주어 독려할 수도 없고 벌을 주어 막을 수도 없다. 이것이 신하의 사의(私義)이다. 사의가 행하여지면 혼란에 빠지고 공의가 행하여지면 다스려진다. 그러므로 공과 사가 구분되는 것이다."[26]

---

22)『韓非子』, 定法, "法者, 憲令著於官府, 刑罰必於民心, 賞存乎愼法, 而罰加乎姦令者也, 此臣之所師也."

23)『韓非子』, 問辯, "明主之國, 令者, 言最貴者也. 法者, 最適者也. 言無二貴, 法不兩適, 故言行而不軌於法令者, 必禁."

24)『韓非子』, 和氏, "法術者, 禁群神士民之私邪."

25)『韓非子』, 八經, "明主審公私之分, 審利害之地, 姦乃無所乘."

26)『韓非子』, 飾邪, "夫令必行, 禁必止, 人主之公義也, 必行其私, 信於朋友, 不可爲賞勸, 不可爲罰沮, 人臣之私義也. 私義行則亂, 公義行則治, 故公私有分."

위의 언급에서 알 수 있듯이, 법으로 금해야 할 행위는 사리를 추구
하는 행위이다. 한비자에 있어서 사리(또는 사익)의 추구는 공리(또는
공익)에 반하는 행위로서 양 이익은 서로 부합하고 일치되는 개념이
아니라 언제나 상반되고 충돌되는 개념으로 이해된다. 그래서 "사리
추구 행위가 성행하면 공리는 소멸해 버린다"라고 한다.[27] 그리고 그
에 있어서 공리라는 것은 '나라 전체의 이익'을 뜻하는 것이 아니라,
'군주 개인의 이익'을 뜻한다. 한비자는 아직 국가와 군주를 개념적으
로 구별할 줄 몰랐으며, "짐은 곧 국가"였다.[28] 따라서 공익을 '나라
전체의 이익'으로 파악하지 않고 '군주 개인의 이익'으로 이해하였다.
그러므로 군주의 이익과 신하의 이익은 언제나 충돌·상반된다. 다음
의 언급이 이점을 잘 알려주고 있다.

"신하와 군주의 이익은 서로 다른 것이다. 어떻게 그것을 밝힐 수 있는가?
… 군주의 이익은 호걸로 하여금 능력을 발휘하게 하는 데 있으나 신하의 이익
은 붕당을 만들어 사리를 도모하는 데 있다."[29]

"임금과 신하는 마음을 달리한다. 임금은 이해타산으로 신하를 거느리고
신하들도 이해타산으로 임금을 섬긴다. 임금과 신하가 서로 쓰는 이해타산에
있어서 신하는 자신이 손해를 보면서 나라(실은 군주)를 이롭게 하는 행동을
하지 않고, 임금은 나라(실은 군주)의 손해를 보면서 신하를 이롭게 하는 행동
을 하지 않는다."[30]

---

27) 『韓非子』, 伍蠹, "私行立而, 公利滅矣."
28) 『韓非子』, 外儲說右上, "國者, 君之車也."
29) 『韓非子』, 孤憤, "臣主之利與相異者也. 何以明之哉? 曰, 主利在有能而任官,
    臣利在無能而得事; 主利在有勞而爵祿, 臣利在無功而富貴; 主利在豪傑使能,
    臣利在朋黨用私."
30) 『韓非子』, 飾邪, "故君臣異心, 君以計畜臣, 臣以計事君, 君臣之交, 計也. 害身
    而利國, 臣弗爲也; 富國而利臣, 君不行也."

"군주의 최대의 이익은 패왕이 되는 데 있다."[31]

"신하의 최대의 이익은 작록을 받고 부귀해지는 데 있다."[32]

이상 한비자의 설명에 비추어 볼 때 법으로 금지해야 할 행위는 공익, 즉 군주의 이익에 반하는 행위임을 알 수 있다. 따라서 그에 있어서 법이라는 것은 군주가 패왕이 되는 길을 방해하는 모든 행위를 금지하고 이에 대하여 형벌을 과하는 것이다. 법이 공익에 반하는 사익 추구를 금지한다는 것은 군주의 이익과 신하의 이익이 충돌될 때 군주의 이익을 우선시킨다는 것을 의미한다. 결국 여기서 법이라는 것은 군주의 명령으로서 군주의 이익을 옹호하는 수단이지 결코 백성의 이익을 보호하는 수단이 아니다. 한비자의 법이 이처럼 군주 개인의 사익을 보호하는 수단이라면, 그것은 공익을 보호하는 법개념과는 전혀 다르다.

자고로 법이란 인간 상호 간의 이익충돌을 해결하는 수단으로 이해되어 왔다. 그것은 한비자의 스승이었던 순자에서도 그러했다. 순자는 예규범이 생겨난 이유를 인간 사이에서 이기적 욕망의 충돌을 막기 위하여 일정한 척도와 한계를 예로 정함으로써 사람들의 욕망을 충돌 없이 고루 충족시켜주기 위함이었다.[33] 이러한 순자의 예개념은 서양의 칸트의 법개념에 있어서도 마찬가지였다. 칸트에 의하면, 인간은 이기와 욕망을 추구하는 자연적 자유를 가지고 있는데 이 자연적 자유는 일정한 척도와 한계가 없다면 항상 타인의 자연적 자유와 충돌하여 쟁탈이 벌어지고 무질서 상태를 가져오게 된다고 한다. 그래서 각자의 자연적 자유의 한계를 그어 서로 충돌되지 않도록 법을 정함

---

31) 『韓非子』, 六反, "覇王者. 人主之大利也."
32) 『韓非子』, 六反, "富貴者, 人臣之大利也."
33) 『荀子』, 禮論, 앞의 註 12 참조.

으로써 이익충돌을 막는다는 것이다. 그는 법에 대하여 다음과 같이
말한다. "법이란 한 사람의 자의(자연적 자유)가 다른 사람의 자의(자연
적 자유)와 자유의 일반법칙에 따라 서로 양립할 수 있는 조건의 총체
이다."[34] 또한 루소는 법을 '일반의지의 표현'이라고 한다. 그는 인간
사이의 특수의지(사익)의 충돌을 막고 모든 사람의 이익을 평등하게
보장하는 일반의지를 법이라고 하며, 이것을 일반이익 또는 공익이라
고 한다.[35]

이러한 법개념에 비추어 볼 때 한비자의 법은 전혀 다른 차원에 놓
여 있다. 그가 말하는 공익이란 것은 실은 군주 개인의 이익을 말하는
것이며 모든 사람의 이익을 보장하는 공익이 아니다. 이 점에서 한비
자의 법은 객관성을 결하고 있다.[36] 그의 법은 군주 자신의 주관적 자

---

34) I. Kant, *Die Metaphysik der Sitten*, in : *Kant—Werke*, Bd. 7, 1968, S.
337(hrsg. von Wilhelm Weischedel, Wissenschaftliche Buchgesellschaft,
Darmstadt).

35) J.J. Rousseau, *Du Contrat Social(Der Gesellschaftsvertrag)*, hrsg. von Heinrich
Weinstock, 1968, II. 1, S. 54.

36) 한비자의 법은 단순한 주관적 자의의 표현이 아니라 객관성을 가지고 있다는
주장이 있다. 즉 법은 '도'의 법칙성에 구속된다는 것이다(尹燦遠, 「한비자에
서 法의 客觀性의 問題—노자의 道와 관련하여」, 『哲學』 제25집, 1986,
149-171면 참조). 한비자는 그의 저서에서 노자를 많이 인용하고 있으며, 특
히 해로편(解老編), 유로편(喻老編), 주도편(主道編), 양권편(揚權篇) 등에서
노자의 '도'를 해석하고 있다. 이 편들은 한비자의 글이 아니라고 하여 그 진위
여부가 논란의 대상이 되기도 하지만 그것을 고증하는 일은 여기서 해야 할 일
은 아니고, 다만 그것이 법의 객관성에 해당할 수 있는지를 살펴보고자 한다.
  법의 객관성이란 것은 법의 배후에 그 법이 구속되어야 할 어떤 객관적 법
칙이 있다는 말이다. 법철학에서는 그것을 '자연법'이라 한다. 한비자는 그의
해로편에서 도를 다음과 같이 해석한다. "도란 만물이 그렇게 있게 된 근거이
며, 만물의 이(理)가 머무르는 근원이다. 이란 만물이 이루어지는 법칙이며,
도란 만물이 그렇게 이루어진 근거인 것이다. 그러므로 도란 만물을 이(理)에
따르게 하는 것이다(『韓非子』, 解老, "道者, 萬物之所然也. 萬理之所稽也. 理
者, 成物之文也. 道者, 萬物之所以成也. 故曰, 道, 理之者也.")." 즉 도는 '소이
연(所以然)'이고 이(理)는 '소당연(所當然)'을 의미한 것이다. 그러나 이 노자
의 도는 자연법칙을 말하는 것이며 사회법칙을 뜻하는 것이 아니다. 사회법칙
은 인간 사이의 행위에 적용되는 법칙이며 그것은 법의 당위법칙이지 자연의
존재법칙이 아니다.

의의 표현 이외의 아무것도 아니기 때문이다. 다시 말하면, 그의 법은
군주 자신의 주관적 판단에 따라 자기의 이익과 충돌된다고 생각되는

그러면 이 자연의 존재법칙이 인간의 행위법칙에 대하여 어떠한 객관적 법
칙성을 제시할 수 있을 것인가? 한비자의 법에서 어떠한 행위를 금지하고 어
떠한 행위를 허용할 것인지를 군주의 자의에 맡기지 않고 객관적으로 지시해
줄 수 있는 법칙성이 도라고 한다면, 그 도는 인간의 행위에 대하여 무엇을 말
하여 줄 수 있을 것인가? 한비자에 의하면 법은 군주의 이익에 반하는 사익추
구 행위를 금지한다고 하며, 군권 강화에 방해가 되는 모든 행위를 금지하고
있다. 그 가운데는, 군주를 업신여기는 것도 법으로 처벌하고, 밀고를 안 하는
것도 처벌하고, 신하가 책임 맡은 일의 성과를 못 올려도 처벌하고 지나친 성
과를 올려도 처벌한다. 이런 것이 한비자의 법이다.
　이러한 법의 금지와 처벌이 도에 어긋나는지 어긋나지 않는지를 도는 어떤
잣대에 따라 말해 줄 수 있을지 의문이다. 도의 법칙성을 부인하는 것이 아니
라, 그러한 도의 형이상적 자연법칙으로부터 사회의 형이하적 행위법칙을 어
떻게 도출할 수 있을 것인지가 문제이다. 속세의 법은 인간사회에서 행위를
규율하는 법칙이다. 따라서 법에서는 실정법 자체도 사회법칙이지만 그 배후
에 있는 자연법도 사회법칙이며, 결코 자연법칙이 아니다. 법철학에서 말하는
'자연법'을 '자연법칙'과 혼동해서는 안 된다. 일월성신이 일정한 법칙에 따라
움직이고, 만물의 생성소멸이 법칙에 따라 이루어지는 그 자연의 도를 가지고
법이 어떤 인간행위를 금지해야 마땅한지를 알려주지는 못한다.
　그러나 동양의 자연법론에서 노자와는 달리 순자는 '도'라는 이름 아래 자연
법칙이 아닌 사회법칙을 이해하고 있었다. 그는 다음과 같이 말한다. "도란 하
늘의 도도 아니요 땅의 도도 아니며 사람이 지켜야 할 도이다(『荀子』, 儒效,
"道者, 非天之道, 非地之道. 人之所以道也.")." "하늘은 만물을 생성하기는 하
지만 만물을 분별하지는 못하며, 땅은 사람을 그 위에 살게 하기는 하지만 사
람들을 다스리지는 못한다(『荀子』, 禮論, "天能生物, 不能辯物也. 地能載人,
不能治人也.")." "하늘의 운행에는 일정한 법칙이 있으나 그것은 요임금 때문
에 존재하게 된 것도 아니요 걸왕 때문에 없어질 것도 아니다. 다스림으로 그
것에 호응하면 길하고, 혼란으로 그것에 호응하면 흉하다. 농사에 힘쓰고 쓰
는 것을 절약하면 하늘도 가난하게 할 수 없고, 잘 보양하고 제때 움직이면 하
늘도 병나게 할 수 없고, 도를 닦아 도리에 어긋나지 않으면 하늘도 재난을 줄
수 없다(『荀子』, 天論, "天行有常, 不爲堯存, 不爲桀亡. 應之以治則吉. 應之以
亂則凶. 疆本而節用, 則天不能貧. 養備而勤時. 則天不能病, 修道而不貳, 則天
不能禍.")." "임금이란 여럿이 모여 잘 살도록 해 주는 사람이다. 여럿이 모여
사는 방법이 합당하면 곧 만물도 모두 그들에게 합당하게 되며, 온갖 가축들
도 그들대로 잘 자라게 될 것이며, 모여 사는 모든 사람의 삶도 그들의 목숨대
로 잘살게 될 것이다(『荀子』, 王制, "君者善群也. 群道當, 則萬物皆得其宜. 六
畜皆得其長, 群生皆得其命.")." 이렇게 순자의 도개념은 사람과 사람이 모여
사는 사회의 법칙으로서 '자연법'에 해당하는 것이다. 따라서 이러한 순자의
도는 법의 객관성을 가지고 있으며, 그것은 인도(人道)의 사물의 법칙에 따라
발견되는 것이지 천도(天道)의 자연의 법칙에 따라 발견되는 것은 아니다.

모든 행위를 금지하고 이에 대하여 벌을 과한다. 그리고 그 법의 목적
은 군주 자신의 이익을 보호함으로써 절대군주정을 확립하여 패왕이
되는 데 있다. 아마도 한비자처럼 그의 독특한 법개념을 가지고 인치
주의를 완성해 권력국가를 만들어낸 이론가도 없을 것이다. 그는 결
코 실질적 의미의 법치주의와 법치국가의 사상가는 아니다. 그것은
다만 형식적으로 법의 탈을 빌려 쓰고 위장한 인치주의와 권력국가의
모습 이외의 아무것도 아니다.

한비자의 법은 형법을 의미한다. 형벌이 따르지 아니하는 법은 그
의 법개념에는 들어 있지 않다. 그러나 한비자의 형법에는 현대의 형
법과 같이 벌만 있는 것이 아니라 상도 들어 있다. 즉 법의 효력을 담
보하기 위하여 군주에게는 두 개의 칼자루가 쥐어져 있다. 하나는 채
찍이고 하나는 당근인 셈이다. 한비자는 말한다.

"밝은 임금이 그의 신하를 인도하고 통제하는 데는 두 개의 칼자루(二柄)가
쥐어져 있다. 이병이란 형벌과 은덕을 말한다. 형벌과 은덕은 무엇을 말하는
가? 사람을 죽이는 것을 형벌이라 하고 상을 주는 것을 은덕이라고 한다."[37]

그러면 어떠한 사람에게 상을 주고 어떠한 사람에게 벌을 가하는
가? 한비자는 "법을 잘 지킨 사람에게는 상을 주고 법령을 위반한 자
에게는 벌을 가한다"[38]라고 말한다. 그러나 법을 위반한 자에게 벌을
가한다는 것은 이해하기에 어렵지 않으나 상을 주는 경우는 어떠한
경우인지 명백하지 않다. 그의 말대로 "법을 잘 지킨 사람에게 상을
준다"라면 법을 어긴 범법자 이외의 모든 사람에게 상을 주어야 하는

37) 『韓非子』, 二炳, "明主之所導制其臣者, 二柄而已矣. 二柄者, 刑德也. 何謂刑
德? 曰, 殺戮之謂刑, 慶賞之謂德."
38) 『韓非子』, 定法, "賞存乎愼法, 而罰加乎姦令者也."

데 그렇게 되면 아마도 국고가 바닥날 것이다. 상앙은 형벌 아홉 번
에 상 한 번(刑九賞一)의 비율로 상벌의 균형을 잡았다고 한다. 그러
나 한비자가 법을 잘 지킨 사람에게 상을 준다면 아마도 상앙과는 정
반대로 상구형일(賞九刑一)의 비율이 되었을 것이다. 그러나 현실적
으로 고대에서 현대에 이르기까지 그렇게 많은 상을 준 나라는 없을
것이다.

　그런데 한비자는 다른 곳에서 상은 단순히 법을 잘 지킨 사람에게
주는 것이 아니라 특별히 공을 세운 사람에게 준다고 한다.

　"밝은 임금은 상을 공이 없는 사람에게 내리지 않고, 벌을 죄 없는 사람에게
주지 않는다. 지금 양자(襄子)는 자기에게 교만하게 굴며 업신여긴 신하들을
처벌하지는 않고 공이 없는 고혁(高赫)에게 상을 주었으니 어찌 양자가 상을
잘 주었다고 할 수 있겠는가?"[39]

　조나라의 양자가 진양성에서 적에게 포위당했을 때 그 포위망을 뚫
고 나와서 고혁이란 신하를 위시하여 다섯 사람에게 상을 주었는데,
이들은 포위망을 뚫는 데 특별한 공이 있었던 게 아니고 다만 다른 모
든 신하와 같이 양자를 업신여기거나 교만하게 굴지 않고 군신 간의
예의를 지켰다는 이유로 상을 주었다는 것이다. 이것은 특별한 공이
없이 다만 양자의 명령과 금령을 어기지 않았다는 법을 잘 지켰다는
이유로 상을 준 셈인데 그것은 상을 잘못 주었다는 것이다. 따라서 한
비자의 상은 이제 단순히 법을 잘 지킨 사람에게 주는 것이 아니고 적
극적으로 공을 세운 사람에게만 준다. 그는 두 경우에 상을 주고 있다.

---

39) 『韓非子』, 難一, "明主賞不加於無功, 罰不加於無罪. 今襄子不誅驕侮之臣, 而
　　賞無功之赫, 安在襄子之善賞也."

하나는 죄를 저지른 자를 관헌에 고발한 경우, 그리고 다른 하나는 군주를 위하여 특별히 공을 세운 자에게 상을 주도록 되어 있다. 한비자는 말한다.

"죄를 은닉하는 것에 대한 벌은 반드시 무거우며, 간악함을 고발하는 것에 대한 상은 믿음 있게 후하게 한다."40)

"가장 잘 다스려진 나라에서는 간악한 일을 없게 만드는 것을 중요한 일로 삼고 있다 … 그렇다면 아주 작은 간악한 일까지도 제거하려면 어떻게 하면 좋은가? 그것은 사람들에게 내정을 서로 엿보게 하는 것이다. 그렇다면 서로 엿보게 하는 것은 어떻게 하면 좋겠는가? 그것은 마을 전체를 연좌시키는 것보다 좋은 것이 없다 … 숨겨진 나쁜 일을 찾아내어 남의 죄과를 고발하는 자는 연좌의 죄를 벗어나서 상을 받고, 남의 나쁜 짓을 놓친 사람은 반드시 처벌되고 연좌된다. 이처럼 하면 나쁜 짓에 관련된 자는 모두 고발된다. 그 나쁜 짓이 사소한 것이라도 용납되지 않는 것은 밀고와 연좌를 통해 의해 이루어진다."41)

한비자의 상을 주는 원칙은 일관성이 없는 것 같다. 처음에는 정법편(定法編)에서 법을 잘 지키는 사람에게는 상을 준다고 하였다(賞存乎愼法). 그러나 난일편(難一編)에서는 단순히 법을 잘 지켰다고 상을 주는 것은 상을 잘못 준 것이며 특별히 공을 세운 사람에게만 상을 준다고 한다(賞存乎功). 그러나 제분편(制分編)에서는 범법자를 고발하지 않으면 온 마을 사람을 연좌제로 처벌하고, 고발한 자는 상을 후하

---

40) 『韓非子』, 姦劫弑臣, "於是犯之者其誅重而必, 告之者其賞厚而信."
41) 『韓非子』, 制分, "是故夫至治之國, 善以止姦爲務. 是何也? 其法通乎人情, 關乎治理也. 然則去微姦之法奈何? 其務令之相規其情者也. 則使相關奈何? 曰, 蓋里相坐而已. 禁尙有連於己者, 理不得不關, 惟恐不得免. 有姦心者不令得忘, 關者多也. 如此, 則愼己而關彼, 發姦之密. 告過者免罪受賞, 失姦者必誅連刑. 如此, 則姦類發矣. 姦不容細, 私告任坐使然也."

게 준다고 한다(賞存乎告過者).

그러나 한비자는 이 마지막 경우에서 처음의 논리로 다시 돌아가는
모순을 범하고 있다. 왜냐하면 범법자를 고발하지 아니한 자가 연좌
의 벌을 받는 것이 전제되어 있다면, 범법자를 고발한 자는 법을 잘 지
킨 것뿐이지 특별히 공을 세운 경우가 아니기 때문이다. 범법자를 고
발하는 것 자체가 모든 국민의 법적 의무로 되어있는 한, 그 의무의 이
행은 법을 어기지 아니한 것뿐이지 공을 세운 경우가 아니다. 그런데
도 이 경우에 후한 상을 준다고 말하는 것은 신상의 원칙에 어긋난다.
다른 말로 하면, 믿음이 없게 거짓말로 상을 준다고 한 것에 지나지 않
는다.

실제로 한비자는 상을 많은 사람에게 줄 생각은 없었던 것 같다. 즉
한 사람에게 후한 상을 주면 모든 사람을 격려하는 효과를 가져오므
로 상을 통해 상을 없애는 결과를 노렸을 것이다. 이점은 다음의 말에
서 확인된다.

"상을 후하게 하는 이유를 검토해 보면, 다만 한 사람의 공만을 포상하는 것
이 아니라 모든 백성을 격려하는 데 그 뜻이 있다. 상을 받는 자는 그 이익을 기
뻐하며, 또 상을 받지 못하는 자는 공을 세우려고 노력한다. 이것은 한 사람의
공로에 보답함으로써 나라 안의 모든 백성을 격려하는 것이 되므로 국가의 통
치를 원활히 하려면 어찌 상을 후하게 주는 효과에 대하여 유의하지 않을 수
있겠는가?"[42]

"통찰력 있는 군주의 상벌제도가 분명하다고 하는 것은 상벌의 차이가 있
기 때문이다. 그래서 백성들은 법을 중시하고 금령을 두려워하며 감히 상을 받

---

[42] 『韓非子』, 六反, "若夫厚賞者, 非獨賞功也, 又勸一國. 受賞者甘利, 未賞者慕
業, 是報一人之功而勸境內之衆也, 欲治者何疑於厚賞."

으려고 기대하지 않고 벌을 받지 않기만을 바란다. 그 까닭에 백성들은 상을 기대하지 않고 열심히 일한다고 말하는 것이다."[43]

결국 한비자는 공 있는 사람에게 상을 후하게 준다고 말하지만, 그러한 상을 받는 사람은 소수에 불과할 것이다. 왜냐하면 몇 사람만 상을 주면 상의 효과는 모든 사람에게 충분히 기대될 수 있기 때문이다. 아마도 한비자의 상은 상앙의 형구상일의 비율에도 못 미치는 인색한 상이었을 것임에 틀림없다.

"형벌이 많으면 백성이 안정되고, 상이 많으면 간사한 사람이 생긴다. 그러므로 백성을 다스림에 있어 형벌이 많은 것은 다스림의 기본이 되지만 상이 많은 것은 혼란의 근본이 된다."[44]

"형을 무겁게 하고 상을 적게 주는 것은 군주가 백성을 사랑하기 때문이며 백성들은 상을 받기 위하여 기꺼이 목숨을 바친다. 상을 많이 주고 형을 가볍게 하는 것은 군주가 백성을 사랑하지 않기 때문이며 백성들은 상을 받기 위하여 목숨을 바치지 않는다."[45]

다음은 벌이다. 그러면 벌은 어떻게 가하는가? 우선 한비자에서 형벌을 가하는 대상은 빈부귀천을 가리지 않는다는 점이 주목된다. 모든 사람은 법 앞에서 평등하며 누구도 법을 어기고 형벌을 피할 수 있는 사람은 없다. 그는 다음과 같이 말한다.

---

43) 『韓非子』, 制分, "至於察君之分, 獨分也. 是以其民重法而畏禁, 願毋抵罪而不敢冀賞. 故曰, 不待刑賞而民從事矣."
44) 『韓非子』, 心度, "刑勝而民靜, 賞繁而姦生. 故治民者, 刑勝, 治之首也, 賞繁, 亂之本也."
45) 『韓非子』, 飭令, "重刑少賞, 上愛民, 民死賞. 多賞輕刑, 上不愛民, 民不死賞."

"법은 귀한 사람만 보아주지 않으니 먹줄에 굽음이 없는 것과 같다. 법이 행하여짐에는 지혜 있는 자라도 마다할 수 없고, 용감한 자라도 감히 다툴 수가 없다. 형벌이 행하여짐에는 대신들도 피하지 아니하고, 착한 사람을 상을 줌에 있어서는 필부라도 빠뜨리지 않는다."[46]

이 말은 그 자체로서는 "만인은 법 앞에서 평등하다"라는 것으로서 상당히 진보적이며 민주적이라 할 수 있다. 그러나 그가 의도한 바는 다른 데 있다고 본다. 중국에서는 주나라 초기에 이르기까지의 봉건사회는 두 가지 규범으로 질서가 유지되었다. 그 하나는 예이고, 다른 하나는 형이다. 예는 군자 또는 귀족들의 행위를 규제하였고, 형은 민 또는 소인들에게만 적용되었다. 예기에는 "예는 서민에게까지 내려가지 않고, 형은 대부에까지 미치지 않는다"라고 기록되어 있다.[47] 그러나 주나라 말기에는 이러한 봉건사회의 제도가 상당 부분 붕괴했으며 대국의 영토확장을 위한 전쟁이 벌어지게 되었다. 이러한 사회 정치적 변화는 강력한 중앙집권 정부가 출현하기를 요청하였으며, 지배권을 군주에게 일원화시켜야 할 필요가 생긴 것이다. 따라서 종래에 형벌권으로부터 제외되어 있던 제후나 대부들도 형벌권에 복종시켜야만 했다. 즉 만인이 법 앞에서 평등한 것이 아니라 만인은 누구나 군주 앞에서 복종하여야 한다. 이러한 필요에서 군주를 제외한 모든 자에게 계급과 신분과 귀천에 관계없이 형벌권을 행사할 수 있도록 한 것이다. 만민평등사상 때문이 아니라, 만민을 군주의 지배권 아래 하나로 묶어 두기 위하여 형벌권의 대상에 예외를 인정하지 않았다고 생각된다. 그래서 그는 이어서 다음과 같이 말한다.

---

46) 『韓非子』, 有度, "法不阿貴, 繩不撓曲. 法之所加, 智者弗能辭, 勇者弗敢爭. 刑過不避大臣, 賞善不遺匹夫."
47) 『禮記』, 曲禮, "禮不下庶人, 刑不上大夫."

"그러므로 위의 대신이나 사대부들의 잘못을 바로잡아주고, 아래의 관리나 백성들을 꾸짖어서 어지러움을 다스리고 그릇됨을 결단해 주며 지나침을 견제하고 옳지 못함을 가지런히 해 준다. 백성을 통일하는 방법으로는 법보다 좋은 게 없다. 관리들을 엄히 단속하고 백성들을 위압하여 지나친 행동과 위태로운 행동을 물리치고 속이고 거짓된 일을 멎게 하는 데 형벌보다 좋은 게 없다."48)

한비자는 형벌은 무겁고 엄해야 한다고 한다. 즉 중형주의와 엄형주의이다.

"형은 무거워야 하며 반드시 가해져야 한다. 그래야 백성들이 두렵게 여긴다."49)

"형벌이 무거우면 감히 귀한 자라도 천한 자를 함부로 업신여기지 못할 것이며, 법이 자세하면 임금은 존귀해져서 침해를 당하지 않는다. 임금이 존귀하여 침해를 받지 않으면 곧 임금은 강해지고 수비가 단단해진다."50)

"법술의 방법을 사용하여 무거운 형벌과 엄한 처벌을 행하면 곧 패왕의 공을 이룰 수 있다."51)

그런데 한비자가 벌을 무겁게 해야 한다고 주장한 이유는 법을 위반한 범법자 자체를 응징하는 데 목적이 있었던 것이 아니라, 그 범법자 한 사람을 죽임으로 인하여 다른 모든 사람으로 하여금 범행을 하

---

48) 『韓非子』, 有度, "故矯上之失, 詰下之邪, 治亂決繆, 絀羨齊非, 一民之軌, 莫如法. 屬官威民, 退淫殆, 止詐僞, 莫如刑."
49) 『韓非子』, 伍蠹, "罰莫如重而必, 使民畏之."
50) 『韓非子』, 有度, "刑重, 則不敢以貴易賤. 法審, 則上尊而不侵, 上尊而不侵, 則主强而守要."
51) 『韓非子』, 姦劫弑臣, "操法術之數, 行重罰最誅, 則可以致覇王之功."

지 못하도록 경각심을 불러일으키는 데 있다. 현대적 용어를 빌린다면, 일반예방의 효과를 얻자는 것이다. 심지어 중죄가 아닌 경죄에 대해서도 중형으로 다스리면 경죄도 생기지 않고 중죄도 예방될 수 있다는 것이다. 결국 중형주의로 형벌을 쓸모없게 만든다는 것이다.

"공손앙(公孫鞅)은 말하기를, 형벌을 시행하면서 가벼운 죄를 무거운 벌로 다스리면 가벼운 죄도 발생하지 않고 무거운 죄도 생기지 않을 것이다. 이것은 형벌을 통해 형벌을 없앤다는 것을 말하는 것이다."52)

"무거운 벌은 죄인 그 자체를 대상으로 하는 것이 아니다. 밝은 임금의 법은 죄를 다스리는 데 목적이 있다. 역적을 죽이는 것은 그 처형 자체에 목적이 있지 않다. 그만을 처형하는 것은 이미 죽은 자를 처벌하는 것이기 때문이다. 도둑을 처벌하는 것은 이미 체포되어 감금된 자를 처벌하는 것이기 때문이다. 그러므로 악인 한 사람의 죄를 무겁게 하여 온 국민이 범행을 하지 않도록 한다고 한다. 이것이 나라를 통치하는 방법이다. 중벌로 처단하는 것은 도둑 하나이지만 그것을 보고 두려워하는 것은 모든 인민이다. 그래서 국가가 통치되기를 바란다면 어찌 중형의 효과에 대하여 잊을 수가 있겠는가?"53)

이것은 중형을 통해 형벌을 없애고자 한 것이다. 기발한 생각이다. 그러나 옛날이나 지금이나 도둑 한 사람을 처벌함으로 인하여 모든 범죄가 이 세상에서 사라진다면 얼마나 좋을까마는 그것은 비현실적인 논리의 비약이며 환상일 따름이다.

---

52) 『韓非子』, 內儲說上, "公孫鞅曰, 行刑重其輕者, 輕者不至, 重者不來, 此謂以刑去刑."
53) 『韓非子』, 六反, "且夫重刑者, 非爲罪人也. 明主之法, 揆也. 治賊, 非治所揆也. 治所揆也者, 是治死人也. 刑盜, 非治所刑也; 治所刑也者, 是治胥靡也. 故曰, 重一姦之罪, 而止境內之邪, 此所以爲治也. 重罰者, 盜賊也, 而悼懼者, 良民也. 欲治者奚疑於重刑."

2. 술치(術治)

한비자의 술은 군주의 권한이 신하들에 의하여 잠탈되거나 찬탈되지 않도록 감시하는 술책을 의미한다. 절대군주정에서는 군주만이 절대적 권한을 갖고 다른 사람들과 그 권한을 나누어 가질 수 없다. 그래서 한비자는 "능히 홀로 결단을 내릴 수 있는 자만이 천하의 제왕이 될 수 있다"라고 한다.[54] 따라서 그에게 있어서는 군주만이 권력을 독점하고 신하들은 그들에게 주어진 정해진 일만을 처리할 수 있을 따름이다. 신하들이 그 정해진 일의 범위를 넘는다거나 모자라게 하면 처벌을 받는다. 이것을 형명술(形名術)이라고 하는데 명과 실이 언제나 일치할 것을 요구한다. 한비자가 이러한 형명술을 쓴 것은 신하들의 권한 남용과 오용을 막음으로써 군주의 의사가 관리의 행정에서 한 치의 어김도 없이 반영·집행되도록 하기 위한 것이다. 절대군주정을 유지하려면 신하들의 권한 남용이나 오용을 항상 경계하고 술로써 통제하지 않으면 안 된다. 만일 신하들을 술로써 통제하지 않으면 권력누수 현상이 생길 뿐만 아니라 심지어는 군주의 자리를 찬탈하거나 아니면 허수아비가 된다. 따라서 절대군주정의 확립을 위하여 술은 법과 마찬가지로 없어서는 안 될 중요한 제왕의 도구이다. 그러면 술이란 어떠한 것인가? 한비자는 말한다.

"술은 군주가 마음속에 품고 있으면서 신하들의 여러 가지 단서를 대조하여 은밀히 여러 신하를 통제하는 것이다. 그러므로 법은 드러내는 것이 좋지만 술은 드러나게 해서는 안 된다."[55]

---

54) 『韓非子』, 內儲說右上, "能獨斷者故可以爲天下王."
55) 『韓非子』, 難三, "術者, 藏之於胸中, 以偶衆端, 而潛御群臣者也. 故法莫如顯, 而術不欲見."

"지금 신불해는 술을 강조하였고 상앙은 법을 강조하였다. 술이란 임무에 따라 벼슬을 주고, 명분을 쫓아 내용의 실질을 추궁하며, 생사여탈권을 쥐고서 여러 신하의 능력을 시험하는 것이다. 이것은 임금이 잡고 있어야 한다."56)

"어떤 사람이 질문을 하였다. '신불해와 상앙 두 사람의 말은 어느 편이 나라를 위하여 절실합니까?' 이에 대답하기를, '그것은 헤아릴 수 없다. 사람은 열흘 동안 을 아무것도 먹지 않으면 죽고, 큰 추위가 닥쳤을 때 옷을 입지 않아도 죽는다. 그 런데 옷과 먹을 것 어느 것이 사람에게 더 절실하느냐고 묻는다면 곧 그것들은 한 가지라도 없어서는 안 된다고 대답할 것이다. 모두 삶을 지탱하는 데 쓰이는 물건이기 때문이다.' … 임금이 술이 없다면 곧 윗자리가 가리워지게 되고, 신하 가 법이 없다면 아래에서 혼란을 일으키게 될 것이다. 그러니 이것들은 한 가지 도 없어서는 안 될 것이며, 모두 제왕이 갖추어야 할 통치의 도구인 것이다."57)

"임금에게 그의 신하를 통제할 법술이 없다면, 비록 여러 해의 경험과 훌륭한 재능을 지녔다 할지라도 대신은 여전히 권세를 얻어 일을 멋대로 처리하고 각기 사사로운 개인의 욕망을 추구하게 될 것이다."58)

"권세가란 법령이 없어도 멋대로 행동하고, 법을 어기면서 개인의 이익을 추구하고, 나라를 손해 보이면서 자기 집안을 부하게 하고, 그의 권력은 그의 임금을 마음대로 할 수 있는 자이다. 이것이 이른바 권세가인 것이다 … 권세 가들이 나라의 실권을 쥐고 중요한 일들을 제멋대로 하면 곧 나라 안팎의 사 람들이 그들에게 부림을 당하게 된다."59)

---

56) 『韓非子』, 定法, "今申不害言術, 而公孫鞅爲法. 術者因任而授官, 循名而責實, 操殺生之炳, 課群臣之能者也. 此人主之所執也."
57) 『韓非子』, 定法, "問者曰, 申不害·公孫鞅, 此二家之言, 孰急於國. 應之曰, 是 不可程也. 人不食十日則死, 大寒之隆, 不衣亦死. 謂之衣食孰急於人, 則是不可 一無也, 皆養生之具也. … 君無術, 則弊於上, 臣無法, 則亂於下, 此不可一無, 皆帝王之具也."
58) 『韓非子』, 姦劫弑臣, "人主無法術以御其臣, 雖長年而美材, 大臣猶將得勢擅事 主斷, 而各爲其私急."
59) 『韓非子』, 孤憤, "重人也者, 無令而擅爲, 虧法以利私, 耗國以便家, 力能得其 君, 此所爲重人也. 智術之士, 明察聽用, 且燭重人之陰情. 能法之士, 勁直聽用,

따라서 군주가 그의 권력을 잠탈 또는 박탈당하지 않으려면 신하들을 술로써 통제하지 않으면 안 된다. 이러한 통제 없이는 군권은 확립되지 않으며 실권을 상실한 허수아비로 전락할 위험이 있다. 한비자는 신하들을 술로써 다스리는 일곱 가지 방법을 내저설상편(內儲說上編)의 칠술(七術)을 설명하는 곳에서 언급하고 있다.

"임금이 사용하여야 하는 것으로 일곱 가지 술이 있고, 잘 살펴야 하는 것으로 여섯 가지 미(微)가 있다. 일곱 가지 술이란, 첫째 여러 가지 일의 발단에 대하여 사실을 잘 검토한 후 판단을 내릴 것, 둘째 잘못을 반드시 처벌함으로써 위엄을 세울 것, 셋째 잘한 일은 반드시 상을 주어 능력을 다하게 할 것, 넷째 일일이 신하들의 말을 들어보고 그 말한 대로 실행하는지 추궁할 것, 다섯째 의심스러운 명령을 내려 보기도 하고 거짓 잘못된 일을 시켜 보기도 할 것, 여섯째 아는 것을 감추고 모르는 체 물어볼 것, 일곱째 반대되는 말을 해 보기도 하고 반대되는 일을 시켜 보기도 할 것. 이 일곱 가지는 임금이 사용해야만 할 일이다."[60]

마키아벨리의 권모술수를 능가하는 술들이다. 이러한 칠술은 신하들의 권한 남용을 통제하는 기술로서 신하들에 대한 고도의 불신에서 나온 것들이다. 한비자에 있어 군신 관계는 충과 신(信)으로 맺어져 있는 것이 아니라 이(利)와 불신으로 맺어져 있다. 그래서 군주와 신하는 마음을 달리하며 상반되는 이익을 추구한다고 한다.[61] 즉 군주

且矯重人之姦行. 故智術能法之士用, 則貴重之臣必在繩之外矣. 是智法之士與當塗之人, 不可兩存之仇也. 當塗之人擅事要, 則外內爲之用矣."

60) 『韓非子』, 內儲說上七術, "主之所用也七術, 所察也六微. 七術, 一曰衆端參觀, 二曰必罰明威, 三曰信賞盡能, 四曰一聽責下, 伍曰疑詔詭使, 六曰挾知而問, 七曰倒言反事. 此七者, 主之所用也."

61) 『韓非子』, 飾邪, "故君臣異心, 君以計畜臣, 臣以計事君, 君臣之交, 計也."

의 이익은 신하에게는 손해이고 신하의 이익은 군주에게 손해이다.
그런데 한비자에서는 군주의 이익은 공익이고, 신하의 이익은 모두
사익이다. 군권을 확립하려면 군신 간의 이익충돌이 있을 때 군주의
이익을 우선시켜야 하며 신하들의 사익은 배제해야 한다. 그 방법이
곧 술인 것이다. 법과 마찬가지로 이 술도 절대군주에게 권력을 집중
시키기 위한 수단이다.

"무릇 군주에게 권력이 집중되는 것을 저해하는 다섯 가지 요소가 있는데,
첫째는 신하가 군주의 이목을 가리는 것이며, 둘째는 신하가 국가의 재정을 자
기 마음대로 하는 것이며, 셋째는 신하가 군주의 재가 없이 명령을 하달하는
것이며, 넷째는 군주가 마음대로 백성들에게 선행을 베푸는 것이며, 다섯째는
신하가 패거리를 규합하여 붕당을 조직하는 것이다. 신하가 군주의 이목을 가
리면 군주는 총명을 잃게 되며, 신하가 나라의 재정을 장악하면 군주는 백성에
게 은덕을 베풀 수 없게 되며, 신하가 마음대로 명령을 발하면 군주는 행정의
통제력을 상실할 것이며, 신하가 임의로 백성에게 선행을 베풀면 군주는 명의
를 잃을 것이며, 신하가 붕당을 조직하면 군주는 거느릴 무리를 잃을 것이다.
이러한 것들은 오로지 군주가 독단적으로 장악하고 있어야 할 일들이며, 신하
가 그 권능을 가로채서 행할 일들이 아니다."62)

"권세는 신하에게 빌려주어서는 안 된다. 위에서 군주가 하나의 권세를 잃
게 되면 아래에서 신하들은 백의 권세를 얻게 된다. 그래서 신하가 권세를 얻
게 되면 힘이 강해지고, 힘이 강해지면 중앙의 관리들과 지방의 제후들을 부릴
수 있게 되며, 그렇게 내외의 관리들을 부릴 수 있게 되니 군주는 거세되어 무

---

62) 『韓非子』, 主道, "是故人主有伍壅; 臣閉其主曰壅, 臣制財利曰壅, 臣擅行令曰
壅, 臣得行義曰壅, 臣得樹人曰壅. 臣閉其主, 則主失位. 臣制財利, 則主失德. 臣
擅行令, 則主失制. 臣得行義, 則主失名. 臣得樹人, 則主失黨. 此人主之所以獨
擅也, 非人臣之所以得操也."

력해질 것이다."63)

"관리가 난을 일으켰을지라도 선량한 백성이 있을 수 있다는 말을 들은 적이 있으나, 백성이 난을 일으켰을 때 잘 다스려진 관리가 있다는 말은 들은 적이 없다. 그러므로 밝은 임금은 관리를 다스리지 인민을 다스리지 않는다."64)

위의 언급에서 알 수 있듯이, 한비자의 술은 관리를 통제하는 수단이다. 즉 술의 대상은 관리며 인민이 아니다. 인민은 법의 대상이다. 그의 군주정에 있어서 관리는 군주의 수족으로서 군주의 의사인 법을 행정을 통하여 집행할 뿐 군주의 통치권에 속하는 입법권, 형벌권, 상을 수여할 권한, 재정권, 병권 등을 가질 수 없다. 그래서 군주는 관리들에 의하여 이러한 군주의 통치권을 가로채는 월권행위를 단속하지 않으면 정권 유지를 할 수 없다. 관리들의 이러한 권한 남용을 방지하기 위하여 군주에게 주어진 통제권이 이른바 술이다.

그런데 우리가 여기서 주목해야 할 점은, 술은 법과 같이 유위적으로 밖으로 드러내서는 안 되고 무위적으로 안으로 감추어야 한다는 것이다. 즉 술은 무위이술(無爲而術)이다. 그리고 한비자는 이 무위이술의 정당화 근거로서 노자의 무위이치(無爲而治)의 도를 원용하고 있다. 그는 주도편(主道編)에서 다음과 같이 말한다.

"군주는 그가 하고자 하는 바를 밖으로 드러내 보여서는 안 된다. 만일 군주가 하고자 하는 바를 드러내 보이면 신하는 자신의 행동을 그것에 맞추어 꾸미게 된다. 또한 군주는 그의 의도를 드러내지 말아야 한다. 군주가 그 속마음을

63) 『韓非子』, 內儲設下, "權勢不可以借人. 上失其一, 臣以爲百. 故臣得借則力多, 力多則內外爲用, 內外爲用則人主壅."
64) 『韓非子』, 外儲設右下. "聞有吏雖亂而有獨善之民, 不聞有亂民而有獨治之吏, 故明主治吏不治民."

드러내 보이면 신하는 자신의 표현을 달리 꾸밀 것이다. 그래서 군주는 좋고 싫음의 감정을 나타내지 않음으로써 신하의 본심을 들여다본다고 하는 것이다. 군주는 지략이나 지혜도 감추어야 한다. 그래야만 신하들이 조심할 것이다. 그러므로 군주는 지혜가 있어도 생각이 없는 것처럼 하여 만물로 하여금 자신의 자리를 알게 한다 … 도는 볼 수 없는 곳에 존재하며 그 작용은 알 수 없는 곳에 있다. 군주의 도도 그와 같아서 아무 생각과 하는 일 없이 고요하게 앉아 있어도 암암리에 신하들의 잘못을 다 알아차린다. 따라서 군주는 신하들의 행실을 보고도 보지 못한 듯, 들어도 듣지 못한 듯, 알아도 알지 못한 듯하여야 한다."65)

　　이것이 한비자의 무위이술이다. 그러나 한비자가 이 무위이술을 노자의 무위이치의 도에서 원용하는 것은 개념의 왜곡이다.66) 노자의 무위이치는 인위적으로 조작하지 않고 자연스럽게 다스려지는 것을 뜻하며, 따라서 그가 이상적으로 생각한 나라는 소국과민(小國寡民)이었다.67) 그러나 한비자의 무위이술은 군주의 무사 · 무위 · 무욕이 아니라 인위적인 술책을 써서 신하들을 다스리는 것이며, 또 그가 이상적으로 생각한 나라는 소국이 아니라 통일된 대제국이었다. 따라서 신불해나 한비자가 그들의 술치를 정당화하기 위하여 노자의 무위의

---

65) 『韓非子』, 主道, "君無見其所欲, 君見其所欲, 臣自將雕琢. 君無見其意, 君見其意, 臣將自表異. 故曰, 去好去惡, 臣乃見素. 去舊去智, 臣乃自備. 故有智而不以慮, 使萬物知其處. 有行而不以賢, 觀臣下之所因; 有勇而不以怒, 使群臣盡其武. 是故去智而有明, 去賢而有功, 去勇而有強. … 道在不可見, 用在不可知. 虛靜無事, 以闇見疵. 見而不見, 聞而不聞, 知而不知."
66) 『韓非子』, 解老, 무위(無爲) · 허정(虛靜)의 덕을 논한 곳을 참조. "夫無術者, 故以無爲無思爲虛也. 夫故以無爲無思爲虛者, 其意常不忘虛, 是制於爲虛也. 虛者, 謂其意所無制也. 今制於爲虛, 是不虛也. 虛者之無爲也, 不以無爲爲有常. 不以無爲爲有常, 則虛. 虛則德盛. 德盛之謂上德. 故曰, 上德無爲而無不爲也."
67) 『道德經』, 三七章, "無鳥自化"; 十六章, "無爲 · 虛靜"; 十章, "無爲而治"; 二八章, "無爲而治"; 三八章, "無爲而德"; 八十章, "小國寡民" 참조.

개념을 끌어들이는 것은 설득력이 없을 뿐 아니라 황당무계하다. 오히려 노자의 무위이치에 해당하는 통치방법은 유가의 덕치주의이다. 왜냐하면 덕치주의는 법가의 법·술·세와 같은 유위적인 수단을 써서 통치하는 것이 아니라, 요순과 같은 성군의 덕에 의하여 자연적으로 질서가 유지되도록 하는 것이기 때문이다. 그래서 공자는 인위적인 법과 형으로 통치할 것이 아니라 무위적인 덕과 예로 다스릴 것을 주장하였다.68)

3. 세치(勢治)

한비자는 군주에게 법과 술이 갖추어져 있어도 세(勢)가 없으면 제대로 다스려질 수 없다고 한다. 그에게 있어 세는 법과 술을 실행하는 전제이며 기초이다. 세가 없으면 법과 술은 실행되지 않기 때문이다. 따라서 여기서 말하는 세는 권세, 권력 또는 위세, 위력 등을 가리켜 말한다.

한비자에 의하면, "세는 대중을 휘어잡는 바탕이다."69) 신민의 생사여탈권을 쥐고 천하를 호령할 수 있는 세가 없으면 군주는 유명무실한 존재에 불과하다는 것이다. 폭군 걸이 비록 난폭하기는 하였지만 귀하기로는 천자였으며 그가 천하를 장악하고 호령할 수 있었던 것은 세가 컸기 때문이라고 한다. 아무리 어진 마음을 가진 요순이라 할지라도 세가 없으면 단 세 사람도 다스릴 수 없다고 한다. 따라서 한비자에 의하면, "군주는 은혜롭고 어진 마음을 기르지 말고 위엄의 세를 길러야 한다."70) 세가 있으면 다스려지고 세가 없으면 마치 이빨

68) 『論語』, 爲政, "道之以政, 齊之以刑, 民免而無恥. 道之以德, 齊之以禮, 有恥且格." 『論語』, 衛靈公, "無爲而治者, 其舜也與? 夫何爲哉! 恭己正南面而已矣."
69) 『韓非子』, 八經, "勢者, 勝衆之資也."

빠진 호랑이와 같다는 것이다.

"호랑이와 표범이 사람을 이기고 모든 짐승을 휘어잡을 수 있는 것은 그의 발톱과 이빨이 있기 때문이다. 만일 호랑이와 표범으로 하여금 그의 발톱과 이빨을 잃게 한다면 반드시 사람에게 제압당할 것이다. 지금 권세가 중요한 것은 임금의 발톱 및 이빨과 같기 때문이다. 사람들의 임금으로서 그의 발톱과 이빨을 잃는다면 그것은 발톱과 이빨을 잃은 호랑이와 표범의 신세처럼 될 것이다."[71]

"대체로 말이 무거운 짐을 지고도 수레를 끌고 먼 길을 갈 수 있는 것은 근의 힘 때문이다. 만승의 임금과 천승의 군주가 천하를 제어하여 제후들을 정벌할 수 있는 것은 그 위세 때문이다. 위세란 군주가 가진 근육의 힘이다."[72]

"힘이 많으면 다른 사람들이 와서 조회하고 힘이 적으면 상대에게 조회한다. 그러므로 밝은 임금은 힘을 기르는 데 노력한다."[73]

한비자가 통치에는 '세'가 필요불가결한 요소라는 것을 역설하면서 특히 유가의 '현(賢)'에 대비시킨 것은 유가의 존현주의(尊賢主義)를 반박하기 위한 것으로 보인다. 그리고 시대적으로 보아도 "고대에는 덕을 숭상하고, 중세에는 지혜를 쫓았으며, 오늘날에는 힘을 겨룬다"라고 한다.[74] 그래서 그는 다음과 같이 말한다.

---

70) 『韓非子』, 六反, "不養恩愛之心, 而增威嚴之勢."
71) 『韓非子』, 人主, "虎豹之所以能勝人執百獸者, 以其爪牙也, 當使虎豹失其爪牙, 則人必制之矣. 今勢重者, 人主之爪牙也, 君人而失其爪牙, 虎豹之類也."
72) 『韓非子』, 人主, "夫馬之所以能任重, 引車致遠道者, 以筋力也. 萬乘之主 · 千乘之君, 所以制天下而征諸侯者, 以其威勢也. 威勢者, 人主之筋力也."
73) 『韓非子』, 顯學, "力多則入朝, 力算則朝於人, 故明君務力."
74) 『韓非子』, 八說, "古人亟於德, 中世逐於智, 當今爭於力."

"대체로 재능이 있으나 세력을 가지고 있지 않으면 비록 현명하지만 못난 사람을 제어할 수 없다. 그러므로 한 척밖에 안 되는 재목도 높은 산에 서 있으면 천 길이 되는 계곡을 굽어볼 수 있다. 이것은 재능이 뛰어난 것이 아니라 그 나무가 있는 자리가 높은 곳이기 때문이다. 걸이 천자가 되어 천하를 제어할 수 있었던 것도 그가 현명했기 때문이 아니라 그의 세력이 컸기 때문이다. 요도 필부라면 세 집도 바로 잡을 수 없다. 그것은 못났기 때문이 아니라 지위가 낮았기 때문이다."[75]

"신도(愼子)가 말하였다. 나르는 용은 구름을 타고 오르며 승천하는 뱀은 안개 속을 노닌다. 구름이 개고 안개가 걷히면 용도 한갓 지렁이와 같은 것일 뿐이니 이는 그 탈(乘) 것을 잃었기 때문이다. 현명한 사람이면서 못난 사람에게 굴복하는 것은 권세가 낮고 자리가 가볍기 때문이다. 못났으면서도 현명한 사람을 복종시킬 수 있는 것은 권세가 크고 지위가 귀하기 때문이다. 요가 필부가 되면 세 사람도 다스릴 수 없다. 그러나 걸이 천자가 되면 천하를 어지럽힐 수 있다. 나는 이것으로써 세력과 지위는 믿기 어렵지 않으나, 현명과 지혜는 부러워할 것이 없다는 것을 알고 있다."[76]

이것은 신자(愼子)의 말을 빌려 존현설을 반박하고 중세경현설(重勢輕賢說)을 주장한 것이다. 즉 현명하고 현명하지 못함이 치와 난을 결정할 수 없다는 것이다. 그러면서도 한비자는 다시 존현설의 입장을 두둔하면서 말을 바꾸어 신자에게 응답한다.

---

75) 『韓非子』, 功名, "夫有材而無勢, 雖賢不能制不肖. 故立尺材於高山之上, 則臨千仞之谿, 材非長也, 位高也. 桀爲天子, 能制天下, 非賢也, 勢重也. 堯爲匹夫, 不能正三家, 非不肖也, 位卑也."

76) 『韓非子』, 難勢, "飛龍乘雲, 騰蛇遊霧, 雲罷霧霽, 而龍蛇與蚓蟻同矣, 則失其所乘也。賢人而詘於不肖者, 則權輕位卑也; 不肖而能服於賢者, 則權重位尊也。堯爲匹夫, 不能治三人; 而桀爲天子, 能亂天下; 吾以此知勢位之足恃而賢智之不足慕也."

"신자의 말에 응답하면 이렇다. 나르는 용은 구름을 타고 오르며 승천하는 뱀은 안개 속을 노닌다. 나는 용이 구름과 안개의 세를 의탁하지 않았다고 부정하지는 않는다. 비록 그렇기는 하지만, 현명한 사람을 택하지 못하고 오로지 세에만 맡겨 놓으면 이것만으로 족히 다스려질 수 있는가? 나는 아직 그런 것을 보지 못하였다. 대체로 구름과 안개의 세를 가지고 그것을 타고 노닐 수 있는 것은 용의 재능이 훌륭하기 때문이다. 이제 구름이 성대하게 덮여 있어도 지렁이는 그것을 탈 수 없으며, 안개가 자욱하게 끼어도 개미는 노닐 수 없다. 짙고 자욱하게 낀 구름과 안개의 세가 있어도 타고 노닐 수 없는 것은 지렁이와 개미의 재능이 얄팍하기 때문이다."77)

이것은 다시 중현경세(重賢輕勢)를 말하는 것으로 보인다. 왜냐하면 아무리 세력이 있다고 해도 현명이 없으면 그 세를 탈 수 없기 때문이다. 이것은 응답자로 하여금 법가에 대한 유가의 입장을 대변하도록 한 것이다. 그러나 위의 두 입장은 한비자에게는 다 같이 '자연의 세'를 말한 것이지 '인간의 세'를 뜻하는 것이 아니므로 군주의 세와는 아무 상관도 없다고 한다. 다음은 한비자 자신의 말이다.

"다시 그 응답에 대하여 이렇게 말하였다. 그 사람은 세를 넉넉히 믿을 수 있어서 그것으로 다스릴 수 있다고 생각하였다. 신자에 응답한 사람은 반드시 현명한 사람을 기다린 후에야 다스린다고 말하였는데 그렇지 않다. 무릇 세란 것은 이름은 하나지만 그 뜻의 변화는 무수하다. 세가 반드시 자연에서 오는 것이라면 세에 대하여 아무것도 말할 것이 없다. 내가 말하는 세는 인문이 설

---

77) 『韓非子』, 難勢, "應愼子曰, 飛龍乘雲, 騰蛇遊霧, 吳不以龍蛇爲不託於雲霧之勢也. 雖然, 夫釋賢而專任勢, 足以爲治乎？ 則吳未得見也. 夫有雲霧之勢而能乘遊之者, 龍蛇之材美也. 今雲盛而螾弗能乘也, 霧醲而螘不能遊也, 夫有盛雲醲霧之勢而不能乘遊之者, 螾螘之材薄也."

정한 것을 말한다 … 자연의 세는 인간이 설정한 바가 아니다. 내가 말하는 것은 인간이 얻은 세일 뿐인데 현명한 것과 무슨 상관이 있는가."78)

"대체로 세란 반드시 현명한 자가 쓰고 못난 자가 쓰지 못하도록 할 수 있는 것이 아니다. 현명한 자가 쓰면 천하가 다스려지고, 못난 자가 쓰면 천하가 어지러워지는 것이다."79)

요순과 같이 어진 임금이 세를 얻으면 천하가 다스려지고, 걸주와 같은 폭군이 세를 얻으면 천하가 어지러워진다는 것이다. 그러나 요순과 같은 현군 또는 걸주와 같은 폭군은 천년에 한 번 나타날까 말까 하다는 것이다. 따라서 '보통의 군주'도 통치를 하자면 세를 가져야 하는데, 현군·폭군을 기준으로 하여 세를 논하는 것은 옳지 않다는 것이다.

"대체로 요순 걸주는 천년에 한 번 나오는 인물이다. 내가 세를 말하는 것은 보통 사람(中) 때문이다. 보통 사람이란 위로는 요순에 미치지 못하고, 아래로는 역시 걸주가 되지 않는다. 법을 안고 세를 업으면 다스려지고, 법을 등지고 세를 버리면 어지러워진다. 이제 세를 없애고 법을 등지고서 요순을 기다린다면 요순이 이르러서야 다스려진다. 이것은 천년 동안 혼란되다가 한 번 안정되는 것이다. 법을 안고 세를 업고서 걸주를 기다린다면 걸주가 이르러서야 혼

---

78) 『韓非子』, 難勢, "復應之曰, 其人以勢爲足恃以治官. 客曰, 必待賢乃治, 則不然矣. 夫勢者, 名一而變無數者也. 勢必於自然, 則無爲言於勢矣. 吳所爲言勢者, 言人之所設也. 今日堯舜得勢而治, 桀紂得勢而亂, 吾非以堯桀爲不然也. 雖然非一人之所得設也. 夫堯舜生而在上位, 雖有十桀紂不能亂者, 則勢治也; 桀紂亦生而在上位, 雖有十堯舜而亦不能治者, 則勢亂也. 故曰, '勢治者, 則不可亂; 而勢亂者, 則不可治也.' 此自然之勢也, 非人之所得設也. 若吳所言, 謂人之所得設也. 若吳所言, 謂人之所得勢也而已矣, 賢何事焉."

79) 『韓非子』, 難勢, "夫勢者, 非能必使賢者用己, 而不肖者不用己也. 賢者用之則天下治, 不肖者用之則天下亂."

란해진다. 이것은 천년 동안 안정되다가 한 번 혼란해지는 것이다. 안정된 때 가 천년이고 혼란한 때가 한 번인 것과 안정된 때가 한 번이고 혼란한 때가 천 년인 것은 마치 천리마를 타고서 내달리는 것과 같아서 서로 간의 거리가 너무 나 먼 것이다."[80]

한비자는 세를 제도의 문제로 보았으며 사람의 문제로 보지 않았 다. 사람이 현명하건 현명하지 않건 그것과는 상관없이 제도에 의하 여 세를 얻는다는 것이다. "법을 안고 세를 업는다(抱法處勢)"라는 것 은 그것을 두고 한 말이다. 또한 한비자에 의하면 세는 자연의 세가 아 니고 인간이 설정한 것이라고 한다(人之所得設). 그렇다면 사람이 절 대군주정을 법제도로 만들어 놓으면 권력은 한 사람의 군주에게 집중 되게 마련이다. 한비자의 법은 군주의 명령이며, 그 명령의 실효성은 형벌권에 의하여 보장된다. 그리고 이 형벌권은 군주 한 사람에게만 귀속된다. 그러므로 그 군주가 권력의 자루를 쥐고서 세를 업으면 절 대군주정의 통일된 질서체계가 하나의 제도로서 완성되는 것이다.

결국 한비자에 있어서 법·술·세에 의한 치도의 구조는 한 실에 꿴 구슬과 같아서 법치·술치·세치의 기능이 상호결합되어 하나의 제도 로 뭉친 인조인간이다. 홉스는 『Leviathan』에서 국가를 '인조인간(an artificial man)'이라 하였고, 법을 '인조사슬(artificial chains)'이라 한 다. 인조사슬의 한쪽 끝은 군주의 입에 연결되어 있고, 다른 한쪽 끝 은 신민(臣民)의 귀에 연결되어 있다. 군주의 명령은 그의 입을 통하 여 하달되고 그것은 모든 신민의 귀에 전달되어 명령대로 행위하게

---

80) 『韓非子』, 難勢, "且夫堯·舜·桀·紂, 千世而一出, 是比肩隨踵而生也, 世之治 者不絶於中. 吳所以爲言勢者, 中也. 中者, 上不及堯舜, 而下亦不爲桀紂. 抱法 處勢, 則治. 背法去勢, 則亂. 今廢勢背法而待堯舜, 堯舜至乃治, 是千世亂而一 治也. 抱法處勢而待桀紂, 桀紂至乃亂, 是千世治而一亂也. 且夫治千而亂一, 與 治一而亂千也, 是猶乘驥駬而分馳也, 相去亦遠矣."

된다.[81] 그러나 그 목적은 홉스와 한비자에 있어서 같지 않다. 홉스는 그러한 군주의 명령을 통해 '만인의 만인에 대한 투쟁상태'를 극복하고 안정된 법상태를 만듦으로써 인간을 보호하는 데 있었지만, 한비자는 신민을 군주의 노예로 만들어 패왕의 업, 즉 부국강병의 패도를 달성하는 데 있었다. 즉 홉스의 국가는 법을 통하여 인간을 보호하려 하였고, 한비자의 국가는 법을 통하여 군주를 보호하려고 하였다. 한쪽에서는 국가가 인간의 목적을 위한 수단이었고, 다른 한쪽에서는 인간이 국가의 목적을 위한 수단이었다. 결국 한비자의 국가는 자기목적적 개념으로서 그것은 '법을 안고 세를 업은' 강력한 동양의 'Leviathan'으로 탄생한 것이다.

IV. 결언

한비자는 절대군주정의 체제를 확립하고 군주에게 무한한 권력을 부여하였다. 그 수단으로 사용된 것이 법·술·세이다.

우선 한비자는 '법'을 통하여 백성을 통일된 조직체로 들었다. 그래서 그는 "백성을 통일하는 수단으로 법보다 좋은 것이 없다"라고 한다.[82] 군주가 만든 법을 통해 신하들과 백성의 일체의 언행은 통제되며 그것은 형벌권에 의하여 보장된다. 이것은 군주의 의지인 법을 관철해 일사불란한 지배권을 확립하기 위한 것이다. 그래서 "법이 자세하면 군주가 존귀하게 되고 그 의지를 침해받지 아니하며, 군주가 존귀해져서 침해를 받지 아니하면 군주의 권력이 강화된다"라고 한

---

81) T. Hobbes, *Leviathan*, edited by John Plamenatz, 1962, p. 205.
82) 『韓非子』, 有度, "一民之軌, 莫如法."

다.[83] 이렇게 군주는 법을 이용하여 "혼자서 사해의 온 천하를 장악하며"[84] "한 사람의 힘으로 한 나라를 장악한다."[85] 결국 법은 절대군주정의 제도를 창출하는 가장 확실하고 가장 실효성 있는 수단이다.

다음은 '술'이라는 수단이다. 이것은 일단 법을 통해 절대군주정이 확립되고 난 다음 그 정권을 유지하는 데 필요한 수단이다. 즉 정권을 유지하려면 대신이나 신하들이 군주의 권한을 잠탈 또는 찬탈하는 것을 술을 써서 막아야 한다. 절대군주정은 군주 한 사람에게 모든 권력이 집중된 제도로서 그 군주의 권력을 신하들과 나누어 가질 수 없다. 신하들은 다만 군주의 수족으로서 군주의 의지인 법을 집행할 따름이다. 집행권만 가지고 있는 이러한 신하들이 군주의 입법권과 형벌권을 잠탈하거나 찬탈하면 군주는 허수아비가 되든지 쫓겨나든지 해야 한다.

그래서 한비자는 "총애하는 신하가 너무 친근해지면 반드시 군주의 생명을 위태롭게 하며, 신하가 너무 존귀해지면 반드시 군주의 자리를 바꾸어 버린다"라고 한다.[86] 신하들의 이러한 월권행위를 엄격히 통제하고 감시 감독함으로써 군주의 권력이 약화하거나 침탈되지 않도록 하는 술책이 곧 술이다. 이 술 가운데는 형명술을 위시하여 무위술, 참오술(參伍術), 청언술(聽言術), 용인술 등 무한히 많은 술이 한비자에 의하여 개발되어 있다. 이러한 모든 술은 결국 군주의 지위와 권력을 보전하기 위한 술책들이다. 따라서 법이 군주권의 창출과 강화의 적극적인 수단이라면, 술은 군주권의 유지와 강화의 소극적인 수단인 셈이다.

---

83) 『韓非子』, 有度, "法審則上尊而不侵, 上尊而不侵則主強."
84) 『韓非子』, 有度, "故法省而不侵, 獨制四海之內."
85) 『韓非子』, 有度, "以一人之力禁國."
86) 『韓非子』, 愛臣, "愛臣太親, 必危其身. 人臣太貴, 必易主位."

다음은 '세'라는 수단이다. 이것은 군주권의 위세와 위엄을 뜻하는 것인데, 이것은 법과 술을 실행하는 기초조건이다. 즉 법과 술이 군주권의 강화를 위하여 기능할 수 있도록 하는 바탕(資)이다. 한비자에 있어서 세는 제도가 만들어 주는 것이지 군주가 현명한 사람인가 불초한 사람인가는 문제되지 않는다. 따라서 제도적으로 절대군주정을 만들어 군주에게 천하를 제압하는 절대권력을 부여하면, "비록 군주가 불초하다 할지라도 신하가 감히 그 군주의 권력을 침범할 수 없다"라고 한다.[87] 결국 제도에 의하여 주어지는 권력의 위세도 군주권을 보전하는 수단이다.

이렇게 한비자에서 법·술·세는 군주의 최고권력을 창출하고 유지하고 보전하는 수단들이다. 그 목적은 군주의 권력장악과 그 장악된 군주의 힘으로 지배와 통치를 하는 데 있다. 아마도 한비자만큼 순수한 권력국가를 논리적으로 체계화한 이론가도 찾아보기 힘들 것이다. 일반적으로 한비자의 국가론을 '법치주의'라고 부르지만, 그것은 그 형식에 있어서 법치일 뿐, 그 실질적 내용에서는 '인치주의', '군주주의', '권력실증주의'임이 분명히 드러난다. 따라서 우리는 한비자의 법치주의가 '형식적 법치주의'일 뿐 실질적 법치주의가 아님을 알 수 있다. 실질적으로는 순수한 권력국가 사상이다.

인간은 예로부터 오늘에 이르기까지 두 가지 악마에 시달려 오고 있다. 칸트의 표현을 빌린다면, '무법의 자연상태(status justitis vacuus)'와 '불법의 자연상태(status injustus)'가 그것이다. 전자는 무법천지의 무정부상태이며, 후자는 불법의 폭정상태이다. 이 상태를 법철학적으로 법의 이념에 관계시켜서 말한다면, 전자는 법적 안정성이 결하여 있는 상태이고, 후자는 정의가 결하여 있는 상태이다. 그 어느 곳에서

---

87) 『韓非子』, 忠孝, "人主雖不肖, 臣不敢侵也."

도 인간은 보호되어 있지 않다. 따라서 인간은 그들의 보호 울타리로서 전자의 상태에 대처하기 위하여 권력국가를 개발해냈고, 후자의 상태에 대응하기 위하여 법치국가를 발견해 냈다. 한비자가 개발한 국가는 전자의 자연상태에 대처하기 위한 권력국가였다. 전국시대의 천하대란을 평정하고 천하통일을 가져오게 한 권력국가론을 전개한 것은 그 당시의 시대적 요청에 맞는 것이었다. 그러나 천하통일을 하고 난 다음에는 그 권력국가는 법치국가로 바뀌었어야 했다. 왜냐하면 그렇지 않으면 그 무법의 자연상태는 극복되었지만 다시 불법의 폭군상태가 나타나기 때문이다. 한비자의 권력국가론을 받아들인 진나라가 천하를 통일했지만, 겨우 이대에 걸친 짧은 기간 동안만 수성(守成)을 할 수 있었고 곧 다시 망한 것은 결코 우연이 아니다. 긴 안목으로 볼 때, 반인간적이고 비인간적인 체제는 결코 영속하지 못한다. 어느 시대 어느 곳에서도 국가라는 것은 인간을 보호하기 위하여 만들어진 것이다. 따라서 인간을 보호하지 못하는 국가는 그 존재 이유 자체를 상실한다. 하나의 국가가 망하고 다른 국가가 생기는 것은 그 때문이다. 국가가 인간을 보호하지 못하면 그 존재 이유를 상실한다는 것은 국가철학의 사물논리의 법칙이다. 국가의 역사는 그 법칙에 따라 진행되어야 하고 또한 그렇게 진행되어왔다. 한비자의 국가는 천하대란의 전국시대의 역사에서 필요한 국가일 따름이지 결코 천하통일 후의 역사에서 필요한 국가는 아니다. 진이 단명한 이유도 아마 거기에 있었을 것이다.

동양의 자연법사상

I. 서언

동서양을 막론하고 자연법사상은 고대로부터 현대에 이르기까지 그 흐름의 대장정을 멈추지 않고 있다. 롬멜은 그것을 '자연법의 영구회귀(ewige Wiederkehr des Naturrechts)'라는 말로 표현하고 있다. 자연법은 인간사회가 있는 곳에서는 언제나 떠오르게 마련이다. "사회 있는 곳에 법이 있다"라는 말과 같이 사회가 있는 곳에는 언제나 그 일정한 존재 양식이 있어야 하기 때문이다. 그것이 어떻게 있어야 바르게 있는 것인가에 관한 물음이 자연법의 물음에 다름 아니다. 이 물음은 인간사회가 존재하는 한 영원한 물음이 될 수밖에 없다. 왜냐하면 우리 인류는 아직도 인간사회의 바른 존재 양식을 찾고 있기 때문이다. 칸트가 그의 순수이성비판에서 "법학자들은 아직도 그들의 법의 개념에 관한 정의를 찾고 있다"라고 말한 것은 바로 이것을 두고 말한 것이다.

법을 찾는 이러한 노력은 서양에만 있었던 것이 아니라 동양에도 분명히 있었다. 서양의 사상가들이 자연법론을 전개한 것과 같이 동양의 사상가들도 자연법론을 그들의 치도론(治道論)에서 질서원리로 논하고 있다. 법철학에서 자연법론이 마치 서양의 전유물인 것처럼 생각하는 것은 착각이다. 서양의 법철학에서 여러 가지 자연법 개념이 각 세계관의 차이에서 오고 있듯이, 동양의 법철학에서도 각 세계관의 차이로부터 여러 가지 자연법 개념이 생겨 나오고 있다.

서양의 세계관은 고대, 중세, 근대, 현대에 걸쳐 각각 다른 특색을 보여주고 있으며, 거기에서 각각 다른 자연법 개념의 특징이 나타난다. 즉 고대의 자연주의적 세계관에서 자연주의적 자연법 개념이, 중세의 신학적 세계관에서 신학적 자연법 개념이, 근대의 이성적 세계관에서 이성적 자연법 개념이, 현대의 실존적 세계관에서 실존적 자연법 개념이 각각 연역된다. 그리고 그러한 자연법 개념들은 각각 다른 '본성(Natur)'을 전제한다. 즉 자연주의적 자연법 개념은 '자연의 본성'으로부터, 신학적 자연법 개념은 '신의 본성'으로부터, 이성적 자연법 개념은 '인간의 본성'으로부터, 그리고 실존적 자연법 개념은 '사물의 본성'으로부터 각각 도출된다.

동양에서도 각 세계관의 차이로부터 이와 유사한 자연법 개념들이 생겨난다. 즉 자연주의적 자연법 개념은 도가의 세계관에서 인도적, 직분적 자연법 개념은 유가의 세계관에서, 그리고 종교적 자연법 개념은 묵가의 세계관에서 각각 찾아볼 수 있다. 도가는 도의 자연주의 사상에서 유가는 인의예지의 인본주의 사상과 정명론(正命論)의 사상에서, 그리고 묵가는 천(天)의 천지주의(天志主義) 사상에서 인간사회가 어떠한 존재 양식으로 질서지워져야 바른 질서가 설 수 있는지를 가르쳐주고 있다. 우리는 아래에서 동양의 철학자들로부터 더불어 사는 삶의 지혜를 배우고자 한다.

Ⅱ. 유가의 자연법사상

1. 인본주의

유가의 치도론의 출발점은 인간 본위의 사상, 즉 인본주의이다. 따라서 유가에서 윤리, 정치, 법, 국가 등의 개념은 인간의 본성으로부터 도출된다. 공자는 '인(仁)'이라는 동양적 인성개념을 가지고 예, 법, 정치, 국가 등의 모든 치도개념을 논리정연하게 이끌어 낸다. 그것은 마치 칸트가 '이성'이라는 서양적 인성개념을 가지고 도덕, 윤리, 법, 국가 등의 개념을 연역하는 것과 같다.

공자는 "인(仁)은 사람다움이다"[1]라고 말한다. 그러면 무엇이 '사람다움'인가? 공자의 제자인 번지(樊遲)가 인에 관해 물었을 때 그는 "인이란 사람을 사랑하는 것이다"[2]라고 대답한다. 그러나 여기서 말하는 '사랑'은 묵자의 겸애설에서 주장하는 바와 같은 가깝거나 친소(親疏)가 없는 보편적 사랑을 뜻하는 것이 아니라, 가까운 사람으로부터 시작하여 먼 사람에게 미치는 혈연적으로 가까운 이를 더 가깝게 대하는(親親) 사랑을 말한다. 그래서 "군자가 가까운 사람에게 돈독히 하면 온 백성을 인으로 흥하게 한다"[3]라고 말한다. 이렇게 공자의 애인(愛人) 사상은 가까운 부모 형제에 대한 사랑으로부터 시작하여 먼 사람에게까지 차츰 추급 확장하여 나가서 드디어는 인류 전체에 이르는 사랑의 대동사회를 건설하는 것을 이상으로 하였다. 이렇게 공자는 인을 인간의 본성으로 보고 그것을 터득하고 기르고 실천하는 것을 자기 자신에 대해서는 개인윤리의 실현으로 이해하고, 타인에 대

---

1) 『中庸』, 二十章, "仁者人也."
2) 『論語』, 顧淵, "樊遲問仁, 子曰, 愛人."
3) 『論語』, 泰伯, "君子篤於親, 則民興於仁."

해서는 사회윤리의 실현으로 이해하였다. 전자를 '자기 자신을 수양함(修己)'이라 하고 후자를 '백성을 편안하게 함(安人)'이라 한다.[4]

우선 먼저 인의 개인윤리적 측면부터 살펴보기로 하자. 사람은 자기의 본성인 인을 어떠한 방법으로 터득하는가? 공자에 의하면 그것은 생각(思)과 배움(學)에 의하여 터득한다고 한다. 즉 생각을 하면 본성을 깨우칠 수 있고 배우면 인을 터득할 수 있다는 것이다. 그러나 이 '사'와 '학'의 어느 하나도 소홀히 해서는 안 된다고 한다.

"배우되 생각하지 않으면 깨달을 수 없고, 생각하되 배우지 않으면 위태롭다."[5]

그래서 그는 "나는 태어나면서부터 알았던 사람이 아니다"[6]라고 말하기도 하며,

"나는 일찍이 종일 먹지 아니하고 밤새도록 자지 않으면서 생각하였으나 얻음이 없더라. 배우는 것만 못하다."[7]

그래서 자하(子夏)도 "널리 배워서 뜻을 독실히 하며 간절히 묻고 가까운 것부터 생각하면 인(仁)이 그 가운데 있다"[8]라고 말한 것이다.

맹자의 성선설은 '사(思)'의 개념을 잘 설명하여 주고 있다. 그에 의하면 인간의 본성은 심의 사유기관의 네 가지 작용으로 나타난다고

---

4) 『論語』, 憲問, "子路問君子. 子曰, 修己以敬. 曰如斯而已乎? 曰修己而安人. 曰如斯而已乎? 曰修己以安百姓."
5) 『論語』, 爲政, "學而不思則罔, 思而不學則殆."
6) 『論語』, 述而, "我非生而知之者."
7) 『論語』, 衛靈公, "吾嘗終日不食, 終夜不寢以思, 無益不如學也."
8) 『論語』, 子張, "子夏曰, 博學而篤志, 切問而近思, 仁在其中矣."

한다. 그것은

"측은지심은 인의 시단(始端)이며 수오지심은 의의 단이며, 사양지심은 예의 단이며, 시비지심은 지의 단이다. 사람은 사단(四端)을 지니고 있으니 그것은 마치 사람에게 사지가 있는 것과 같다."9)

이 사단은 심의 사유기관에 의한 인간의 '도덕적 본성'이다. 그러나 맹자는 이외에 감각기관에 의한 인간의 '자연적 본성'을 따로 인정한다.

"입이 좋은 맛을, 눈이 좋은 빛을, 귀가 좋은 소리를, 코가 좋은 냄새를, 사지가 편안하기를 바라는 것은 사람의 본성이기는 하나, 명(命)이라는 것이 있기 때문에 군자는 이것을 성(性)이라 하지 않는다."10)

이어서 맹자는 이목구비 감각기관의 작용과 심의 사유기관의 작용이 서로 어떠한 관계에 놓여 있는지를 다음과 같이 설명한다.

"눈과 귀의 감각기관은 사유기관의 작용이 없으면 외물의 유혹을 차단할 수 없으므로 외물에 접촉만 하면 곧 유인되고 만다. 그러나 마음의 사유기관은 생각하는 능력이 있기 때문에 생각을 하면 본심을 얻고 생각을 안 하면 본심을 얻지 못한다. 우리는 이 두 기관(耳目之官과 心之官)을 생래적으로 하늘로부터 받아 지녔으니, 먼저 큰 것을 세워 놓으면 작은 것도 빼앗기지 아니한다. 이렇

---

9) 『孟子』, 公孫丑上, "惻隱之心, 仁之端也, 羞惡之心, 義之端也, 辭讓之心, 禮之端也, 是非之心, 智之端也. 人之有是四端也, 猶其有四體也."
10) 『孟子』, 盡心下, "口之於味也. 目之於色也, 耳之於聲也, 鼻之於臭也, 四肢之於安佚也, 性也, 有命焉, 君子不謂性也."

게 하는 것이 대인이 되는 길이다."[11]

여기서 맹자가 "마음의 사유기관은 생각하는 능력이 있기 때문에
생각을 하면 본심을 얻을 수 있고 … 이렇게 하는 것이 대인이 되는 길
이다"라고 말하고 있는데, 이것은 칸트가 "인간은 이성능력이 있기
때문에 그것을 사용하여 자신을 이성적 존재로 만들어 나간다"라고
말한 계몽주의적 인간관에 상응하는 것이다. 칸트에 의하면, 인간은
애당초부터 '이성적 존재(Vernunftwesen)'가 아니고 '이성능력이 부
여되어 있는 존재(ein mit Vernünfthigkeit begabtes Wesen)'라고 한다.
즉 인간은 태어날 때부터 인간인 것은 아니고 하나의 동물로 태어난
자기를 자연으로부터 부여받은 이성능력을 사용하여 이성적 존재로
만들어 나감으로써 신이 남겨 놓은 '창조의 공백(das Leere der Schöp-
fung)'을 메운다는 것이다. 이렇게 인간을 동물적, 본능적 존재(homo
phaenomenon)에서 인간적, 이성적 존재(homo noumenon)로 만들어
나가는 인간화 작업을 그는 '계몽(Aufklärung)' 또는 '계발(Kultur)'이
라고 한다.[12]

이와 마찬가지로 유가의 인간관에서도 사람은 태어날 때부터 인의
예지를 알고 행하는 도덕적 존재가 아니다. 다만 도덕적 존재로 될 수
있는 잠재적 능력을 지니고 있을 뿐이다. 그래서 맹자도 그러한 잠재

11) 『孟子』, 告子上, "耳目之官, 不思而蔽於物, 物交物則引之而已矣. 心之官則思,
　　思則得之, 不思則不得也. 此天之所與我者, 先立乎其大者, 則其小者不能奪也.
　　此爲大人而已矣."
12) Vgl. I. Kant, *Die Metaphysik der Sitten*, in: *Kant−Werke*(hrsg. von Wilhelm
　　Weischedel, Wissenschaftliche Buchgesellschaft, Darmstadt, 1968), Bd. 7, S. 516
　　f., 522 u. 580 ff.; *Idee zu einer allgemeinen Geschichte in weltbürgerlicher
　　Absicht*, in: *Kant−Werke*, Bd. 9, S. 36 f.; *Beantwortung der Frage: Was
　　ist Aufklärung?*, in: *Kant−Werke*, Bd. 9, S. 53 ff.; *Anthropologie in
　　pragmatischer Hinsicht*, in: *Kant−Werke*, Bd. 10, S. 673.

적 능력을 인의예지의 단이라고 말하였던 것이다. 인간은 그 능력을
사용하여 자신을 도덕적 존재로 만들어 나가야 하며 그렇게 함으로써
자신을 인간으로 완성해야 한다는 것이다. 이것이 '자기 자신을 수양
함(修己)'의 의미이다. 이러한 수기를 하는 방법이 '사(思)'와 '학(學)'
이다. 마음의 사유능력을 사용하지 않으면 자기의 인성을 깨달을 수
가 없고, 배우지 않으면 생각을 바르게 할 수 없다. 공자가 "배우되 생
각하지 않으면 깨달을 수 없고, 생각하되 배우지 않으면 위태롭다"라
고 한 것은 바로 이것을 두고 한 말이다.

'학'은 동서양을 막론하고 인간의 계몽을 위한 필수조건으로 이해
되어 있다. 루소는 『에밀』에서 인간의 계몽을 위하여 교육의 필요성
을 피력하였고, 칸트도 그의 『계몽이란 무엇인가?』라는 논문에서 이
점을 강조하고 있다. 마찬가지로 율곡도 『격몽요결(擊蒙要訣)』의 서
문 맨 첫 줄에서 "사람이 이 세상에 태어나서 배우지 아니하면 사람이
될 수 없다"[13]라고 말한다. '사람이 되기 위한' 인간화 작업, 즉 격몽
또는 수기는 자기 자신에 대한 의무이다. 이러한 의무가 자기 자신에
대하여 주어져 있으므로 그 윤리는 개인윤리이다.

다음은 사회윤리이다. 유가에 있어서 사회윤리는 개인윤리를 전제
한다. 왜냐하면 자기가 인(仁)을 알지 못하면 타인에게 인을 행할 수
없기 때문이다. 이것은 칸트의 윤리학이 자기 자신에 대한 존중의무
로부터 타인에 대한 존중의무를 도출하는 것과 마찬가지이다.[14]

이미 앞에서 살펴본 바와 같이, 공자가 "인은 사람다움이다(仁者人
也)"라고 말하였을 때 그 '인(仁)'은 '인격(Persönlichkeit)'을 두고 말

---

13) 『擊蒙要訣』, 序文, "人生斯世, 非學問, 無之爲人."
14) 칸트 윤리학에서 '인간의 자기 자신에 대한 존중의무(개인윤리)'와 '인간의 타
인에 대한 존중의무(사회윤리)'에 관하여 자세한 것은, 拙稿, 「人間의 尊嚴과
法秩序 — 특히 칸트의 秩序思想을 中心으로」, 『法律行政論集』 제12집, 고려
대 법률행정연구소, 1974, 108면 이하 참조.

하는 것이다. 즉, "인(仁)은 인격이다."[15] 이 인격은 자신의 존재를 앎으로써 자신을 유추해서 타인의 존재도 알게 된다. 따라서 인은 사회윤리에서는 자신의 인격성을 미루어서 타인의 인격성을 승인하고 존중할 것을 요구한다. 또한 다른 한편 공자는 "인은 사람을 사랑하는 것이다(仁者愛人)"라고 말하였을 때, 그 사랑은 자기를 미루어서 남을 사랑한다는 것을 의미하게 된다. 그러므로 인은 정(情)적으로는 측은지심 또는 동정심으로 나타나고, 지적으로는 동류의식으로 나타난다. 그래서 맹자는 '측은지심'은 인의 단으로서 '차마 하지 못하는 사람의 마음(不忍人之心)'이라 하였고, 순자는 지식 있는 자로서 '그의 동류를 사랑하는 것'을 알지 못하는 자는 없다고 말했던 것이다. 공자는 이러한 사회윤리를 일컬어 '혈구(絜矩)의 도'라고 한다.

"윗사람에게서 싫다고 느껴진 것으로 아랫사람을 부리지 말 것이며, 아랫사람에게서 싫다고 느껴진 것으로 윗사람을 섬기지 말아야 한다. 앞사람에게서 싫다고 느껴진 것으로 뒷사람을 앞세우지 말 것이며, 뒷사람에게서 싫다고 느껴진 것으로 앞사람을 따르지 말아야 한다. 오른쪽 사람에게서 싫다고 느껴진 것으로 왼쪽 사람에게 건네지 말 것이며, 왼쪽 사람에게서 싫다고 느껴진 것으로 오른쪽 사람에게 건네지 말아야 한다. 이것을 혈구의 도라고 한다."[16]

이 '혈구의 도'는 서양에서는 '황금률(golden rule)'이라고 불리는 것으로서 사회윤리에서의 '상호성의 원칙(Gegenseitigkeitsprinzip)'에 해당한다.[17]

15) 梁啓超, 『先秦政治思想史』, 江蘇歷陵古籍刻印社, 1990, 68면.
16) 『大學』, 十章, "所惡於上, 毋以使下, 所惡於下, 毋以事上, 所惡於前, 毋以先後, 所惡於後, 毋以從前. 所惡於右, 毋以交於左, 所惡於左, 毋於交於右. 此之謂絜矩之道也."
17) Werner Maihofer, *Rechtsstaat und menschliche Würde*, 1968, S. 131(沈在宇

공자는 이것을 "네가 바라지 않는 바를 남에게 베풀지 말라"[18]라는 소극적 형태로 표현할 뿐만 아니라 적극적 형태로 표현하기도 한다.

"무릇 인자(仁者)는 자기가 서고자 할 때 타인도 서게 하며, 자기가 이루고자 할 때 타인도 이루게 한다. 이처럼 능히 가까이에서 유추해서 취하는 것이 인을 실현하는 방법이다."[19]

이렇게 사회윤리에서 자기의 마음으로 미루어 타인에게 미치게 하는 것을 '서(恕)'라 한다. 그리고 개인윤리에서 자기의 마음을 다하는 것을 '충(忠)'이라 한다. 그래서 증자는 "선생님(공자)의 도는 오로지 충서로 일관되어 있다"[20]라고 말한다.

이 '혈구의 도'는 자기를 미루어서 남을 생각하는 마음, 또는 자기의 유(類)에 속하는(인류) 동류의식을 자기로부터 유추해서 타인에게로 확장해 나가는 사회화 현상으로서 인간사회의 질서적 연대성을 가능케 하는 사회윤리의 핵심적 개념이다. 그러나 인을 바탕으로 하는 이러한 인간사회의 질서형성은 유가에서는 보편적 인류애에서 출발하는 것이 아니라 자기의 개인윤리로부터 미루어서 가족윤리, 사회윤리, 국가윤리로 추급 확장해 나간다. 이것을 유가에서는 '수신, 제가,

---

譯, 『法治國家와 人間의 尊嚴』, 삼영사, 1996, 152면); ders., *Vom Sinn menschlicher Ordnung*, 1956, S. 86 ff. 참조. 법원칙으로서의 황금률에 관하여는 G. Spendel, *"Die goldene Regel als Rechtsprinzip"*, *Festschrift für F. v. Hippel*, 1967, S. 493 ff.; 沈憲燮, 「黃金律과 法」,『東西의 法哲學과 社會哲學』, 徐燉珏博士 古稀紀念論文集), 법문사, 1990, 188면 이하; 金秉圭, 『法哲學의 根本問題』, 법문사, 1988, 148면 이하 참조.

18) 『論語』, 顔淵, "己所不欲, 勿施於人." 『中庸』, 十三章, "己而不願, 亦勿施於人."
19) 『論語』, 雍也, "夫仁者, 己欲立而立人. 己欲達而達人. 能近取譬, 可謂仁之方也已."
20) 『論語』, 里仁, "曾子曰, 夫子之道, 忠恕而已矣.", 『中庸』, 十三章, "忠恕, 違道不遠, 施諸己而不願, 亦勿施於人."

치국, 평천하'라고 한다.[21)

맹자는 이점을 다음과 같이 말한다.

"자기 집의 노인을 공경하는 마음을 다른 집의 노인에게까지 추급하며, 자기 집의 아이를 사랑하는 마음을 다른 집의 아이에게까지 추급한다. 이렇게 하면 천하는 아주 쉽게 다스려질 것이다."[22)

즉 자기의 부모형제에 대한 사랑을 미루어서 다른 사람의 부모형제에 대한 사랑으로 추급 확장하고, 자기 마을 사람, 자기 고장 사람, 자기 나라 사람에 대한 사랑을 미루어서 다른 마을 사람, 다른 고장 사람, 다른 나라 사람에 대한 사랑으로 추급 확장해 나가면 온 인류가 인에 의하여 결합한 '대동사회'의 형성이 가능하다는 것이다. 그것을 공자는 다음과 같이 말한다.

"옛날에 큰 도가 행하여진 때가 있었다. 삼대(夏, 殷, 周)의 훌륭하신 통치자들께서 그 도를 행하였는데, 내가 직접 보지는 못하였지만, 기록에 남아 있다. 그 도가 행하여진 세상에는 천하가 모두 만인의 것으로 되어있었다. 백성들은 현자와 능력자를 선출하여 관직에 임하게 하였고, 인간 상호 간의 신뢰와 친목을 도모하였다. 그러므로 사람들은 자기의 부모만을 부모로 생각지 아니하였고 자기의 자식만을 자식으로 생각지 아니하였으니, 노인에게는 그의 생애를 편안히 마칠 수 있게 하였으며, 젊은 장정들에게는 충분한 일을 시켰으며, 어린아이들에게는 마음껏 성장할 수 있게 하였으며, 과부, 고아, 불구자들에게는 고생 없이 살 수 있도록 돌보아 주었으며, 성년 남자에게는 일정한 생업에 종

---

21) 『大學』, 總說, "修身而後齊家, 齊家以後國治, 國治以後天下平."
22) 『孟子』, 梁惠王上, "老吾老, 以及人之老, 幼吾幼, 以及人之幼, 天下可運於掌."

사할 수 있도록 직분을 주었으며, 여자에게는 그에 합당한 남편을 갖게 하였
다. 재화는 헛되이 낭비하는 것을 부도덕시 하였으나 반드시 자기에게만 사유
로 독점하지 않았으며 노력은 각자의 몸에서 나오는 것이지만 반드시 자기의
사리를 취하기 위해서만 쓰지 않았다. 그러므로 사리사욕을 도모하는 일이 일
어나지 않았으며, 도적이나 난적이 생기지 않았다. 따라서 아무도 대문을 걸어
잠그는 일이 없었다. 이것을 일컬어 대동이라 한다."23)

물론 공자 자신은 그 당시 이러한 대동사회에 이르러 가지 못함을
한탄하였지만, 그에 대한 희망은 버리지 않았다.

"성인이 천하를 잘 다스려서 한 집안처럼 하고, 나라 전체를 한 몸처럼 하는
것은 반드시 헛된 공상만은 아니다. 필히 만백성의 정을 알고, 인간의 자연스
러운 본성을 계발하여 의로 인도하고, 만백성에게 이로운 것이 무엇인지 밝혀
내어 백성의 근심거리가 되는 것을 샅샅이 찾아내어 그 병통을 제거하고 나면
그러한 대동사회의 실현은 가능한 것이다."24)

이 대동사회는 곧 인의 세계, 즉 인간이 인간답게 살 수 있는 세계
이다. 이 인간다운 세계는 인간다운 마음(인)으로부터 출발한다. 이
인한 마음이 가족윤리를 거쳐 사회윤리, 국가윤리, 대동사회의 인류
공동체 윤리에까지 이르러 가는 일관된 구성인자로서의 덕목이다. 이

---

23) 『禮記』, 禮運, "孔子曰, 大道之行也, 與三代之英, 丘未之逮也, 而有志焉. 大道
之行也, 天下爲公, 選賢與能, 講信, 修睦. 故人不獨親其親, 不獨子其子, 使老有
所終, 壯有所用, 幼有所長, 矜寡孤獨廢疾者皆有所養. 男有分, 女有歸. 貨惡其
棄於地也, 不必藏於己, 力惡其不出於身也, 不必爲己. 是故謀閉而不興, 盜竊亂
賊而不作, 故外戶而不閉, 是謂大同."
24) 『禮記』, 禮運, "故聖人耐以天下爲一家, 以中國爲一人者, 非意之也, 必知其情,
辟於其義. 明於其利, 達於其患, 然後能爲之."

것을 일컬어 공자는 '하나의 원칙으로 관주함(一以貫之)'이라고 한다. 공자는 자공(子貢)과의 대화에서 다음과 같이 말하고 있다.

"사(子貢)야, 너는 내가 많이 배우고 공부해서 모든 도리를 다 알고 있다고 생각하느냐? 네, 그렇지 않습니까? 아니다. 나는 하나의 원리로써 모든 것을 일관하고 있을 뿐이다."[25]

여기서 말하는 그 하나는 바로 '인(仁)'이다. 또한 공자는 증자와의 대화에서 말하기를,

"삼(曾子)아, 나의 도는 하나로써 일관되어 있다. 증자 대답이, '네, 그렇습니다.' 공자가 밖으로 나간 뒤에 그의 문인이 증자에게 묻기를, '방금 선생님께서 하신 말씀이 무엇을 일컫는 것입니까? 증자는 이렇게 말했다. '선생님의 도는 오로지 충서(忠恕)로 일관되어 있을 따름이다.'"[26]

이 충서는 추기급인(推己及人), 즉 자기의 마음으로 미루어 타인에게 미치게 하는 인의 작용을 말하는 것이다. '효'는 인한 마음으로 부모를 섬기는 것이고, '의'는 인이 각자의 명분에 꼭 들어맞게 적용된 것이고, '예'는 인이 의에 따라 객관화된 규범이다. 따라서 효·의·예는 인에 포섭되는 보조적 개념들이다.

유가에서는 바로 이 예가 사회규범으로서의 법이다. 공자는 그 예

---

25) 『論語』, 衛靈公, "子曰, 賜也, 女以予爲多學而識之者與 ? 對曰, 然, 非與 ? 曰, 非也, 予一以貫之."
26) 『論語』, 里仁, "子曰, 參乎! 吾道一以貫之. 曾子曰, 唯. 子出, 門人問曰, 何謂也 ? 曾子曰, 夫子之道, 忠恕而已矣." '一以貫之'에 관하여 자세한 것은, 胡適, 『中國古代哲學史』, 송긍섭·함홍근·민두기 譯, 문교부, 1962, 117면 이하 참조.

가 인에서 나온다는 것을 다음과 같이 말한다.

"안연(顏淵)이 공자에게 인이 무엇인지를 물었는데, 공자가 이에 답하여,
'자기를 극복하여 예를 행함이 인이다. 단 하루라도 자기를 극복하여 예를 행
하면 천하가 인으로 돌아올 것이니, 인은 자기에게 의존함이요 남에게 의존함
이 아니다.' 안연이 다시 그 자세한 세목을 묻자, 공자는 답하기를 '예가 아니면
보지 말며, 예가 아니면 듣지 말며, 예가 아니면 말하지 말며, 예가 아니면 움직
이지 말라.'"27)

2. 민본주의

유가의 인간본위적 인본주의 사상은 정치의 세계에서는 필연적으
로 민본주의로 나타날 수밖에 없다. 이 점은 이미 맹자의 "인민이 가
장 귀하고, 국가가 그다음이고, 군주는 가장 경하다"28)라는 말 가운
데 잘 나타나 있다. 또한 순자의 "하늘이 백성을 낳은 것은 임금을 위
한 것이 아니라, 하늘이 임금을 세운 것은 백성을 위한 것이다"29)라는
말에서도 잘 표현되어 있다. 이것은 치도에 있어서 인민이 주인이 되
어야 한다는 민본주의 사상을 대변해주고 있다.

유가에서 확립된 이 민본주의 사상은 국가철학에서 대단히 큰 의의
를 지니고 있다. 동서고금을 막론하고 국가가 있으면 지배(治)가 있었
는데, 그 지배권의 정당화 근거가 어디에 있느냐고 문의되어 왔기 때
문이다. 유가에서 지배권의 정당화 근거는 민본주의에 있다. 여기서

27) 『論語』, 顏淵, "顏淵問仁. 子曰, 克己復禮爲仁. 一日克己復禮, 天下歸仁焉. 爲
仁由己, 而由人乎哉? 顏淵曰, 請問其目. 子曰, 非禮勿視, 非禮勿聽, 非禮勿言,
非禮勿動."
28) 『孟子』, 盡心下, "民爲貴, 社稷次之, 君爲寫輕."
29) 『荀子』, 大略, "天地生民, 非爲君也, 天地立君, 以爲民也."

는 국민은 지배의 수단이 아니라 지배의 목적으로 되어있으며, 따라서 국가는 국민을 위한 봉사자에 지나지 않으며 주인이 아니다. 그러므로 유가에 있어서 국가는 단순히 힘으로써 다스리는 권력단체가 아니라 국민을 보호하고 국민을 교화·계몽하는 윤리단체이다. 이러한 국가의 윤리성이 국가의 지배를 정당화하는 도덕성의 기초이다. 따라서 유가의 통치원리는 권력주의, 패도주의, 국가주의가 아닌 민본주의, 왕도주의, 덕치주의, 예치주의에 이르러 간다.

유가의 민본주의는 두 가지 내용을 담고 있다. 그 하나는 국민으로부터 국가권력이 기원한다는 점이고, 다른 하나는 국민을 위하여 국가권력이 행사되어야 한다는 점이다. 전자는 통치권 획득에 대한 윤리적 정당화에 관한 것이고 후자는 통치권 행사에 대한 윤리적 정당화에 관한 것이다. 전자에서는 국민주권론이 도출되고, 후자에서는 역성혁명론이 도출된다.

전자의 경우부터 살펴보자. 유가에서는 국민이 주권자이며 국가권력은 국민에게서 나온다. 동양의 유교국가는 처음부터 세습제였던 것이 아니고 이제삼왕 시대에는 선출제였다. 왕위의 세습은 후에 와서 변질했던 것이다. 『예기』에 보면 고대에는 임금이 백성에 의하여 선출되었음을 알 수 있다. 다음의 공자의 말이 이 점을 확인시켜 주고 있다.

"옛날에 큰 도가 행하여진 때가 있었다. 삼대(하·은·주)의 영현(英賢)들이 그 도를 행하였는데, … 그때에는 온 천하가 모두 만인의 것으로 개방되어 있었다. 백성들은 현자와 능자(能者)를 선출하여 관직에 임하게 하고 인간 상호간의 신뢰와 친목을 도모하였다 … 그러나 지금에 와서는 그 대도는 이미 사라져 없어졌으며, 천하는 만인의 것이 아닌 하나의 집으로 변하였다 … 천자와 제후들은 세습하는 것을 예로 하였으며, 성곽을 쌓고 깊은 도랑(溝池)을 만들어 폐쇄적으로 자기만의 영토를 굳게 지키고자 하였다."30)

이것으로 우리는 이제삼왕(二帝三王) 시대에는 왕위는 세습되지 않았고 선출되었음을 알 수 있다. 물론 그 당시에는 오늘날과 같은 선거제도는 아직 존재하지 않았을 것이므로 백성이 지도자를 직접 선출했다기보다는 민의에 따라 옹립되었을 것으로 본다.

맹자도 이른바 선양설을 부인하며 임금은 백성에 의하여 추대되었다고 한다.

"천자는 사람을 하늘에 천거할 수는 있지만, 하늘로 하여금 그에게 천하를 주도록 할 수는 없다. 옛날에 요임금이 순을 하늘에 천거하였더니 하늘이 그를 받아들여 그를 인민 앞에 내놓았는데 인민들이 그를 받아들였다. 하늘이 천하를 그에게 주었으며, 인민이 그에게 천하를 주었으니 그 까닭으로 '천자가 천하를 남에게 주지 못한다'라고 하는 것이다 … 태서(泰誓)에 하늘이 보는 것은 우리 인민이 보는 것을 따르고, 하늘이 듣는 것은 우리 인민이 듣는 것을 따른다'라고 한 것은 이것을 두고 한 말이다."31)

---

30) 『禮記』, 禮運, "大道之行也, 與三代之英, 丘未之逮也, 而有志焉. 大道之行也, 天下爲公, 選賢與能, 講信, 修睦. 故人不獨親其親, 不獨子其子, 使老有所終, 壯有所用, 幼有所長, 矜寡孤獨廢疾者皆有所養. 男有分, 女有歸. 貨惡其弃於地也不必藏於己, 力惡其不出於身也, 不必爲己. 是故謀閉而不興, 盜竊亂賊而不作, 故外戶而不閉, 是謂大同. 今大道旣隱, 天下爲家, 各親其親, 各子其子, 貨力爲己, 大人世及以爲禮, 城郭溝池以爲固."
31) 『孟子』. 萬章上, "天子能薦人於天, 不能使天與之天下. 諸侯能薦人於天子, 不能使天子與之諸侯. 大夫能薦人於諸侯, 不能使諸侯與之大夫. 昔者堯薦舜於天而天受之, 暴之於民而民受之. 故曰, 天不言. 以行與事示之而已矣. 曰, 敢問薦之於天而天受之, 暴之於民而民受之, 如何? 曰, 使之主祭而百神享之, 是天受之. 使之主事而事治, 百姓安之, 是民受之也. 天與之, 人與之, 故曰, 天子不能以天下與人. 舜相堯二十有八載, 非人之所能爲也, 天也. 堯崩, 三年之喪畢. 舜避堯之子於南河之南. 天下諸侯朝覲者, 不之堯之子而之舜. 訟獄者, 不之堯之子

이것으로 알 수 있듯이, 천자가 천명을 받는 것은 민의를 통하여 이루어진다. 즉 민의는 곧 천의이고, 민심은 곧 천심이다. 그러므로 천자의 통치권은 명목상으로는 천으로부터 부여받지만, 실질적으로는 인민으로부터 부여받는다. 동양의 왕권천수설은 실은 왕권민수설임을 알 수 있다. 이렇게 지배자의 통치권이 국민에서 나온다는 것은 오늘날의 민주주의의 국민주권이론에 해당한다. 국민주권론은 서양에 앞서서 이미 동양에서 비롯되었음을 알려주고 있다. 다음은 통치권 행사의 윤리적 정당화이다. 유가에서는 통치권의 획득도 국민에게서 나오지만, 통치권의 행사도 오로지 국민을 위하여 행해져야 한다. 즉 민본주의는 통치권이 '국민에게서' 나올 뿐만 아니라 '국민을 위하여' 행사되어야 한다는 것이다. 하(夏)의 마지막 임금인 걸(桀)과 은(殷)의 마지막 임금인 주(紂)는 유명한 폭군으로서 백성에 대하여 폭정을 하다가 왕위에서 쫓겨나 살해되었는데, 맹자에 의하면 "그들이 천하를 잃은 것은 인민을 학대하다가 민심을 잃었기 때문"이라고 하며, 민심을 잃지 않기 위해서는 "인민이 바라는 바를 모아주고, 인민이 싫어하는 바를 하지 않으면 된다"라고 한다.[32]

인민이 바라는 바는 선정과 인정이요 인민이 싫어하는 바는 폭정과 학정이다. "인민이 바라는 바를 베풀고, 인민이 바라지 않는 바를 베풀지 않는 것"은 통치자에 적용되는 혈구(絜矩)의 도이다. 따라서 유가에서의 군주는 반드시 어진 군주(仁君), 즉 성왕일 것이 전제되어 있다. 군주가 인군이 아니면 백성에게 인을 베풀 수 없기 때문이다.

而之舜. 謳歌者, 不謳歌堯之子而謳歌舜, 故曰天也. 夫然後之中國. 踐天子位焉. 而居堯之宮, 逼堯之子. 是簒也. 非天與也. 太誓曰, 天視自我民視, 天聽自我民聽, 此之謂也."

[32] 『孟子』, 離婁上, "孟子曰, 桀紂之失天下也, 失其民也. 失其民者, 失其心也. 得天下有道, 得其民, 斯得天下矣, 得其民有道, 得其心, 斯得民矣, 得其心有道, 所欲與之聚之, 所惡勿施爾也."

유가의 '인정' 사상과 '덕치' 사상이 '왕도주의'로 이어지는 것은 바로 여기에 근거하고 있다. 이것을 맹자는 "덕으로 인을 행하는 자가 왕이 다"[33]라고 표현하고 있다.

왕도주의의 본질은 성왕이 어버이와 같은 인자한 마음을 가지고 애민과 이민(利民)의 선정을 베푼다는 데 있다. 순자는 이 점을 다음과 같이 말하고 있다.

"나라를 다스리는 사람이 백성을 사랑하지 않고 백성을 이롭게 하지 못하면서 백성들이 자기와 친해지기를 바라는 것은 될 수 없는 일이다."[34]

"백성에게 아무런 이익도 주지 않으면서 이용만 하려 하고 사랑도 하지 않으면서 부리려고만 하는 임금은 나라를 위태롭게 할 것이다."[35]

이렇게 유가에서의 임금은 인정과 선정을 베풀 수 있어야만 임금의 자격이 있으며 그것은 곧 성인일 것을 바란다.

"성인은 인륜의 극치이다. 임금 노릇을 하려면 임금의 도를 다 하여야 하고, 신하 노릇을 하려면 신하의 도를 다 하여야 한다. 이 두 가지는 다 요순을 모범으로 삼아야 할 뿐이다. 순이 요임금을 섬기던 대로 임금을 섬기지 않으면 임금을 공경하지 않는 사람이 되고, 요임금이 인민을 다스린 대로 인민을 다스리지 않으면 인민을 해치는 사람이 된다. 공자는 '도는 둘이다. 인이 아니면 불인이 있을 뿐이다'라고 말하였다. 인민에게 심한 폭정을 하면 몸은 시해되고 나라는 망하며, 그 폭정이 심하지 않더라도 몸은 위태로워지고 나라는 기울 것이다."[36]

---

33) 『孟子』, 公孫丑上, "以德行仁者, 王."
34) 『荀子』, 君道, "有社稷者, 而不能愛民, 不能利民, 而求民之親愛己, 不可得也."
35) 『荀子』, 富國, "不利而利之, 不愛而用之者, 危國家也."
36) 『孟子』, 離婁上, "規矩, 方員之至也, 聖人, 人倫之至也. 欲爲君, 盡君道, 欲爲臣, 盡臣道. 二者皆法堯舜而已矣. 不以舜之所以事堯君, 不敬其君者也, 不以

인정과 선정 대신 학정과 폭정을 일삼는 불인한 치자는 두 가지 방법으로 임금의 자리를 잃게 된다. 그 하나는 국군을 바꾸는 것이고, 다른 하나는 국군을 죽이는 것이다. 제나라의 선왕(宣王)과의 대화에서 맹자는 "군주에 큰 잘못이 있으면 간하고, 그것을 되풀이하여 간하여도 들어주지 아니하면 군주를 바꾸어 버립니다"라고 말하고 있다.[37] 이것은 실덕(失德)을 한 군주를 폐위하고 다른 사람을 그 자리에 앉히는 역위(易位)를 뜻한다. 또 하나의 방법은 폭군을 살해하는 것이다.

"제나라의 선왕(宣王)이 묻기를, '탕왕(湯王)이 걸왕(桀王)을 내쫓고 무왕(武王)이 주왕(紂王)을 방벌했다는 데 그런 일이 있습니까?' 맹자가 대답했다. '옛 기록에 있습니다.' 선왕이 다시 묻기를 신하로서 군주를 시해하는 일이 있을 수 있습니까?' 맹자가 이어 답하되, '인(仁)을 해치는 자를 적(賊)이라 하고, 의를 해치는 자를 잔(殘)이라고 합니다. 잔적을 일삼는 자를 일부(一夫)라고 합니다. 일부 주를 살해했다는 말은 들었어도, 군주를 시해했다는 말은 아직 듣지 못하였습니다.'"[38]

또한 순자도 역성혁명에 대하여 다음과 같이 언급한다.

"탕왕과 무왕은 백성들의 부모였고 폭군 걸(桀)과 주(紂)는 백성들의 원수인 적(賊)이었다. 지금 세속의 세자(說者)들은 걸과 주를 임금이라 하고 탕왕

堯之所以治民治民, 賊其民者也. 孔子曰, '道二, 仁與不仁而已矣.' 暴其民甚, 則身弑國亡, 不甚, 則身危國削,"
37) 『孟子』, 萬章下, "君有大過, 則諫, 反覆之而不聽, 則易位."
38) 『孟子』, 梁惠王下, "齊宣王問曰, 湯放桀, 武王伐紂, 有諸? 孟子對曰, 於傳有之. 曰, 臣弑其君, 可乎? 曰, 賊仁者謂之賊, 賊義者謂之殘. 殘賊之人謂之一夫. 聞誅一夫紂矣, 未聞弑君也."

과 무왕을 자기 임금을 시해한 사람이라고 하는데 그렇다면 이는 백성의 부모
를 주멸하고 백성의 원수인 적을 웃어른으로 받드는 격이니 상서롭지 못한 말
로서 이보다 더한 것은 없을 것이다. 천하가 복종하는 것이 왕인즉 천하가 일
찍이 걸과 주에게 복종한 일이 없다. 그런데도 탕왕과 무왕이 자기 임금을 시
해하였다고 하니 천하에 아직 이런 논리가 있어 본 적이 없으며 이는 헐뜯기
위한 망언에 지나지 않는다."39)

　　이러한 역성혁명의 사상은 이미 공자에게서도 발견된다. 그는 『예
기』의 「예운(禮運)」편에서 "만약 예법에 좇아 인정을 펴지 아니하는
임금이 있다면 백성의 재앙을 막기 위하여 그를 권세의 지위에서 제
거하여야 한다"40)라고 말한 바 있다.
　　민본주의의 본질은 백성이 주인이며 임금은 그 주인에게 봉사하는
자에 지나지 않는다는 데 있다. 만일 그 봉사자가 선정을 베풀지 않고
악정을 베풀면 언제라도 그 자리에서 물러나게 할 수 있다. 이것은 민
본주의의 당연한 결과이다. 왜냐하면 백성에게 임금을 받아들일 권한
이 주어져 있다면 임금을 물러나게 할 권한도 주어져 있기 때문이다.
순자가 "임금은 배요 백성은 물이다. 물은 배를 뜨게도 하지만, 물은
배를 전복시키기도 한다"41)라고 말한 것은 바로 이것을 두고 하는 말
이다.
　　유가에 의한 이러한 역성혁명 사상은 지배자의 통치권이 도덕성을
상실하면 그것은 이미 정당한 권력으로서의 권위를 상실하고 단순한

---

39) 『荀子』, 正論, "湯武者,民之父母也,桀紂者, 民之怨賊也. 今世俗之爲說者, 以桀
　　紂爲君, 而以湯武爲弑, 然則是誅民之父母, 而師民之怨賊也, 不祥莫大焉. 以天
　　下之合爲君, 則天下未嘗合於桀紂也, 然則以湯武爲弑, 則天下未嘗有說也, 直
　　墮之耳!"
40) 『禮記』, 禮運, "如有不由此者, 在勢者去, 衆以爲殃."
41) 『荀子』, 王制, "君者舟也, 庶人者水也. 水則載舟, 水則覆舟."

폭력에 지나지 않는다는 데 있다. 지배자가 어진 임금이 되지 못하고 불인을 행하는 폭군이 되면 그것은 이미 임금의 자격을 상실한 한낱 필부에 지나지 않는 것이며, 따라서 그러한 폭군을 제거하거나 살해하는 것은 시역이나 시해에 해당하지 않는다는 것이다. 결국 역성혁명론은 폭군에 대항하는 국민의 저항권을 국가윤리에 의하여 정당화시켜주는 이론으로서, 그 학설적 근거는 서양에서는 사회계약론에 입각한 자연법사상에서, 그리고 동양에서는 뒤에서 설명할 정명론에 기초한 자연법사상에서 연유하고 있다.

3. 덕치주의

인의 정치는 인의 군주, 즉 성군을 필요로 한다. 왜냐하면 유가에 있어서 정치라는 것은 임금이 덕으로 백성을 인도하고 인으로 백성을 다스려서 나라를 바로잡는 치도의 작업이기 때문이다. 그래서 맹자는 "덕으로 인을 행하는 자가 왕"이라고 하며, "군주가 인자하면 아무도 인자하지 않을 수 없고, 군주가 의로우면 아무도 의롭지 않을 수 없고, 군주가 올바르면 아무도 올바르지 않을 수 없다. 한 번 군주가 바로 잡히면 나라도 바로 잡힌다"[42)라고 한다.

공자도 같은 말을 한다.

"정치는 바른 것을 행하는 것이다. 그대(季康子)가 솔선하여 바르게 행하면 누가 감히 바르게 행하지 아니하겠는가?"[43)

"윗사람의 몸가짐이 바르면 명령하지 아니하여도 백성은 행하고, 그 몸가

---

42) 『孟子』, 離婁上, "君仁莫不仁, 君義莫不義, 君正莫不正, 一定君而國定矣."
43) 『論語』, 顏淵, "政者正也. 子帥以正, 熟敢不正 ?"

짐이 부정하면 비록 명령을 하여도 백성은 따르지 아니한다."[44)]

순자도 다음과 같이 말한다.

"임금은 백성의 근원이다. 근원이 맑으면 흐름도 맑고, 근원이 흐리면 흐름
도 흐린 것이다."[45)]

"임금이 드러내어 밝히면 곧 백성도 잘 다스려질 것이며, 임금이 바르고 성
실하면 곧 백성도 성실해질 것이며, 임금이 공정하면 백성도 정직하게 될 것
이다."[46)]

이렇게 유가의 치도는 권력에 의한 법치보다 선교에 의한 덕치를
중요시한다. 공자는 법치와 형치보다 덕치와 예치가 더 중요하다는
것을 다음과 같이 일깨워주고 있다.

"백성을 법으로 인도하고 형으로 다스리면, 그들은 법망을 뚫고 형을 피함
을 수치로 여기지 아니한다. 그러나 덕으로 인도하고 예로 다스리면 수치심을
갖게 되고 따라서 행실을 바로 고치게 된다."[47)]

그는 또한 다음과 같이 말하기도 한다.

"계강자가 공자에게 묻기를 '무도한 죄인은 사형에 처하여 백성들로 하여

---

44) 『論語』, 子路, "子曰, 其身正, 不令而行, 其身不正, 雖令不從."
45) 『荀子』, 君道, "君者, 民之原也. 原淸則流淸, 原濁則流濁."
46) 『荀子』, 正論. "故上者下之本也, 上宣明則下治辨矣, 上端誠則下愿慤矣, 上公
正則下易直矣."
47) 『論語』, 爲政, "道之以政, 齊之以刑, 民免而無恥. 道之以德, 齊之以禮, 有恥
且格."

금 겁내게 하여 바른 방향으로 나아가게 함이 어떻겠습니까?' 이에 공자가 답
하되, '그대 정치를 함에 있어서 어찌 살인을 일삼으리오. 그대가 스스로 착하
고자 하면 인민도 착하여질 것이다. 군자의 덕은 바람이요, 소인의 덕은 풀이
어서 바람을 맞으면 풀은 반드시 머리 숙이니라.'"48)

　이것은 법과 형보다 덕과 예로 다스릴 것을 강조한 말이다. 법을 통
한 형벌로 다스리기보다는 덕과 예로 다스리는 것이 더 바람직하다는
공자의 이 말을 비현실적이라고 하여 오늘날 귀담아들을 사람은 거의
없을 것이다. 그러나 현대사회의 그 많은 형법법규에 의하여 얼마나
효과적으로 사회질서가 바로 잡혔으며 범법자가 줄어들었는지 한 번
반성해 볼 필요가 있다. 공자는 여기서 특히 사형의 일반예방적 효과
를 부인할 뿐만 아니라 그 비인도성을 질타하고 있으며, 사형 이외의
형벌도 수치심을 통하여 그 잘못을 깨닫게 하여 개과천선하는 특별예
방의 효과에 착안하고 있다. 다시 말하면, 그는 예를 통한 징계로 교
화하는 것이 법을 통한 형벌로 응징하는 것보다 더 인간적이며 더 효
과적일 수 있다는 확신을 지니고 있다.49)

　공자는 일반예방과 특별예방을 전부 예를 통해 수행한다. 즉 백성
을 예에 따라 사전에 교화시킴으로써 범죄가 일어나지 않도록 일반
예방을 하며, 그런데도 범죄자가 생기면 마찬가지로 사후에도 예에
따라 교화시키는 방법으로 특별예방을 한다는 것이다. 그러므로 일

---

48) 『論語』, 顧淵, "季康子問政於孔子曰, 如殺無道, 以就有道, 何如？ 孔子對曰,
　　子爲政, 焉用殺？ 子欲善而民善矣. 君子之德風, 小人之德草. 草上之風, 必偃."
49) 이러한 교육형 사상과는 달리 법가의 형벌관은 응보형에 입각하고 있으며, 형
　　벌효과에 있어서도 오로지 중형주의를 통한 위하(威嚇)로 범죄를 방지하겠다
　　는 일반예방적 관점만 있을 뿐 특별예방의 관점은 전혀 없다. 이 점에 관하여
　　자세한 것은, 拙稿,「韓非子의 法思想」.『法學論集』제32집, 고려대 법학연구
　　소, 1996, 249면 이하 참조.

반예방의 수단은 위하(威嚇)가 아닌 교화이며, 특별예방의 수단도 응보가 아닌 교육적 징계이다. 이 점을 공자는 『예기』에서 다음과 같이 말한다.

"예의에 의한 교화는 잘못이 아주 미소할 때에 그것을 그치게 하고 아직 그 형태가 드러나지 않을 때 그 사악함을 미연에 방지하는 데 있다. 그리하여 사람으로 하여금 자기도 모르는 사이에 나날이 선으로 옮아가고 죄에서 멀어지게 하는 것이다."[50]

"무릇 사람의 지능은 지나간 과거를 볼 수는 있으나 미래를 볼 수는 없다. 예는 악의 발생을 미연에 방지하는 것이고, 법은 그것이 발생 되고 난 다음에 금하는 것이다."[51]

공자의 이러한 교육형 사상은 서양에서 현대 형법의 아버지라고 불리는 홉스의 형벌사상과 똑같다. 다만 홉스는 300년 전 사람이고 공자는 2,500년 전의 사람이라는 차이가 있을 뿐이다. 홉스는 다음과 같이 말하고 있다.

"형벌은 지나간 악의 크기를 들여다볼 것이 아니라 앞으로 다가올 선의 크기를 들여다보아야 한다. 그러므로 행위자를 개선하거나 타인을 인도하는 것 이외의 다른 의도에서 형벌을 과하는 것은 금지된다 … 장래의 선한 목적에 이바지하지 않는 응보는 아무 목적 없이 사람을 해치는 것이다. 왜냐하면 목적은 언제나 미래지향적인 것이기 때문이다."[52]

---

50) 『大戴禮記』, 禮察, "禮云禮云, 貴絶惡於未萌. 而起信於微眇, 使民日從善遠罪而不自知也."
51) 『大戴禮記』, 禮察, "凡人之知, 能見已然, 不能見將然. 禮者, 禁於將然之前. 而法者, 禁於已然之後. 是故法之用易見, 而禮之所爲生難知也."
52) Thomas Hobbes, *Liviathan*, edited and abridged with an introduction by John

"형벌의 목적은 인간의 의사를 강제하는 데 있는 것이 아니라 오히려 그것
을 입법자가 바라는 바에 맞추어 형성하고 그렇게 영향을 주는 데 있다."[53]
"행위자 자신이나 다른 일반인을 법률 준수로 인도할 의도 없이 해악이 가
해지는 것은 형벌이라 할 수 없다."[54]

이렇게 형벌관에 관한 한 공자는 홉스의 선구자였음을 알 수 있다.
덕치주의의 특징은 법치주의와의 차이에서 분명히 드러난다. 덕치주
의에서는 질서를 유지하기 위하여 법과 형을 사용하여 강제하지 않고
덕과 예로 교화할 것을 바란다. 따라서 유가에서의 정치는 근본적으
로 교육을 통해서 하는 것이지 권력을 통해서 하는 것이 아니다. 따라
서 정치가도 여기서는 교육자의 역할을 하는 것이지 권력자의 역할을
하는 것이 아니다. 교육은 스승의 덕으로 감화시키는 것이지 힘으로
강제하는 것이 아니기 때문이다. 그래서 유가에서는 "임금은 백성의
스승이다"[55]라고 말하기도 하며, "성인은 백대(百代)의 스승이다"[56]
라고 말하기도 한다.

권력정치에 익숙해진 현대인의 눈으로 볼 때 지배자가 스승으로서
백성을 교화하면서 나라를 다스린다는 말에 실소를 금할 수 없을 것
이다. 그러나 현대의 권력정치가 정치의 종국적 목적인 '인간의 인간
화'에 얼마나 기여하였는지 한 번 반문해 볼 필요가 있으며, 또한 권력
을 남용함으로써 인간의 계몽을 방해하고 불가능하게 만들었던 우리
인류의 과거의 국가역사를 한 번 돌이켜 볼 필요가 있을 것이다. 폭군

Plamenatz. M. A. 1962(London), Chap. 15, p. 163.
53) Thomas Hobbes, *Vom Menschen Vom Bürger*, eingeleitet und herausgegeben
von Günter Gawlick, 1959(Hamburg), Kap. 13, Art. 16, S. 215.
54) Thomas Hobbes, *Liviathan*, Chap. 28, p. 277.
55) 『荀子』, 王制, "夫是之謂人師, 是王者之法也."
56) 『孟子』, 盡心下, "聖人百世之師也."

의 출현으로 인한 권력정치를 법치주의는 완벽하게 차단할 수 있었던
가? 그렇지 못하였다면 다른 치도의 방법을 찾아보아야 하지 않겠는
가? 우리는 그것을 덕치주의에서 찾아보고자 한다.

덕치주의의 지배방식의 특징은 힘을 사용하는 것이 아니라 덕을 사
용한다는 데 있다. 즉 지배자의 덕으로 백성을 감화시켜서 따라오도
록 한다는 데 있다. 따라서 법이나 권력보다 유덕한 군자가 필요하다.
덕치주의는 본질적으로 유덕한 군자에 의한 '인치주의'를 의미한
다.[57] 순자는 말한다.

"좋은 법이 있어도 어지러워질 수는 있지만, 군자가 있으면서 어지러워진
다는 말은 자고로 들어본 적이 없다. 옛말에 '다스림은 군자에서 나오고, 혼란
은 소인에게서 생겨난다'라고 한 것은 이를 두고 말한 것이다."[58]

"법은 다스림의 단(端)이고, 군자는 법의 근원이다. 그러므로 군자가 있으
면 법이 비록 생략되었다 할지라도 충분히 두루 펴질 것이다. 군자가 없으면
법이 비록 잘 갖추어져 있다 하더라도 앞뒤로 시행할 순서를 잃고 일의 변화
에 적응하지 못하여 족히 어지러워질 것이다. 법의 뜻을 알지 못하면서 법의
조문만을 바로 지키는 사람은 비록 박식하다 할지라도 일을 당하면 반드시 혼
란을 겪을 것이다. 그러므로 밝은 임금은 사람을 얻기를 서두르고 어리석은
임금은 권세 얻기를 서두른다."[59]

나라에는 법이나 제도가 있지만 이를 운용하고 다스리는 것은 사람

---

57) 梁啓超도 유가의 덕치주의를 '인치주의'라고 칭한다. 『先秦政治思想史』, 78면.
58) 『荀子』, 致士, "故有良法而亂者有之矣, 有君子而亂者, 自古及今, 未嘗聞也, 傳
曰, '治生乎君子, 亂生於小人.' 此之謂也."
59) 『荀子』, 君道, "法者, 治之端也, 君子者, 法之原也. 故有君子, 則法雖省足以徧
矣. 無君子, 則法雖具, 失先後之施, 不能應事之變, 足以亂矣. 不知法之義而正
法之數者, 雖博臨事必亂. 故明主急得其人, 而闇主急得其執."

이다. 따라서 다스리는 사람이 군자라면 법이나 제도가 다소 미비하고 불완전하다 하더라도 다스려지지만, 그 다스리는 사람이 소인이라면 아무리 법과 제도가 완벽하게 갖추어져 있다고 할지라도 제대로 다스려지지 않는다는 것이다. 그래서 순자는 단호하게 말한다.

"어지러운 임금이 있는 것이지 어지러운 나라가 따로 있는 것이 아니요, 다스리는 사람이 있는 것이지 다스리는 법이 따로 있는 것이 아니다."[60]

이렇게 덕치주의는 '인치'를 강조하지만, 그 인치는 '유덕한 군주의 인치'를 전제하고 있음을 간과해서는 안 된다. '실덕한 군주의 인치'는 오히려 역성혁명에 의하여 그 자리를 빼앗아 버리거나 죽여 버린다. 따라서 인치주의에는 두 가지 형태, 즉 성군에 의한 인치와 폭군에 의한 인치가 있을 수 있는데, 덕치주의에서의 인치는 전자의 경우만을 말하는 것이다. 맹자의 다음의 말은 바로 그 점을 알려주고 있다.

"오직 인자만이 높은 지위에 있어 마땅하다. 불인한 사람이 높은 자리에 있으면 그것은 악을 인민에게 뿌리는 것이다."[61]

동양의 덕치주의와 서양의 법치주의는 형식적인 수단에 있어서는 대립하는 개념으로 보이지만, 실질적인 목적에서는 같다. 즉 폭군을 통제하겠다는 목표에서는 같다. 다만 그 방법이 다를 뿐이다. 법치주의는 법으로 폭군의 지배를 막겠다는 것이고, 덕치주의는 군주의 덕으로 폭군의 지배를 원천적으로 봉쇄하겠다는 것이다. 그러나 덕치주

---

60) 『荀子』, 君道, "有亂君, 無亂國, 有治人, 無治法."
61) 『孟子』, 離婁上, "是以惟仁者, 宜在高位, 不仁而在高位, 是播其惡於衆也."

의는 오늘날 비현실적인 면이 있다. 왜냐하면 현대사회에서 모든 지배자가 요순과 같은 성인도 아니고 또 그러한 성인일 것을 기대할 수도 없기 때문이다. 따라서 법치주의는 불가피하다. 이 점에 덕치주의의 한계가 있다고 보겠다. 그러나 다른 한편 법치주의가 아무리 법으로 지배자의 권력을 구속한다고 할지라도 지배자가 자기를 구속하는 그 법을 개폐하여 악법으로 바꾸든지, 또는 그 법을 그대로 놓아둔 채 애당초 무시해 버리고 자의에 의하여 다스릴 때는 속수무책이다. 현대판 폭군들은 전부 그렇게 해서 법의 구속으로부터 해방되었던 것이다. 이 점에 또한 법치주의의 한계가 있다고 보겠다.

우리는 법치와 인치의 관계를 배타적 관계로 보지 말고 상호보완적 관계로 이해해야 할 것이다. 즉 법치로 인치의 단점을 보완할 필요가 있고, 인치로 법치의 단점을 보완할 필요가 있는 것이다. 따라서 덕치주의를 신화적·비현실적이라고 하여 무조건 배척할 것이 아니라 현대사회에서도 그 깊은 뜻과 장점을 살려 활용하는 지혜가 아쉽다 할 것이다.

4. 예치주의

덕치주의가 치자 자신의 주관적 도덕규범에 따라 다스리는 것이라면, 예치주의는 치자와 피치자가 함께 준수해야 할 객관적 윤리규범에 따라 다스리는 것을 의미한다. 예규범은 윤리규범으로서 공사 생활의 모든 분야에서 규범력을 가지며, 거기에는 가족윤리, 사회윤리, 국가윤리 등이 모두 포함된다. 특히 동양에서는 이 예규범이 발달해 있어서 그것으로 질서를 형성하고 유지하는 기능을 하였다. 인간행위를 통제하는 객관적 규범이란 점에서 그 기능은 법과 동일하며, 다만 예규범에는 강제가 수반되어 있지 않다는 점이 법규범과 다를 뿐이다. 그러나 예규범에는 정치적 강제 대신 사회적 비난이 제재의 형식으로 따른다.

유가의 삼철(공자·맹자·순자) 가운데서 특히 예치주의를 강조하고 예의 개념을 이론적으로 정립한 사람은 순자이다. 그는 덕치주의만으로는 사회질서를 유지하는 데 부족하다고 보았으며, 따라서 주관적 도덕규범 외에 객관적 규범이 필요하다는 것을 인식하고 그것을 이론적으로 근거 붙였다.

그는 성악설적 인간관으로부터 예의 발생의 필요성과 당위성을 설명한다.

"인간의 본성은 악하다. 선하다고 하는 것은 거짓이다. 사람은 나면서부터 이익을 좋아하기 때문에 이것을 따르면 쟁탈이 벌어지고 사양(辭讓)이 없어진다. 나면서부터 질투하고 미워하기 때문에 이것을 따르면 타인을 해치게 되고 충과 신이 없어진다. 나면서부터 귀와 눈의 욕망이 있어 아름다운 소리와 빛깔을 좋아하기 때문에, 이것을 따르면 음란이 생기고 예의와 질서가 없어진다. 사람의 감정을 좇는다면, 반드시 쟁탈이 벌어지고 분수를 어기게 되고 질서가 문란해지고 난폭한 무질서에 이르게 된다 … 이렇게 본다면 사람의 본성이 악하다는 것이 분명하다. 그것이 선하다는 것은 거짓이다."62)

"사람의 본성은 악하다. 그래서 옛날에 성왕께서는 사람의 본성이 악하여 음험하고 편벽하여 바르지 못하고 질서를 소란케 하여 다스려지지 않기 때문에, 임금의 권세를 세워 이들 위에 군림케 하고, 예의를 밝히어 이단을 교화하

---

62) 『荀子』, 性惡, "人之性惡, 其善者僞也. 今人之性, 生而有好利焉. 順是, 故爭奪生而辭讓亡焉. 生而有疾惡焉. 順是, 故殘賊生而忠信亡焉. 生而有耳目之欲, 有好聲色焉. 順是, 故淫亂生而禮義文理亡焉. 然則從人之性, 順人之情, 必出於爭奪. 合於犯分亂理而歸於暴. 故必將有師法之化. 禮義之道, 然後出於辭讓, 合於文理, 而歸於治. 用此觀之, 然則人之性惡明矣."

고, 올바른 법도를 만들어 이들을 다스렸으며, 형벌을 중하게 하여 이들의 악한 행동을 금지한 것이다. 이것이 성왕의 다스림이고 예의의 교화인 것이다. 지금 시험 삼아 임금의 권세를 없애버리고, 예의를 통한 교화를 중지하고, 바른 법도의 다스림을 없애버리고 형벌에 의한 금지를 폐지하고, 천하의 인민들이 어떻게 어울려 사는가를 한 번 보기로 하자. 그렇게 되면 강자가 약자를 해치고 탈취하며, 다수의 무리는 소수의 무리에게 폭력을 가하여 그들을 굴복시킬 것이다. 천하가 어지럽게 되어 망하는 꼴을 보는 것은 한참을 기다릴 필요조차 없을 것이다. 그러니 사람의 본성이 악한 것은 분명하다."63)

순자의 성악설은 인간의 '자연적 본성'에 근거한다. 그것은 이목구비의 감각기관이 외적인 사물과 접촉하여 자연히 감응하는 감성작용을 말한다. 이와는 달리, 맹자의 성선설은 인간의 '도덕적 본성'에 근거한다. 그것은 마음의 사유기관이 사물을 인식하여 가치판단을 하는 이성작용을 뜻한다.64) 그런데 순자는 감성만이 사람의 선천적 본성에 속하며, 이성은 후천적으로 인위적 작위에 의하여 얻어지는 것이므로 인간의 생래적 본성이 아니라고 한다. 인간의 감성적 본성은 이렇게 이성적 본성과는 달리 태어나면서부터 가지고 있는 자연적 본성으로서 그 작용은 이익과 욕망을 추구하게 된다는 것이다. 이러한 욕망의 추구는 그 자체 한계가 없는 것이므로 필연적으로 타인의 욕망과 충돌되어 쟁투가 벌어지고 무질서를 가져오게 된다는 것

63) 『荀子』, 性惡, "故古者聖人以人之性惡, 以爲偏險而不正, 悖亂而不治, 故爲之立君上之埶以臨之, 明禮義以化之, 起法正以治之, 重刑罰以禁之, 使天下皆出於治, 合於善也. 是聖王之治, 而禮義之化也. 今當試去君上之埶, 無禮義之化, 去法正之治, 無刑罰之禁, 倚而觀天下民人之相與也. 若是, 則夫彊者害弱而奪之, 衆者暴寡而譁之, 天下悖亂而相亡不待頃矣. 用此觀之, 然則人之性惡明矣."
64) 순자의 성악설과 맹자의 성선설에 관하여 자세한 것은, 拙稿, 「荀子의 法思想」, 『法學論集』 제29집, 고려대 법학연구소, 1993, 49면 이하 참조.

이다. 그러므로 예규범을 세워 그 욕망의 한계를 그어서 충돌을 막아야 한다는 것이다.

그는 예가 생겨난 이유를 다음과 같이 설명한다.

"'예는 왜 생겨났는가?' 그것은 사람은 나면서부터 욕망이 있는데, 바라면서도 얻지 못하면 곧 추구하지 않을 수 없고, 추구함에 있어 일정한 척도나 한계가 없다면 곧 다투지 않을 수 없게 된다. 다투면 질서가 문란하여지고 질서가 문란하여지면 궁하여진다. 옛 임금께서는 그 질서가 어지러워지는 것을 싫어하셨기 때문에 예의를 제정하여 그 한계를 정함으로써, 사람들의 욕망을 충족시켜주고 사람들이 추구하는 것을 얻게 하였던 것이다. 그리하여 욕망으로 하여금 반드시 물건에 궁하여지지 않도록 하고, 물건은 반드시 욕망에 부족함이 없도록 하여 이 두 가지 것이 서로 견제하며 발전하도록 하였는데, 이것이 예가 생겨난 이유인 것이다."65)

공자의 '극기복례(克己復禮)', 즉 자기의 이기적 욕망을 극복하여 예로 돌아간다는 것도 이 점을 말한 것이다. 순자의 이러한 예의 개념은 서양의 칸트의 법의 개념과 동일하다. 칸트에 의하면 인간은 이기와 욕망을 추구하는 자연적 자유를 가지고 있는데, 이 자연적 자유는 일정한 척도와 한계가 없다면 항상 타인의 자연적 자유와 충돌하여 쟁탈이 벌어지고 무질서를 가져오게 된다고 한다. 그래서 각자의 자연적 자유에 한계를 그어서 서로 충돌되지 않도록 법을 정함으로써 평화로운 공존조건을 마련한다는 것이다. 이것이 법이 생겨난 이유이

---

65) 『荀子』, 禮論, "禮起於何也? 曰人生而有欲, 欲而不得, 則不能無求. 求而無度量分界, 則不能不爭. 爭則亂, 亂則窮. 先王惡其亂也, 故制禮義以分之, 以養人之欲, 給人之求. 使欲必不窮於物. 物必不屈於欲. 兩者相持而長, 是禮之所起也."

다. 그래서 칸트의 유명한 법의 정의는 다음과 같이 되어있다.

"법이란 한 사람의 자의(자연적 자유)가 다른 사람의 자의(자연적 자유)와
자유의 일반법칙에 따라 서로 양립할 수 있는 조건의 총체이다."66)

이처럼 순자의 예개념과 칸트의 법개념은 같다. 이 점은 홉스에서
도 마찬가지이다. 홉스에 의하면, 인간은 욕망과 이익을 추구하는 성
정 때문에 자연상태에서는 인간은 '만인의 만인에 대한 투쟁상태'67)
에 놓이게 되며 "인간은 인간에 대하여 늑대"68)가 된다고 한다. 따라
서 사회계약을 통하여 법과 국가를 세움으로써 그 욕망의 충돌을 막
아서 평화로운 공존의 법상태를 마련해야 한다는 것이다. 그리하여
자연상태가 극복된 법상태에서는 "인간은 인간에 대하여 신"69)으로
변한다고 한다. 그는 법의 개념을 다음과 같이 설명한다.

"법을 제정·공포하는 목적은 행동을 제한하려는 것 이외의 아무것도 아니
다. 그 제한 없이는 평화는 불가능하다. 이 세상에 법률이란 것은 결국 개인의 자
연적 자유를 제한하기 위하여 만들어지는 것이다. 그렇게 함으로써 각 개인은
서로서로 상대방을 해치지 않게 되고 오히려 서로서로 돕게 되는 것이다."70)

---

66) I. Kant, *Die Metaphysik der Sitten*, in: *Kant—Werke*, Bd. 7, S. 337. "Das Recht
 ist der Inbegriff der Bedingungen, unter denen die Willkür des einen mit der
 Willkür des andern nach einem allgemeinen Gesetze der Freiheit zusammen
 vereinigt werden kann."
67) T. Hobbes, *Vom Menschen Vom Bürger*, Kap. 5, Art. 9, S. 59 f.: "status
 naturalis est bellum omnium in omnes."
68) T. Hobbes, a. a O., S. 59 f.: "homo homini lupus."
69) T. Hobbes, a. a O., S. 59 f.: "homo homini dedus."
70) T. Hobbes, *Leviathan*, Chap. 26. p. 246. "… the end of making laws, is no
 other, but such restraint; without which there cannot possibly be any peace.
 And law was brought into the world for nothing else, but to limit the natural
 liberty of particular men, in such manner, as they might not hurt, but assist

이것으로 알 수 있듯이, 순자의 예개념은 칸트, 홉스의 법개념과 그
내용이 같다. 따라서 법과 마찬가지로 예도 객관적인 행위준칙이며
인간행위를 통제하여 질서를 세우는 사회규범이다. 다만 그것이 법과
다른 점은 강제가 수반되어 있지 않다는 데 있다. 강제성이 없는 예규
범의 규범력을 의심하는 사람도 있지만, 강제성이 있는 법규범의 규
범력을 의심하는 사람도 없지 않다. 현대의 법만능 사회에서도 권력
남용은 사라지지 않고 범죄행위는 좀처럼 줄어들지 않고 있는 것이
현실이라면, 법의 강제적 규범력의 한계를 솔직히 인정하여야 할 것
이다. 따라서 사회윤리 규범으로서의 예와 강제규범으로서의 법은 서
로 배타적인 관계로 놓일 것이 아니라 상호보완적 관계에 놓이는 것
이 바람직하며, 특히 "법은 윤리의 최소한도"에 머물러야 할 것이다.
사회정책적으로는 예규범이 지배하는 영역이 크면 클수록 좋다. 모든
사회생활의 영역을 전부 법으로 통제하는 것은 불가능할 뿐만 아니라
불필요하다. 강제규범은 예의 최소한도에 그쳐야 하며 양 규범의 지
배영역은 서로 존중되어야 한다. 순자의 예치주의도 법의 지배영역을
부인한 것이 아니라 주례종법(主禮從法)의 입장에서 양 규범의 지배영
역을 안배하였던 것임을 주목하여야 한다.[71]

---

one another …."
71) 주례종법(主禮從法)에서 예와 법과의 비율이 어느 정도인지는 확인할 길이
없으나 순자는 법이 지배하는 영역을 좁히고 있다. 즉 법을 통한 형벌은 신중
을 기하여 삼가야 한다는 것이다. 그는 성상(成相)편에서 다음과 같이 말한다.
"치평(治平)을 가져오는 길은 예의와 형벌의 두 가지이다. 군자가 그것으로
몸을 닦으면 백성은 편안하게 된다. 덕을 밝히고 형벌을 신중히 하여 삼가면,
나라는 잘 다스려져서 온 천하가 태평해질 것이다(治之經, 禮與刑. 君子以修,
百姓寧. 明德愼罰, 國家旣治, 四海平)."

5. 인도적 자연법과 직분적 자연법

유가의 예는 도에 따라 제정된다. 도에 따르지 아니하는 예규범은 자연법에 반하는 것으로서 예가 아니다.

동양의 자연법 개념으로서의 '도'에는 두 가지가 있다. 그 하나는 인간을 중심으로 하는 도의 개념이고, 다른 하나는 자연을 중심으로 하는 도의 개념이다. 전자는 유가의 도에 해당하는 것이고 후자는 도가의 도에 해당하는 것이다. 전자는 인간의 본성으로부터 도출된 자연법 개념이고, 후자는 자연의 본성으로부터 연역된 자연법 개념이다.

유가의 도의 개념은 도가의 도의 개념과는 전혀 다른 차원에 놓여 있다. 전자인 인간의 도는 후자인 자연의 도를 사람을 위하여 이용하고 활용하는 것이며 그 반대는 아니다. 즉 하늘과 땅이 사람을 다스리는 것이 아니라 그 반대로 사람이 하늘과 땅을 다스린다는 것이다. 그래서 "하늘과 땅은 군자를 낳았고, 군자는 하늘과 땅을 다스린다"[72]라고 말하는 것이다.

순자는 이어서 말한다.

"성왕의 공용(功用)은 위로는 하늘을 살피고 아래로는 땅에 적절히 알맞게 하여 하늘과 땅 사이에 가득히 차게 하며 만물 위에 작용을 가하는 것이다. 미세한 듯하면서도 뚜렷하고, 짧은 듯하면서도 길고, 좁은 듯하면서도 넓고, 신통하고 밝고 넓고 크면서도 지극히 간약(簡約)한 것이다. 그러므로 한 가지 원칙과 한 가지 원리는 바로 사람을 위하여 있는 것이니, 이것을 행함을 두고 성인이라 말하는 것이다."[73]

---

72) 『荀子』, 王制, "天地生君子, 君子理天地."
73) 『荀子』, 王制, "聖王之用也. 上察於天, 下錯於地, 塞備天地之間, 加施萬物之上, 微而明, 短而長, 狹而廣, 神明博大以至約. 故曰, 一與一是為人者, 謂之聖人."

여기서 "한 가지 원칙과 한 가지 원리는 바로 사람을 위하여 있는
것이다"라고 말하고 있는데, 이것은 사람을 위한 치도의 원칙, 즉 인
도를 뜻한다. 이것은 사람을 보호하고, 사람을 양생하고, 사람을 계몽
하여 사람답게 살 수 있도록 하는 길을 두고 말하는 것이며, 모든 질서
의 가치판단 척도를 사람을 중심에 놓고 정한다. 여기서는 프로타고
라스가 말한 바와 같이 "인간이 만물의 척도이다."

이렇게 유가의 '인본주의' 사상은 도의 개념을 파악하는 데 있어서
'인도' 이외의 다른 개념을 알지 못한다. 그래서 순자는 "도란 하늘의
도도 아니요 땅의 도도 아니며 사람이 행하여야 할 도이다"[74]라고 말
하며, 맹자는 "인(仁)을 행하는 것은 사람이다. 인과 사람을 하나의 개
념으로 합쳐서 부른다면 그것이 도이다"[75]라고 말한다. 또한 공자는
"도는 둘이다. 인이 아니면 불인이 있을 뿐이다"라고 말하며, "도는 사
람에게서 멀지 않다. 사람이 행하는 도가 사람에게서 멀면 도라 할 수
없다"라고 말한다.[76]

그러면 사람을 중심으로 한 질서의 형성은 어떠한 수단에 의하여
어떠한 원칙에 따라서 이루어지는? 유가에 있어서 그것은 정치라는
수단에 의하여 정의의 원칙에 따라 이루어진다.

공자는 "정치란 바르게 하는 것(政者正也)"이라고 말하였다.[77] 정
치란 바른 것을 행하는 것이며 바르지 아니한 것을 바르게 한다는 뜻
이다. 또한 맹자는 "정의로운 사람들이 가야 할 바른길(義人之正路也)
이다"라고 말하였다.[78] 의로움이란 사람이 걸어가야 할 바른길이라

74)『荀子』, 儒效, "道者, 非天之道, 非地之道. 人之所以道也."
75)『孟子』, 盡心下, "仁也者人也. 合而言之, 道也."
76)『孟子』, 離婁上, "孔子曰, 道二, 仁與不仁而已矣."『中庸』, 十三章, "道不遠人,
人之爲道而遠人, 不可以爲道."
77)『論語』, 顏淵, "政者正也."
78)『孟子』, 離婁上, "義, 人之正路也."

는 뜻이다. 이들의 말은 곧 '정의'의 질서를 세우겠다는 것이다. 유가
의 이러한 정의는 평균적 정의와 배분적 정의의 형태로 나뉜다. 우선
평균적 정의의 질서원리는 혈구(絜矩)의 도에서 잘 나타나 있다. 혈구
의 도는 "내가 원하는 바를 남에게 베풀고, 내가 원하지 않는 바를 남
에게 베풀지 말라"라는 명제로 표현된다. 이것은 각자의 인격의 평등
성을 전제한다. 남녀·노소·신분의 귀천에 관계없이 모두 '사람'임으
로 그 인간성을 존중하고 승인한다는 전제하에서만 혈구의 도는 실현
될 수 있다. 즉 상대방을 동등한 인간존재로 인정하는 동류감정 내지
동류의식의 표현이 바로 혈구의 도이기 때문이다. 맹자에 의하면,

> "사람은 모두 타인에 대해서 '차마 하지 못하는 마음'(不忍人之心)을 가지고
> 있다. 따라서 측은지심이 없으면 사람이 아니며, 수오지심이 없으면 사람이 아
> 니며, 사양지심이 없으면 사람이 아니며, 시비지심이 없으면 사람이 아니다.
> 무릇 사람이 자기에게 있는 사단을 남에게 확충시킬 줄 알면 그것은 마치 불이
> 붙어 사방으로 번져 나가듯 하고 샘물이 솟아 사방으로 흘러 내려가듯 하는
> 것인데, 정말 이것을 잘 확충시킨다면 사해를 보존할 수 있을 것이다."79)

그러므로 이 혈구의 도는 동류 사이의 동등한 인간성을 전제하고,
그 인간관계를 평면적으로 규율하는 질서원리를 뜻한다. 이것을 '평

---

79) 『孟子』, 公孫丑上, "孟子曰, 人皆有不忍人之心. 先王有不忍人之心, 斯有不忍
　　人之政矣. 以不忍人之心, 行不忍人之政, 治天下可運於掌上. 所以謂人皆有不
　　忍人之心者, 今人乍見孺子將入於井, 皆有怵惕惻隱之心. 非所以內交於孺子之
　　父母也, 非所以要譽於鄕黨朋友也, 非惡其聲而然也. 由是觀之, 無惻隱之心, 非
　　人也, 無羞惡之心, 非人也, 無辭讓之心, 非人也, 無是非之心, 非仁也. 惻隱之
　　心, 仁之端也, 羞惡之心, 義之端也, 辭讓之心, 禮之端也, 是非之心, 智之端也.
　　人之有是四端也, 猶其有四體也. 有是四端而自謂不能者, 自賊者也, 謂其君不
　　能者, 賊其君者也. 凡有四端於我者, 知皆擴而充之矣, 若火之始然, 泉之始達.
　　苟能充之, 足以保四海."

(平)' 또는 '균(均)'이라 한다. 인간관계에 있어서 평균적 정의에 해당하는 충서의 원리가 바로 여기에 해당한다.

울피아누스의 '각자에게 그의 것을 귀속시키라!(suum quique tribuere!)'라는 정의의 명제에서 바라본다면, 혈구의 도는 "각자에게 사람으로서의 인격, 즉 인간으로서의 존엄을 승인하고 그의 것으로 귀속시키라!"라는 것을 의미하게 될 것이다.

다음은 배분적 정의이다. 유가에서 이것은 정명(正名)의 도로 나타난다. 공자는 그의 정명론에서 정치라는 것은 사물의 이름(名)을 바로잡는 작업이라고 하며, 그것을 직분윤리로 설명한다.

"제나라의 경공이 공자에게 정치가 무엇인지 물었다. 공자가 이에 답하되, '임금은 임금 노릇을 하며, 신하는 신하 노릇을 하며, 아버지는 아버지 노릇을 하며, 자식은 자식 노릇을 하는 것입니다.' 경공이 말하기를, '훌륭하도다! 만일 임금이 임금 노릇을 못하고, 신하가 신하 노릇을 못하고, 아버지가 아버지 노릇을 못하고, 자식이 자식 노릇을 못하면 비록 곡식이 있다 한들 내 어찌 그것을 먹을 수 있으리오?'"[80]

순자도 이러한 직분윤리를 '사회를 한결같이 고르게(齊一) 조화시키는 질서원리'로 보았다.

"임금은 임금 노릇을 하고, 신하는 신하 노릇을 하고, 아버지는 아버지 노릇을 하고, 아우는 아우 노릇을 하는 것은 하나로 조화되는 제일의 원리이며, 농군은 농군 노릇을 하고, 선비는 선비 노릇을 하고, 공인은 공인 노릇을 하고, 상

---

80) 『論語』, 顔淵, "齊景公問政於孔子. 孔子對曰, 君君臣臣父父子子. 公曰, 善哉! 信如君不君, 臣不臣, 父不父, 子不子, 雖有粟, 吳得而食諸."

인은 상인 노릇을 하는 것도 하나로 조화되는 제일의 도에 속한다."81)

순자는 이 직분윤리의 규범화를 '예'라고 하며, 그것을 각자의 이기
적 욕망의 충돌을 해소하여 질서를 세우는 제일의 원리로 이해하였
다. 순자는 다음과 같이 말한다.

"천자가 되어 귀해지고 싶고 천하를 가져 부해지고 싶은 것은 사람의 감정
으로서는 모두 다 바라는 바이지만, 그 사람들의 욕심을 따른다면 권세는 다
받아들여질 수 없고 재물도 충분할 수 없을 것이다. 그래서 옛 임금께서 생각
하신 끝에 이를 위하여 예의를 제정함으로써 분별을 마련하였다. 즉 사람에게
귀천의 등급이 있게 하고, 어른과 아이의 차별을 두게 하고, 지혜 있는 자와 어
리석은 자의 능력의 유무를 분별하여 사람들로 하여금 그들에게 합당한 일을
맡겨 각자의 마땅함을 얻게 하였다. 그러한 뒤에야 록으로 받는 곡식이 많고
적고 두텁고 엷은 균형이 있게 된 것이다. 이것이 곧 여러 사람이 모여 살면서
하나로 화합되는 도인 것이다. 불평등의 평등, 굽어지고 왜곡된(枉曲) 것의 순
정(順正), 부동일의 동일이라고 하는 것이 바로 이것이며, 이것을 일컬어 인륜
이라 한다."82)

이러한 직분윤리에 바탕한 정명(正名)의 도는 인간관계를 수직적
으로 규율하는 질서원리이다. 이것을 '조화(和)' 또는 '고르게 함(齊)'

81) 『荀子』, 王制, "君君臣臣父父子子兄兄弟弟, 一也. 農農士士工工商商, 一也."
82) 『荀子』, 榮辱, "夫貴爲天子, 富有天下, 是人情之所同欲也. 然則從人之欲則執
不能容, 物不能瞻也. 故先王案爲之制禮義以分之, 使有貴賤之等, 長幼之差, 知
愚能不能之分, 皆使人載其事而各得其宜, 然後使愨祿多少厚薄之稱, 是夫羣居
和一之道也. 故仁人在上, 則農以力盡田, 賈以察盡財, 百工以巧盡械器, 士大夫
以上至於公侯, 莫不以仁厚知能盡官職, 夫是之謂至平. 或監門御旅抱關擊柝而
不自以爲寡. 故曰, 斬而齊, 枉而順, 不同而一. 夫是之謂人倫."

이라고 한다. 이것은 배분적 정의에 해당하는 질서원리이다.

이 원리를 다시 울피아누스의 "각자에게 그의 것을 귀속시키라!"라는 정의 명제에 적용한다면 사회적 지위의 직분에 따라 각각 다른 역할과 다른 몫이 배분된다. 이러한 사회적 지위의 이름을 동양에서는 '명(名)'이라고 하며 그 이름에 따른 직분을 '분(分)'이라 하며, 서양에서는 그 명을 '로서의 存在(Als-Sein)'라고 하며 그 '분'을 '로서의 존재'의 '역할(Rolle)'이라고 한다. 따라서 '명분'은 "'로서의 존재'의 역할"을 의미한다. 이것이 행위의 준칙으로서 객관화된 것을 동양에서는 '예'라 하고, 서양에서는 '법'이라 한다.[83] 따라서 예 또는 법으로 규범화된 실정법은 그것을 정당화하는 자연법을 그 배후에 가지고 있다. 그 자연법을 동양의 유가에서는 정명론에 바탕한 '도' 또는 '이(理)'라 하며, 서양의 실존철학에서는 존재론에 기초한 '구체적 자연법' 또는 '제도적 자연법'이라 한다.[84]

그러면 정명론에 기초한 도와 이는 어떻게 발견되는가? 그것은 명에 상부한 실을 사물 자체의 본성으로부터 도출함으로써 가능하다.

'명(名)'은 사람이 사물에 대하여 붙인 이름이다. 그 이름은 각각의 사물마다 그 '속성'에 따라 붙여진다. 그리고 그 이름에 상응한 속성

---

83) 동양의 '예(禮)'는 직분을 권리·의무로 분화시키지 않고 통합된 형태로 규범화하지만, 서양의 '법'은 직분을 권리·의무로 분화시켜서 규범화한다. 예컨대 예는 父의 직분과 子의 직분을 父父, 子子의 형식으로 규범화하지만, 법은 부의 자에 대한 권리·의무, 자의 부에 대한 권리·의무의 형태로 규범화한다. 따라서 직분은 법적 권리·의무가 분화되기 이전의 모체라 할 수 있으며, 법적 권리·의무는 그 직분의 역할이 양 측면으로 갈라져 있음을 알 수 있다(沈在宇 譯, 『法과 存在－法存在論 序說』, 「譯者序文」, 삼영사, 1996, 7면 참조).
84) 구체적 자연법에 관하여는 W. Maihofer. "Die Natur der Sache", in: *Die ontologische Begründung des Rechts*(Hrsg. von Arthur Kaufmann). 1965. S. 85 f. 참조. 제도적 자연법에 관하여는 W. Maihofer, *Recht und Sein － Prolegomena zu einer Rechtsontologie*, 1954, S. 120 ff.(沈在宇 譯, 『法과 存在－法存在論 序說』, 170면 이하 참조).

의 실현을 '실(實)'이라 한다. 따라서 '실'이라는 것은 사물 자체의 본
성의 산물이다.[85] 여기서 '사물'이라 함은 물건을 뜻하는 것이 아니라
인간과 인간 사이의 사회생활 관계에서 갖는 직분의 '명'을 말하는 것
이며, 그 명에 상응하는 직분 실현을 '실'이라 하는 것이다.[86] 그래서
공자가 말한 '군군, 신신, 부부, 자자'는 임금이라는 이름의 직분에 상
응하는 행위를 하면 임금다운 것이고, 그렇지 않으면 명은 임금이되
실은 임금이 아닌 것이 되며, 신하라는 이름의 직분에 상응하는 행위
를 하면 신하다운 것이고, 그렇지 않으면 명은 신하이되 실은 신하가
아닌 것이다. 마찬가지로 어버이로서의 윤리적 직분책임을 다하면 어
버이 노릇을 한 것이고, 그렇지 않으면 명은 어버이로되 실은 어버이
가 아닌 것이며, 자식으로서의 윤리적 직분 책임을 다하면 자식 노릇
을 한 것이고, 그렇지 않으면 명은 자식이로되 실은 자식이 아닌 것이
다. 이렇게 명과 실이 상부(相符)하는 경우를 '정명(正名)'이라 하고,
명과 실이 상부하지 아니하는 경우를 '허명(虛名)' 또는 '난명(亂名)'
이라 한다.

---

85) 梁啓超, 『先秦政治思想史』, 77면: "實者事物之自性相也, 名者人之所命也. 每
　一事物抽出其屬性而命以一名. 觀其名而其「實」之全屬性具攝焉."
86) Dernburg는 사물의 본성(Die Natur der Sache)에서 '사물(Sache)'의 개념을 '생
　활관계(Lebensverhältnis)'로 이해한다. "생활관계는 다소간 발전된 경우에도
　그 척도와 그 질서를 자체 내에 지니고 있다. 사물에 내재해 있는 이 질서를
　사람들은 사물의 본성이라고 부른다." Radbruch에 있어서도 이점은 마찬가지
　이다. 그에 의하면 "사물의 본성은 법이념에 관계된 생활관계의 의미이다."
　그러나 이들은 그 '생활관계'를 다만 추상적 일반인(Mensch-Sein)의 측면에
　서 바라보고 있을 뿐이다. 이와는 달리 Maihofer는 그 '생활관계'를 구체적 직
　분(Als-Sein)의 측면에서 바라보고 있다. 이점이 Maihofer의 사물의 본성론의
　특징이다. 여기서 '로서의 존재(Als-Sein)'는 정명론의 '명(名)'에 해당하는 것
　이고, 그 '로서의 존재'의 '역할실현(Rollespielen)'은 정명론의 '실(實)'에 해당
　한다. 따라서 동양의 정명론과 일치하는 사물의 본성 개념은 Maihofer에서만
　찾아볼 수 있다. Maihofer의 "Als-Sein"에 입각한 사물의 본성론에 관하여 자
　세한 것은 "Die Natur der Sache" a. a. O., S. 52 ff. 참조. 동양의 성리학에 입각
　한 사물의 본성론, 특히 朱子의 '사물지리(事物之理)'를 원용한 사물의 본성
　개념에 관하여 자세한 것은 金秉圭, 『法哲學의 根本問題』, 77면 이하 참조.

　결국 공자의 정명론은 각자에게 주어진 사회적 직분책임을 다할 때 그 사물의 이름에 상응한 실이 있게 되어 사회질서가 바로 잡힌다는 것이다. 명과 실이 상부하지 않는 것을 상부하도록 일치시키는 개혁 작업이 공자의 "이름을 바로 잡는다"라는 정명론의 핵심 사상이며, 그것이 정치가 해야 할 일이다. 공자의 "정자정야(政者正也)"는 바로 그것을 두고 한 말이다.

　공자는 정명론을 다음과 같이 말하고 있다.

　"자로(子路)가 말하기를, '위나라의 임금이 선생님을 기다린 연후에 정치를 하고자 하는데, 선생님은 무엇부터 먼저 시작하시렵니까?' 공자가 말하기를, '필히 사물의 이름을 바르게 하고자 한다.' 자로가 말하기를, '선생님이 세상 물정에 어둡다고 하는 것이 바로 이것인가 합니다. 어찌 이름부터 먼저 바로 잡아야 한다는 것입니까?' 공자가 말하기를, '속되구나, 유(由)야! 군자는 알지 못하는 바를 말하지 않는 법이다. 이름이 바르지 아니한즉 말이 도리에 맞지 아니하고, 말이 도리에 맞지 아니한즉 일이 이루어지지 아니하고, 일이 이루어지지 아니한즉 예악이 흥하지 못하고, 예악이 흥하지 못한즉 형벌이 적정하게 행하여지지 아니하고, 형벌이 적정하지 아니한즉 백성이 수족을 둘 데가 없어진다. 그러므로 군자는 사물에 이름을 붙이면 반드시 말을 할 수 있게 되며, 말할 수 있게 되면 반드시 행할 수 있게 된다. 군자는 말을 함에 구차함이 없어야 하느니라.'"[87]

　순자도 그의 「정명(正名)」편에서 이와 같은 취지의 말을 하고 있다.

---

87) 『論語』, 子路, "子路曰, 衛君待子而爲政, 子將奚先? 子曰, 必也正名乎! 子路曰, 有是哉, 子之迂也! 奚其正? 子曰, 野哉, 由也! 君子於其所不知, 蓋闕如也. 名不正, 則言不順, 言不順, 則事不成, 事不成, 則禮樂不興, 禮樂不興, 則刑罰不中, 刑罰不中, 則民無所錯手足. 故君子名之必可言也, 言之必可行也. 君子於其言, 無所苟而已矣."

"왕자가 사물의 이름을 제정하여 그 명이 정해지면 실이 분명해지고, 명이 정해진 대로 행하여지면 그 뜻이 상통하게 된다. 그 뜻이 상통하게 되면 백성을 잘 이끌어서 통일된 질서를 세울 수가 있다. 그러므로 말을 함부로 쪼개어 멋대로 이름을 만들면 정명을 어지럽히게 되며, 그 결과 백성으로 하여금 의혹을 사게 하고 쟁송이 벌어지게 되는데, 이것을 대간(大姦)이라 한다. 이것은 부절(符節)이나 도량형을 속이는 것과 같은 죄에 해당하는 것이다 … 지금은 성왕이 사라져서 정명을 지키지 못하고 기이한 말이 생겨 명과 실이 일치하지 못하고 시와 비가 분명하지 못한즉 법을 지키는 관리나 경서를 읽는 선비들조차도 모두 혼란에 빠져 있다. 만일 왕자가 다시 일어나면 반드시 옛 이름에 쫓아 새 이름을 지을 것이다."[88]

동중서에 의하면, 공자의 『춘추(春秋)』는 사물의 이치에 따라 이름을 바로 잡는 정명의 작업이었다고 한다.

"춘추는 사물의 이치를 변별하여 그 이름을 바로잡고 있다. 사물에 이름을 붙여서 그 진실을 얻는 데 있어 털끝만큼도 어긋남이 없었다. 사물의 이름은 사물의 진실에서 생긴다. 진실을 얻지 못하면 명(名)이 될 수 없다. 명은 성인이 사물을 진실하게 하는 수단이다." "그러므로 사물의 이름은 사물의 모든 조리(條理; 세세한 이치)를 밝히는 대요이며, 그 대요의 의의를 포착하여 그 가운데 있는 사물을 들여다보면 사물의 시비를 알 수 있고 그 역순(逆順; 이치에 어

---

88) 『荀子』, 正名, "故王者之制名, 名定而實辨, 道行而志通, 則愼率民而一焉. 故析辭擅作名, 以亂正名, 使民疑惑, 人多辨訟, 則謂之大姦. 其罪猶爲符節度量之罪也. 故其民莫敢託爲奇辭以亂正名, 故其民愨. 愨則易使, 易使則公. 其民莫敢託爲奇辭以亂正名, 故壹於道法, 而謹於循令矣. 如是則其跡長矣. 跡長功成, 治之極也. 是謹於守名約之功也. 今聖王沒, 名守慢, 奇辭起, 名實亂, 是非之形不明, 則雖守法之吏, 誦數之儒, 亦皆亂也. 若有王者起, 必將有循於舊名, 有作於新名."

굿나는가 이치를 따르는가)이 명백하게 드러난다."[89]

이것이 유가에서 말하는 정명의 '도'이며, 그 도는 사물의 본성으로
부터 나오는 '이(理)', 즉 자연법을 의미한다. 그리고 성인은 이 자연
법에 따라 예라고 하는 실정법을 만드는 것이다.

결론적으로 말하면, 유가의 자연법 개념에는 두 가지 도의 개념이
합쳐져 있다. 그 하나는 혈구지도이며, 다른 하나는 정명지도이다. 전
자는 인간의 본성으로부터 도출된 자연법 개념이고, 후자는 사물의
본성으로부터 도출된 자연법 개념이다. 전자는 보편적인 '인간존재
(Mensch-Sein)'에서 연역된 추상적 자연법이요, 후자는 구체적인 '직
분존재(Als-Sein)'에서 연역된 구체적 자연법이다.[90]

III. 도가의 자연법사상

1. 자연주의

도가의 자연법 개념은 자연주의적 세계관에 근거하고 있다. 노자
는 자연에 내재한 법칙성을 '도(道)'라고 한다. 그는 도를 다음과 같이
설명한다.

---

89) 『春秋繁露』, 深察名號, "春秋辨物之理, 以正其名, 名物如其眞, 不失秋毫之末."
    "名生於眞, 非其眞弗以爲名. 名者, 聖人之所以眞物也." "名者, 大理之首章也,
    錄其首章之意, 以窺其中之事, 則是非可知, 逆順自著."
90) 인간의 본성에 근거한 추상적 자연법과 사물의 본성에 근거한 구체적 자연법
    의 변증론적 관계에서 파악된 자연법 개념에 관하여는 W. Maihofer, *Naturrecht
    als Existenzrecht*, 1963, S. 21 ff. 참조.

"어떤 혼돈한 실재가 천지생성 이전에 존재하고 있었다. 그것은 소리도 없고 형상도 없다. 그것은 독립불변한 실재로서 그 작용은 우주 만물에 두루 미쳐 끝이 없다. 그러므로 그것은 천하 만물을 창조하는 어머니라 할 수 있다. 나는 그 이름을 알지 못하므로 우선 도라고 불러 둔다 … 사람은 땅의 법칙을 따르고, 땅은 하늘의 법칙을 따르고, 하늘은 도의 법칙을 따르고, 도는 자연의 법칙을 따른다."91)

이것으로 알 수 있듯이, 노자의 도는 '자연법칙'이다. 일월성신이 일정한 법칙에 따라 움직이고 만물의 생성소멸이 일정한 법칙에 따라 이루어지는 그 자연의 '도'는 자연철학적 개념에 속하며, 인간의 인식 한계를 벗어나는 형이상학적 개념이다. 노자는 우주 자연의 배후에 시공을 초월한 어떤 근원적 본체와 그 법칙성이 있음을 깨닫고 그것을 '도'라고 부른다.

이 도는 시원적으로 만물을 있게 하는 근원으로서 그 자체는 '무(無)'이다. 반면에 그 무로부터 만물이 생겨났을 때 그것은 '유(有)'이다. 이 무와 유는 동일한 것이지만 '무'는 지각을 초월한 형이상적 세계이고 '유'는 지각 가능한 형이하적 세계이다. 따라서 무는 만물생성 이전의 상태를 가리켜 말하는 것이고, 유는 그 무로부터 만물이 생성된 이후의 상태를 가리켜 말하는 것이다. 그래서 노자는 말한다.

"진정한 도라 말할 수 있는 도는 절대불변의 고정한 도가 아니다. 진정한 명(名)이라 말할 수 있는 명은 절대불변의 고정한 명이 아니다. 이름이 없는 '무'

---

91) 『道德經』, 二十伍章, "有物混成, 先天地生. 寂兮寥兮, 獨立不改, 周行而不殆, 可以爲天下母. 吳不知其名, 字之曰道, 强爲之名曰大. 大曰逝, 逝曰遠, 遠曰反. 故道大, 天大, 地大, 王亦大. 域中有四大, 而王居其一焉. 人法地, 地法天, 天法道, 道法自然."

는 천지를 비로소 있게 하는 시작이며, 이름이 있는 '유'는 만물의 어머니이다. 그러므로 무는 항상 도의 묘용(妙用)을 형상으로 드러내 보이고자 하며, 유는 항상 형상 이전의 무의 상태로 돌아가려고 한다. 이 무와 유의 양자는 다 같이 도에서 나왔으나 각각 다른 이름이 붙여진 것이다. 이 양자의 작용은 다 같이 현묘하다. 현묘하고 또 현묘한 것이 삼라만상을 만들어내는 묘용의 문이다."92)

이렇게 노자의 도는 무에서 시작하여 유로 나타나는 것이므로 "유는 무에서 생긴다"라고 말한다.93) 따라서 무와 유는 본래 둘이 아니며 하나이다. 그래서 노자는 말한다.

"도는 하나(一)를 낳고, 하나는 둘을 낳고, 둘은 셋을 낳고, 셋은 만물을 낳는다. 만물은 모두 음(陰)을 업고 양(陽)을 안으며 충기(沖氣; 근원적인 기운)로 조화된다."94)

"아득한 그 옛날 천지가 개벽하기 이전에 '하나(一)의' 도가 있었다. 하늘은 이 하나의 도를 얻어 밝아졌고, 땅은 이 하나의 도를 얻어 안정되었으며, 신(神)은 이 하나의 도를 얻어 영묘해졌고, 골짜기는 이 하나의 도를 얻어 가득 차게 되었으며, 만물은 이 하나의 도를 얻어 생육하게 되었고, 임금은 이 하나의 도를 얻어 천하를 바르게 다스리게 되었다. '하나'의 도가 그렇게 만드는 것이다."95)

노자의 자연관에서 무와 유는 결코 대립하는 두 개의 개념이 아니

---

92) 『道德經』, 一章, "道可道, 非常道. 名可名, 非常名. 無名天地之始, 有名萬物之母. 故常無欲, 以觀其妙. 常有欲, 以觀其徼. 此兩者, 同出而異名, 同謂之玄. 玄之又玄, 衆妙之門."
93) 『道德經』, 四十章, "有生於無."
94) 『道德經』, 四十二章, "道生一, 一生二, 二生三, 三生萬物. 萬物負陰而抱陽, 沖氣以爲和."
95) 『道德經』, 三十九章, "昔之得一者, 天得一以淸, 地得一以寧, 神得一以靈, 谷得一以盈, 萬物得一以生, 侯王得一以爲天下貞, 其致之."

었으며 '하나'이었다. 천지의 개벽과 만물의 생성소멸은 그 '하나'의
도인 무에서 시작하여 유에 이르고 그 유는 다시 무로 되돌아가는 영
원한 변증법적 유전(流轉)법칙의 순환이었다. 우주 자연의 모든 존재
는 결코 절대불변의 고정되어 있는 것이 아니라 끊임없이 전화하며
유전한다. 무는 언제나 유로 전화하고자 하며, 유는 언제나 무로 전화
하고자 한다. 이렇게 무와 유가 변증법적으로 상호전화하는 운동법칙
을 '반(反)' 또는 '복(復)'이라 한다.

"되돌아간다는 것은 도의 움직임이며, 유약하다는 것은 도의 작용이다. 천
하의 만물은 유에서 생성되고 있지만, 유는 무에서 생겨난 것이다."96)

무에서부터 시작하여 유에 이르고 그 유는 다시 무로 되돌아가는
전화(轉化) 법칙을 통하여 우리는 도의 경위를 알 수 있다. 노자는 이
것을 '도의 기(紀)'라 한다.

"그것은 위쪽이라 해서 밝지도 않으며 아래쪽이라 해서 어둡지도 않다. 그것
은 만물을 끊임없이 반복하여 생성하는 것으로서 그 이름을 붙일 수가 없다. 그
러나 그것은 다시 물(物)이 존재하지 않는 무의 상태로 되돌아간다. 이것을 형상
이 없는 상태 또는 물이 없는 형상이라고 일컫는다. 그래서 이것을 있는 듯하면
서도 없으며, 없는 듯하면서도 있는 것이라 말하는 것이다. 그것은 앞에서 맞이
해도 그 머리가 보이지 않으며, 뒤에서 따라가도 그 꼬리가 보이지 않는다. 도의
법칙성은 태고적부터 오늘에 이르기까지 시종 일관되게 만물을 지배하고 있다.
이 법칙을 통하여 존재의 시원인 도를 알 수 있다. 이것을 도의 기(紀)라 한다."97)

---
96) 『道德經』, 四十章, "反者, 道之動. 弱者, 道之用. 天下萬物生於有, 有生於無."
97) 『道德經』, 十四章, "其上不皦, 其下不昧. 繩繩不可名, 復歸於無物. 是謂無狀之
　　狀, 無物之象, 是謂惚恍. 迎之不見其首, 隨之不見其後. 執古之道, 以御今之有.

한비자는 그의 「해로(解老)」편에서 노자의 도를 적절하게 다음과
같이 해석한다.

"도란 만물이 그에 따라 그렇게 있게 된 바이며, 만물의 이치(理)가 매여있
는 바이다. 이(理)란 만물이 이루어지는 법칙이며, 도란 만물이 그에 따라 그렇
게 이루어질 수 있도록 한 바이다. 그러므로 도란 이가 따르는 길이다."[98]

여기서 도는 '소이연(所以然)'이고 이는 '소당연(所當然)'을 의미한
다. 그러나 이 도와 이는 자연의 도와 이를 뜻하는 것이며 인간의 도와
이를 말하는 것은 아니다. 즉, 도가의 '도'는 당위법칙을 말하는 것이
며 인간 사이의 사회법칙을 뜻하는 것이 아니다. 그것은 자연의 존재
법칙이며 행위의 당위법칙이 아니다. 그러한 도의 형이상적 자연법칙
으로부터 사회의 형이하적 당위법칙을 도출하는 것은 불가능하다. 일
월성신이 일정한 법칙에 따라 움직이고 만물의 생성소멸이 일정한 법
칙에 따라서 이루어지는 자연법칙은 인간사회에서 어떠한 행위를 금
지해야 하고 어떠한 행위를 허용하여야 마땅한지를 알려주지 못한다.
법철학에서 말하는 '자연법'을 자연철학에서 말하는 '자연법칙'과 혼
동해서는 안 된다. 자연법칙인 도로부터 사회법칙인 자연법을 도출하
려는 시도는 일종의 유비론적 사고에 기인한 것이다. 이러한 사고는
존재사실로부터 가치규범을 도출하는 자연주의적 오류(naturalistic
fallacy)를 범하고 있는 것이다.[99]
　자연의 세계는 인과법칙이 지배하는 '필연'의 세계이다. 그러나 인

能知古始, 是謂道紀."
98) 『韓非子』, 解老, "道者, 萬物之所然也, 萬理之所積也. 理者, 成物之文也, 道者,
　　萬物之所以成也. 故曰, 道, 理之者也."
99) 이 점에 관한 지적으로서는 이승환, 「유가는 법치에 반대했는가?」, 『철학과
　　현실』, 1992, 여름호(통권 13호), 266면 이하 참조.

간의 사회세계는 당위법칙이 지배하는 '자유'의 세계이다. '필연'이
있는 곳에는 '자유'는 없으며 그 역도 마찬가지이다. 인간은 자유의지
에 의하여 행위하는 존재이지 인과법칙에 따라 기계적으로 움직이는
존재가 아니다. 따라서 노자의 도의 자연주의적 자연법 개념을 인간
사회의 자연법 개념으로 원용할 가능성은 애당초 배제되어 있다.

2. 무위이치

이렇게 노자의 도로부터 자연법적 '법개념'을 도출하는 것은 불가
능하지만 자연법적 '통치개념'을 연역하는 것은 가능하다. 노자의
『도덕경(道德經)』에는 자연철학과 아울러 실천철학이 논하여져 있다.
그 실천철학은 무위자연의 도에 따라 무위자연의 덕으로 다스리는
'무위이치'이다. 노자는 그의 『도덕경』 제39장에서 "아득한 그 옛날
천지가 개벽하기 이전에 '하나(一)의' 도가 있었다. 임금은 이 하나의
도를 얻어 천하를 바르게 다스리게 되었다"100)라고 말하고 있다. 임
금이 얻은 그 하나의 도는 '무위위도(無爲而道)'이며 이 도에 따라 다
스리는 방법은 "성인이 아무것도 하지 않는 일을 맡아서 하며 말 없는
가르침을 행하는 것이다."101) 이것이 임금이 실천하여야 할 '무위위
덕(無爲而德)'이다. 노자는 말한다.

"가장 높은 덕은 의식적으로 덕을 갖고자 하지 않는 것이다. 그럼으로써 오
히려 덕을 갖게 된다. 가장 낮은 덕은 덕을 잃지 않으려고 하는 것이다. 그럼으
로써 오히려 덕을 잃게 된다. 높은 덕은 인위적인 작위를 안 하는 것이며 의식

---

100) 『道德經』. 三十九章, "昔之得一者, 天得一以淸, 地得一以寧, 神得一以靈, 谷
　　得一以盈, 萬物得一以生, 侯王得一以爲天下貞."
101) 『道德經』. 二章, "是以聖人處無爲之事, 行不言之敎."

적으로 무엇인가 하고자 하지 않는 것이다. 낮은 덕은 인위적으로 작위를 하는 것이며 의식적으로 무엇인가 하고자 하는 것이다."102)

이러한 무위자연의 덕은 무위자연의 도에서 오고 있음이 분명하다.

"도는 항상 아무것도 안 하여도 안 되는 것이 없다. 임금이 이 도를 지킨다면 천하는 스스로 질서 잡힐 것이다. 만일 이렇게 질서 잡힌 천하에서 백성들이 작위적으로 무엇인가 하고자 한다면 나는 그것을 이름도 없는 나무토막의 소박함을 가지고서 곧 진정시킬 것이다. 그 이름도 없는 나무토막의 소박함이라면 또한 아무런 욕심도 없는 것이다. 욕심이 없어 고요해지면 온 천하가 스스로 안정될 것이다."103)

"도란 언제나 이름도 없는 것이다. 그것은 소박한 나무토막처럼 비록 작게 보이지만 천하에는 감히 아무도 그것을 마음대로 지배하지 못한다. 임금이 만약 그 도를 능히 잘 지킨다면 만백성은 스스로 따라올 것이다. 하늘과 땅이 서로 화합하여 단 이슬을 내릴 것이고 만백성들은 아무도 명령하지 않아도 스스로 고루 다스려질 것이다."104)

이것은 임금이 무위의 도에 따라 무위의 덕으로 백성을 다스리면 자연스럽게 스스로 질서가 잡힌다는 것을 말하고 있는 것이다. 이것을 '무위이치'라고 한다. 무위이치는 모든 형태의 유위이치를 부정한다. 따라서 도가는 법가의 유위이치를 반대할 뿐만 아니라 유가의 치

---

102) 『道德經』. 三十八章, "上德不德. 是以有德. 下德不失德. 是以無德. 上德無爲, 而無以爲. 下德爲之, 而有以爲."
103) 『道德經』. 三十七章, "道常無爲而無不爲, 候王若能守之, 萬動將自化. 化而欲作, 吳將鎭之以無名之樸. 無名之樸, 夫亦將無欲, 不欲以靜, 天下將自定."
104) 『道德經』. 三十二章, "道常無名. 樸, 雖小, 天下莫能臣也. 候王若能守之, 萬物將自賓, 天地相合, 以降甘露, 民莫之令而自均."

도도 유위이치라고 하여 반대한다.

법가의 다스림은 법으로 명령하고 형(刑)으로 강제하는 전형적인
유위이치이다. 즉 법가의 치도는 법과 형으로 다스리는 '권력을 통한
치도(權道)'이다. 그러나 도가는 무위자연의 '천도'에 따라 다스리기
를 바란다. 도가에 의하면, 천도에 따라 다스리면 명령을 하지 않아도
백성은 스스로 따라오고, 형벌로 강제하지 않아도 백성은 스스로 질
서 잡힌다고 한다. 그러므로 형벌은 불필요하고 무용하다는 것이다.

"학정 하에서 백성들이 삶에 지쳐 죽음을 두려워하지 않는다면 어떻게 죽
음을 가지고 그들을 두려워하게 할 수 있겠는가? 만약 선정 하에서 백성들이
항상 삶의 의욕을 가지고 있어 죽음을 두려워한다면 간혹 범행자가 생긴다 할
지라도 내가 굳이 그를 잡아서 처형해 보일 필요가 어디 있겠는가? 하늘에는
항상 죽음을 다스리는 자가 있어 천벌을 내린다. 그러나 땅에는 그 죽음을 다
스리는 하늘을 대신해서 사람이 처형을 한다. 이것을 일러 위대한 목공을 대신
하여 나무를 깎는 자라고 한다. 위대한 목공을 대신하여 나무를 깎는 사람치고
그의 손을 다치지 않을 사람은 드물다."[105]

"천도는 다투지 않아도 잘 이기고, 말하지 않아도 잘 호응하고, 부르지 않아
도 스스로 오고, 느슨하면서도 일을 잘 도모한다. 하늘의 법망은 느슨하고 엉
성한 것 같지만 하나도 놓치지 않는다."[106]

도가는 유가에서 인의예지의 '인도(人道)'에 따라 다스리는 것도 반
대한다. 왜냐하면 임금이 무위자연의 천도를 떠나 인의예지의 인도에

---

105) 『道德經』, 七十四章, "民不畏死, 奈何以死懼之? 若使民常畏死, 而爲奇者,
　　　吳得執而殺之, 孰敢? 常有司殺者殺. 夫司殺者, 是大匠斲, 夫代大匠斲者, 希
　　　有不傷其手矣."
106) 『道德經』, 七十三章, "天之道, 不爭而善勝, 不言而善應, 不召而自來, 繟然而
　　　善謀. 天網恢恢, 疎而不失."

따라 다스리는 것은 이미 무위이치가 아니라 유위이치이기 때문이다.
노자는 말한다.

"천도는 마치 활의 시위를 당기는 것과 같다. 높은 것은 낮추고 낮은 것은
들어 올리듯 남는 것을 줄여서 모자라는 것을 보충한다. 이렇게 천도는 남는
것을 줄여서 모자라는 것을 보충하지만 인도는 그렇지 않다. 백성에게서 가뜩
이나 모자라는 것을 더 줄여서 남아 돌아가는 치자계급을 받들기 때문이다. 누
가 그 남아 돌아가는 것을 온 천하 사람들에게 고루 베풀 수 있겠는가? 그것은
오직 도에 따르는 자만이 할 수 있다."[107]

노자에 있어서 임금은 천도를 실천하는 사람이다. 천도는 마치 태
양이 빈부귀천의 차별 없이 모든 사람을 고루 비추어 주듯이 만물을
관대하게 포용하고 공평하게 베풀어 준다. 그래서 그는 말한다.

"영구불멸의 도를 알고 실천하면 모든 것을 관대하게 포용할 수 있고 모든 것
을 관대하게 포용하면 공평무사하게 베풀 수 있고, 공평무사하게 베풀 수 있으면
왕이 될 수 있다. 따라서 왕은 곧 하늘이요, 하늘은 곧 도 자체라 할 수 있다."[108]

이처럼 천도에 따르는 자만이 가진 자와 가지지 아니한 자 모두를
공평하게 다룰 수 있으며, 인도에 따르는 자는 그것을 할 수 없다는 것
이다. 공자는 당시의 사회적 혼란을 극복하기 위하여 인도에 따라 인
(仁)의 덕을 실현하고자 했고, 맹자는 의의 덕을 실현하고자 했고, 순

---

107) 『道德經』, 七十七章, "天之道, 其猶張弓與？ 高者抑之, 下者舉之, 有餘者損
之, 不足者補之. 天之道, 損有餘而補不足. 人之道, 則不然, 損不足以奉有餘.
孰能有餘以奉天下？ 唯有道者."
108) 『道德經』, 十六章, "知常容, 容乃公, 公乃王, 王乃天, 天乃道."

자는 예의 덕을 실현하고자 했다. 그러나 노자는 그러한 인위적인 인
도의 덕으로는 사회가 구제되지 않을 뿐 아니라 그것은 이미 천도를
잃은 후의 일이라고 한다.

"그러므로 도를 잃고 난 다음에 덕이 나타나고, 덕을 잃고 난 다음에 인(仁)
이 나타나고, 인을 잃고 난 다음에 의가 나타나고, 의를 잃고 난 다음에 예가 나
타난다. 대체로 예라고 하는 것은 충실함과 신의가 얇아진 데서 생기는 것으로
서 혼란의 시작이다. 앞을 내다보는 예지(智)는 도의 형식적 외화로서 어리석
음의 시작이다. 그래서 대장부는 그 후한 것에 따라 처신하지 그 박한 것에 따
라 처신하지 않으며, 그 내실에 따라 처신하지 그 외화에 따라 처신하지 않는
다. 그러므로 뒤의 것을 버리고 앞의 것을 취해야 한다."[109]
"큰 도가 사라지니 인의가 생겨났다. 지혜가 생겨나면서 큰 거짓이 있게 되
었다. 집안이 화목하지 않게 되자 효자와 자부(慈父)가 생기게 되었다. 국가가
혼란해지자 충민(忠民)이 생기게 되었다."[110]

노자의 치도사상의 핵심은 무위자연의 도에 따라 무위자연의 덕으
로 다스린다는 데 있다. 이러한 최상의 덕이 치도에서 사라질 때 차츰
낮은 덕목인 인의예지가 나타나게 되는데, 이러한 것들을 가지고서는
바로 다스려지지 않을 뿐만 아니라 오히려 혼란만 가중한다는 것이
다. 그러면 어떻게 해야 하는가? 도가의 대답은 그러한 인도의 다스림
을 버리고 다시 천도의 다스림으로 돌아가라고 한다.

---

109) 『道德經』. 三十八章, "故失道而後德, 失德而後仁, 失仁而後義, 失義而後禮.
  夫禮者, 忠信之薄, 而亂之首. 前識者, 道之華, 而愚之始. 是以大丈夫處其厚,
  不居其薄. 處其實, 不居其華. 故去彼取此."
110) 『道德經』, 十八章, "大道廢, 有仁義, 智慧出, 有大僞. 六親不和, 有孝慈. 國家
  昏亂, 有忠臣."

"성인이란 관념을 끊고 지자(智者)라는 생각을 버린다면 백성은 백배나 더 행복해질 것이다. 인(仁)이라는 관념을 끊고 의라는 생각을 버린다면 백성은 다시 효자, 인자한 부모(慈父)로 돌아갈 것이다. 잔꾀를 끊고 이익추구를 버린 다면 도둑이 생겨나지 않을 것이다. 이 세 가지만으로는 문장이 부족한 듯하 다. 그러므로 여기에 덧붙여서 말한다면, 본래의 인간본성인 소박함과 질박함 을 지니고 무사·무욕의 자연으로 돌아가라는 것이다."111)

이것은 『불평등기원론』에서 "자연으로 돌아가라!"라는 루소를 연 상시키는 대목이다. 노자는 그러한 자연상태를 다음과 같이 묘사하고 있다.

"나라는 작고 인구는 많지 않아야 한다. 문명의 이기는 있어도 쓰지 않는 다. 백성들은 죽음을 두려워하여 멀리 이사 다니지 않는다. 배와 수레가 있어 도 타지 않는다. 갑옷과 병기가 있어도 사용하지 않는다. 사람들은 새끼줄에 매듭을 지어 기억을 돕는 원시적 방법으로 다시 돌아간다. 그리고 맛없는 음 식이지만 달게 먹고, 검소한 의복이지만 아름답게 여기고, 좋은 거처는 아니 지만 그것에 거주하고, 그들의 소박한 습속을 즐긴다. 이웃 나라가 서로 바라 보이고 닭과 개 짖는 소리가 서로 들리지만 백성은 늙어 죽을 때까지 서로 왕 래하지 않는다."112)

자연상태의 이러한 원시적 생활양식은 반문명주의 내지 비문화주 의의 전형이다. 공자는 인간의 창조적 정신능력으로부터 나오는 도덕

---

111) 『道德經』, 十九章, "絶聖棄智, 民利百倍. 絶仁棄義, 民復孝慈. 絶巧棄利, 盜賊 無有. 此三者以爲文不足. 故令有所屬. 見素抱樸, 少私寡欲."
112) 『道德經』, 八十章, "小國寡民. 使有什伯之器而不用. 使民重死而不遠徙. 雖有 舟輿, 無所乘之, 雖有甲兵, 無所陳之. 使民復結繩而用之, 甘其食, 美其服, 安 其居, 樂其俗. 鄰國相望, 雞犬之聲相聞. 民至老死, 不相往來."

과 문화를 소중히 여기고 그러한 도덕과 문화의 힘으로 통일된 대동
사회의 건설을 정치의 이상으로 삼았지만, 노자는 오히려 그러한 모
든 인위적 노력을 배제하고 무위자연의 원시적 촌락사회를 국가의 이
상으로 삼았다. 그는 그 당시 씨족으로 구성된 촌락사회의 소박한 무
위자연의 생활에 착안하여 그 무위성을 국가통치에도 적용하려 한 것
같다. 그러나 백성이 무사·무욕의 자연상태에서 평화롭게 살아가는
그곳에 크건 작건 도대체 국가라는 것이 존재할 이유가 어디 있겠는
가? 욕망으로 인한 이익의 충돌이 없어 아무런 다툼도 없고, 외적에
의한 침해가 없어 전쟁을 해야 할 필요도 없는 그곳에 도대체 국가가
무슨 필요가 있겠는가?

　노자의 소국과민(小國寡民)의 이상국가 사상은 그때나 지금이나 비
현실적인 이상에 지나지 않으며, 그러한 이상사회에 도달하기 위하여
제시하고 있는 방법도 비현실적이다. 도가는 그러한 이상사회로 돌아
가는 방법으로서 '무욕주의'와 '무치주의'를 제시한다. 인간 세상에서
모든 혼란의 근원은 욕심에 있으므로 치자든 피치자이든 모두 그 욕
심을 버리라는 것이다. 욕심을 버리면 다툼이 벌어지지 않고, 다툼이
벌어지지 않으면 혼란이 생기지 않고 혼란이 생기지 않으면 다스릴
것이 없다는 것이다.

　도가는 다음과 같이 말한다.

"현자를 숭상하지 않으면 백성들은 서로 현명해지려고 다투지 않게 된다.
얻기 어려운 재물을 귀하게 여기지 않으면 백성들이 도둑질을 안 하게 된다.
욕심나는 것을 보이지 않으면 백성들의 마음이 어지러워지지 않게 된다."[113]

---

113)『道德經』, 三章, "不尙賢, 使民不爭. 不貴難得之貨, 使民不爲盜. 不見可欲, 使
　　民心不亂."

"물고기는 연못에서 벗어 나서는 안 되고 이기(利器)는 남에게 보여서는 안 된다고 한다. 저 성인이라는 것은 천하의 이기로서 천하에 내보여서는 안 된다. 그러므로 성인을 없애고 지자(智者)를 포기하면 큰 도둑이 없어질 것이며, 옥을 버리고 진주를 깨버리면 좀도둑이 생기지 않을 것이며, 부절(符節)을 태우고 인장을 파기해 버리면 백성들이 순박해질 것이며, (곡식의 양을 재는) 말을 부숴버리고 저울대를 꺾어버리면 백성들이 다투지 않을 것이며, 천하의 성스러운 법을 없애버리면 백성들은 비로소 도를 논하게 될 것이다."114)

"천하에 금령이 많을수록 백성은 더욱 가난해진다. 백성들이 편리한 이기를 많이 가질수록 국가는 더욱 혼란해진다. 사람들이 기교와 기술을 많이 가질수록 진기한 물건들이 생겨 나온다. 법령이 밝아질수록 도둑이 많아진다."115)

이러한 '도가적 역설'을 우리는 어떻게 이해해야 할 것인가? 도가는 무사 · 무욕의 자연상태로 돌아가는 방법으로, 첫째 모든 욕심 나는 것을 백성에게 보여주지 말 것이며, 둘째 욕심으로부터 생기는 이익충돌을 막기 위한 법이나 저울대 등을 전부 없애버리라는 것이다. 그러나 그렇게 한다고 해서 사람의 욕심을 인간의 본성으로부터 원천적으로 제거하는 것이 가능할 것인지 의문이며, 또한 그것이 불가능하다면 욕심으로부터 생기는 이익충돌을 어떻게 막을 수 있을지 의문이다. 순자는 욕망을 인간의 생래적 본성으로 보고 그것을 없애버리려는 무모한 시도를 하지 않았으며, 다만 그 욕망의 충돌을 막기 위하여 예라는 법도를 세웠다. 도가와 유가의 어느 편이 옳은 견해인가?

도가는 사람을 무사 · 무욕의 자연의 세계로 돌아가라고 한다. 그러

---

114) 『莊子』, 胠篋, "故曰魚不可脫於淵, 國之利器不可以示人. 彼聖人者, 天下之利器也, 非所以明天下也. 故絶聖棄知, 大盜乃止. 攄玉毀珠, 小盜不起. 焚符破璽, 而民朴鄙. 掊斗折衡, 而民不爭. 殫殘天下之聖法, 而民始可與論議."
115) 『道德經』, 伍十七章, "天下多忌諱, 而民彌貧. 民多利器, 國家滋昏. 人多伎巧, 奇物滋起. 法令滋彰, 盜賊多有."

나 유가는 인간의 본성은 본래 유사·유욕한 것이므로 자연으로 돌아
가서는 안 되고 도덕과 윤리의 세계로 돌아가라고 한다. 그렇다면 '무
욕'이 인간의 자연인가 아니면 '유욕'이 인간의 자연인가? 도가는 무
욕을 인간의 자연으로 보고 있다. 그러나 그것은 '자연의 자연'이지
'인간의 자연'이 아니다. 도가의 오류는 자연의 자연과 인간의 자연을
동일시한다는 데 있다. 노자는 말한다.

"다섯 가지 아름다운 색채는 사람의 눈을 현란케 하고, 다섯 가지 아름다운
음악은 사람의 귀를 어지럽게 하며, 다섯 가지 맛있는 음식은 사람의 입을 버
려 놓으며, 말 타고 달리며 사냥하는 것은 사람의 마음을 발광케 하며, 얻기 어
려운 보배는 사람의 행동을 정상에서 벗어나게 한다."116)

여기서 오색, 오음, 오미, 달리는 말, 보배 등은 자연의 본성을 말하
는 것이지 인간의 본성을 말하는 것이 아니다. 물론 인간은 색, 음, 미,
말, 보배 등의 자연의 본성을 인위적으로 조작하거나 변조할 수 없을
뿐만 아니라 그렇게 해서도 안 된다. 왜냐하면 자연에 인위적인 작위
를 가하면 자연이 파괴되기 때문이다. 그러나 인간에게는 그러한 자
연에 대한 이목구비의 욕망이 있다. 따라서 이목구비의 욕망은 인간
의 본성에 속한다. 오색, 오음, 오미, 말(馬), 재물(財) 등의 자연이 이
목구비의 자연을 훼손한다면 자연이 자연을 훼손하는 셈이다. 자연은
욕망을 갖지 아니하는 것이 그의 본성에 속하지만, 인간은 욕망을 갖
는 것이 그의 본성에 속한다. 따라서 자연의 본성과 인간의 본성은 같
지 않음에도 불구하고 후자를 전자의 잣대로 재고자 하는 데 도가의

---

116) 『道德經』, 十二章, "伍色令人目盲, 伍音令人耳聾, 伍味令人口爽, 馳騁田獵,
    令人心發狂, 難得之貨, 令人行妨."

문제성이 있다고 할 것이다.

욕망은 인간의 자연이며 그 자체가 나쁜 것이 아니다. 오히려 그것
은 생존을 위하여 신이 인간에게 부여한 본성이다. 배고플 때 먹고자
하는 욕망이 없다면 사람은 생명을 유지할 수 없을 것이고, 추울 때 입
고자 하는 욕망이 없다면 얼어 죽을 것이고, 비바람이나 눈이 올 때 그
것을 피하고자 하는 욕망이 없다면 제대로 살아갈 수 없을 것이다. 따
라서 의·식·주에 대한 욕망은 인간의 생존을 위하여 결할 수 없는 본
성에 속한다. 이러한 생존을 위한 본능적 욕망은 동식물에게도 마찬
가지로 주어져 있다. 다만 인간의 욕망은 그러한 생존을 위한 단순한
본능적 욕망에서 그치지 않고 더 좋은 옷을, 더 좋은 음식을, 더 좋은
집을 가질 것을 원할 뿐만 아니라 이러한 물질적 욕망을 넘어서 무한
한 정신적 욕망까지도 가지고 있다. 인간의 욕망은 한계를 모르며, 바
로 이 만족할 줄 모르는 욕망이 모든 혼란의 화근이며 죄의 근원이다.
그래서 노자도 다음과 같이 말한다.

"죄는 욕망을 따르는 것보다 더 큰 것이 없으며, 화는 만족할 줄 모르는 것
보다 더 큰 것이 없으며, 허물은 더 많이 가지려는 것보다 더 큰 것이 없다. 그
러므로 만족할 줄 아는 것으로 족하면 언제나 만족하다."117)

여기서 욕망의 절제가 문제되지 않을 수 없는데, 그것은 내적으로
는 도덕규범에 의하여 절제되고, 외적으로는 예규범이나 법규범에 의
하여 통제된다. 그러나 모든 욕망을 완전히 버리라는 것은 인간의 본
성에 반한다. 그것은 인간의 자기보존조건에 반할 뿐만 아니라 인간

---

117) 『老子河上公章句』, 儉欲, "罪莫大於可欲, 禍莫大於不知足, 咎莫大於欲不得.
故知足之足, 常足矣."

의 자기발전조건에도 반한다. 인간은 자기보존의 본성뿐만 아니라 자기발전의 본성도 그의 '자연'으로 가지고 있기 때문이다. 즉 인간은 단순히 물질적 욕망뿐만 아니라 정신적 욕망도 아울러 갖고 있다. 지식욕, 명예욕, 창조욕, 가치추구욕 등이 그것이다. 이러한 것들은 학문, 문화, 예술, 도덕 등의 정신세계에서 나타난다. 이것은 분명히 동물과 다른 욕망의 세계로서 인간에게만 고유하게 주어져 있는 '이성'의 창조적 욕망세계이다.

칸트에 의하면, 이러한 정신적 욕망뿐만 아니라 남보다 더 많이 가지려는 욕망, 남보다 더 잘 살려는 욕망, 남보다 더 훌륭하게 되려는 욕망 등등이 인간의 본성에 뿌리박혀 있다고 한다. 이러한 본성이 욕망의 충돌을 가져와서 인간 세상에 법이 필요하게 되지만, 만일 이러한 본성이 인간에게 주어져 있지 않았다면 인류의 문화와 문명은 단한 치의 발전도 있을 수 없었을 것이라고 하며, 따라서 인류는 영원히 원초상태의 동물적 자연세계에 머물러 있었을 것이라고 한다. 그러므로 칸트는 인간을 그러한 욕망으로 가득 찬 존재로 창조해준 신에게 원망하지 않고 오히려 감사한다.[118]

이러한 칸트의 인간관에 의하면 인간의 본성은 '유욕'이며 '무욕'이 아니다. 다만 그러한 유욕으로 인한 욕망의 충돌을 막기 위하여 일차적으로는 도덕에 의한 자기절제가 있어야 하며, 그러한 자율적인 절제가 안 되면 이차적으로 타율적인 법을 통한 통제가 이루어져야한다는 것이다. 이것이 칸트에서 법이 생겨난 이유이다. 이것은 순자에서 예가 생겨난 이유와 같다. 이러한 근거로부터 법과 예를 통한 인간행위의 통제는 그 성질상 유위이치일 수밖에 없으며 결코 무위이치

---

118) I. Kant, *Idee zu einer allgemeinen Geschichte in weltbürgerlicher Absicht.* a.a.O., S. 35.

일 수가 없다.

3. 무치주의

그러나 도가는 무욕주의에 기초한 무위이치를 주장한다. 노자는
말한다.

"성인은 굶주린 배를 채우기 위한 행동은 하지만 눈의 욕망을 즐기는 행동
은 하지 않는다. 그러므로 욕망을 버리고 생존의 본능만 따른다."[119]

이것은 임금이 권위를 위하여 웅장한 궁궐을 짓고 사치스러운 의복
을 입고 산해진미의 맛있는 음식을 즐기는 행동을 해서는 안 된다는
것이다. 즉 생존의 본능만 충족시키고 기타의 모든 욕심은 버리라는
것이다.

"그래서 성인은 욕망을 없애는 것을 욕망하며, 얻기 어려운 보배를 귀하게
여기지 않는다. 그는 배우지 아니하는 것을 배우며, 보통 사람이 지나쳐 버리
는 근본으로 돌아간다, 그럼으로써 그는 만물의 자연을 보조하고 감히 인위적
인 작위를 하지 않는다."[120]
"임금인 내가 무위함으로써 백성들은 스스로 질서 잡히고 내가 고요함을 좋
아함으로써 백성들은 스스로 올바르게 되고, 내가 아무 일도 안 함으로써 백성
들은 스스로 부유해지고, 내가 무욕함으로써 백성들은 스스로 소박해진다."[121]

---

119) 『道德經』, 十二章, "是以聖人爲腹, 不爲目, 故去彼取此."
120) 『道德經』, 六十四章, "是以聖人欲不欲, 不貴難得之貨. 學不學, 復衆人之所過,
以輔萬物之自然而不敢爲."
121) 『道德經』, 伍十七章, "我無爲, 而民自化, 我好靜, 而民自正, 我無事, 而民自
富, 我無欲, 而民自樸."

도가는 이것을 '무위이치'라고 한다. 무위이치에서는 임금이 아무 것도 하지 않고 아무것도 하고자 하지 않는 것이 그의 최고의 덕(上德)에 속한다. 따라서 그는 다음과 같이 말한다.

"최상의 임금은 백성들이 그가 있다는 것조차 의식하지 못한다. 그다음의 임금은 백성들이 친근함을 느끼고 청송한다. 그다음의 임금은 백성들이 두려워한다. 그다음의 임금은 백성들이 경멸한다."122)

그러면 임금이 아무것도 하지 않고 아무것도 하고자 하지 않음으로써 백성들이 그가 있는지조차도 의식하지 못한다면 그 임금은 '무위이치'를 하는 것인가 아니면 '무치이치(無治而治)'를 하는 것인가? 노자의 다음의 말은 이 양자의 구별을 가능하게 해주는 것 같다.

"성인은 무위하다. 그러므로 실패가 없다. 그는 무엇을 하고자 집착하지 않는다. 그러므로 잃는 것이 없다."123)

임금이 이렇게 아무것도 하지 않고 아무것도 하고자 집착하지 않는다면 실패할 것도 없을 것이고 잃을 것도 없을 것이다. 이것이 의미하는 바는 '무치주의'에 다름 아니다.124) 이것은 마치 흘러가는 물을 손대지 않고 자연스럽게 흘러가게 내버려 두는 것과 같이 백성들이 자연스럽게 살아가는 대로 내버려 두라는 것이다. 간섭하지 않고 다스리지 않는 것이 도가의 치도의 본질적 핵심이다. 이것은 '무위이치'라기 보다는 '무치이치'라고 하는 것이 더 정확한 표현일 것이다. 도가

---

122) 『道德經』, 十七章, "太上, 不知有之. 其次, 親而譽之. 其次, 畏之. 其次, 悔之."
123) 『道德經』, 六十四章, "是以聖人無爲. 故無敗, 無執. 故無失."
124) 梁啓超, 『先秦政治思想史』, 104면.

의 이 '무치주의'는 유가의 '덕치주의'와도 구별된다. 유가의 덕치는 아무것도 안 하는 것이 아니라 군주 스스로 올바르게 하고, 군주 스스로 성실하게 하고, 군주 스스로 인자하게 행위함으로써 백성들이 그 덕에 감화되어 따라오게 하는 다스림이기 때문이다. 공자는 그러한 임금으로서 순임금을 지적했으며 그를 '무위이치자(者)'라고 말하고 있다.[125] 그러나 도가의 무위이치는 그러한 '덕치'가 아니라 문자 그대로 아무것도 안 하는 '무치'를 의미한다. 그것은 덕치도 아니고, 예치도 아니고, 법치도 아닌 무치이다. 이러한 '무치이치'는 형용의 모순일 뿐만 아니라 정치의 본질에 반한다. 공자는 정치의 본질을 "정자정야(政者正也)"라고 표현하였다. 즉, 바르지 아니한 것을 바로 잡는다는 뜻이다. 그러나 노자는 정치라는 것이 오히려 바르게 있는 것을 바르지 않게 망친다는 것이다. 다시 말하면, 도가의 무치주의는 천지자연의 자화(自化)의 도를 모범으로 삼아서 인위적으로 다스리지 않는 것이며, 유가의 덕치주의는 인류의 극치인 성인의 도를 모범으로 삼아서 덕으로 다스리는 것이다. 전자는 다스림의 인위성을 부정하지만, 후자는 다스림의 자연성을 부정한다. 도가의 무치주의는 자연에 인위적인 간섭이나 작위를 가하지 말고 자연 그대로 방임해 두라는 것이다. 장자의 다음의 말은 그러한 무치주의를 가장 적절하게 표현해 주고 있다.

"천하를 있는 그대로 방임해 둔다는 말은 들었어도 천하를 다스린다는 말은 들어보지 못하였다. 천하를 있는 그대로 두는 것은 사람이 그 자연의 성을 어지럽힐까 두려워하기 때문이다. 천하를 방임하는 것은 사람이 그 자연의 덕을 변화시킬 것을 두려워하기 때문이다. 사람이 천하의 그 성을 어지럽히지 않

---

125) 『論語』, 衛靈公, "無爲而治者, 其舜也與 ? 夫何爲哉 ? 恭己正南面而已矣."

고 그 덕을 변화시키지 않는다면 아무것도 다스릴 필요가 없지 않겠는가!"126)

4. 자연의 자연법과 인간의 자연법

그러면 이러한 무치주의에 입각한 '자연의 자연법'을 '인간의 자연법'으로 원용하는 것이 가능한가? 이미 위에서 살펴본 바와 같이, 자연의 본성과 인간의 본성은 같지 않기 때문에 그것은 불가능하다. 즉 도가의 자연법은 자연계의 자연법이지 인간계의 자연법이 아니기 때문이다. 인간계의 자연법은 자연의 도에 소극적으로 구속되는 것이 아니라 그 도를 이용하고 활용하여 인도에 맞는 자연법을 적극적으로 찾아내야 하는 것이다. 만약 그렇지 않고 인간계의 자연법이 자연계의 자연법에 구속되어야 한다면, 약육강식의 밀림의 자연법에 따라서 인간계에서 강자가 약자를 억압하고 약탈하고 죽이는 것도 인간사회의 자연법으로 받아들여야 할 것이다. 그러한 밀림의 자연법을 인간사회의 자연법으로 받아들일 수 없다면, 양 자연법은 그 내용에 있어서 같지 않을 뿐만 아니라 오히려 정반대임을 알 수 있다.

아이러니하게도 도가의 자연법관의 진정한 의도는 그것과 정반대되는 인간사회의 자연법관으로부터 출발하고 있음을 간과해서는 안 된다. 즉 도가는 그 당시 정치라는 이름 아래 강자인 치자가 약자인 백성을 억압하고 수탈하고 죽이는 것을 바라보면서 그러한 정치의 역기능에 제동을 걸기 위하여 무위이치를 주장하기에 이르렀던 것이다. 노자는 말한다.

---

126) 『莊子』, 在宥, "聞在宥天下, 不聞治天下也. 在之也者, 恐天下之淫其性也. 宥之也者, 恐天下之遷其德也. 天下不淫其性, 不遷其德, 有治天下者哉!"

"백성들이 굶주리고 있다. 위정자가 많은 세금을 거두어들여 포식하고 있기 때문에 백성들이 굶주리고 있다. 백성들이 잘 다스려지지 않고 있다. 위정자가 백성들을 강제적으로 억압하기 때문에 백성들이 잘 다스려지지 않고 있다. 백성들이 쉽게 죽어가고 있다. 위정자가 자기 자신이 호화롭게 살기 위하여 백성들을 수탈하기 때문에 백성들이 쉽게 죽어가고 있다."[127]

"조정이 심히 부패해져서 백성의 논밭은 황폐해지고 창고는 텅 비어 있다. 그러나 위정자는 사치스럽게 장식한 옷을 입고, 날카로운 칼을 차고, 맛있는 음식을 싫도록 먹고, 재물이 남아돌아 쌓아 놓고 있다. 이것을 일컬어 도둑의 괴수라고 한다."[128]

장자는 통치자를 '큰 도둑(大盜)'이라 하고 백성의 도둑은 '작은 도둑(小盜)'이라 한다. 즉 성자니 지자니 하는 임금은 '큰 도둑'이고 백성의 도둑은 '작은 도둑', 즉 좀도둑인 셈이다. 장자는 말한다.

"세속에서 말하는 지혜로운 자란 큰 도둑을 위하여 물건을 쌓아 두는 자가 아닌가? 이른바 성자란 큰 도둑을 위하여 물건을 지켜주는 자가 아닌가? 어떻게 그 사악함을 알 수 있는가? … 무릇 방안에 감추어 둔 것을 미루어 아는 것은 성(聖)이고, 앞장서서 들어가는 것은 용(勇)이며, 맨 나중에 나오는 것은 의(義)이고, 가부를 아는 것은 지(知)이며, 고르게 나누는 것은 인(仁)이다. 이 다섯 가지를 갖추지 못하고서 큰 도둑이 된 자는 천하에 없다 … 성인이 죽지 않으면 큰 도둑도 없어지지 않는다. 비록 성인이 거듭 나타나서 천하를 다스린다 할지라도 그것은 도척(盜跖)을 거듭 이롭게 할 뿐이다. 말이나 섬을 만들어 물건의

---

127) 『道德經』, 七十伍章, "民之饑, 以其上食稅之多, 是以飢. 民之難治, 以其上之有為, 是以難治. 民之輕死, 以其求生之厚, 是以輕死. 夫唯無以生為者, 是賢於貴生."
128) 『道德經』, 伍十三章. "朝甚除, 田甚蕪, 倉甚虛. 服文綵, 帶利劍, 厭飲食, 財貨有餘. 是謂盜夸."

양을 달면 그 말이나 섬까지도 훔쳐 가고, 저울추와 저울대를 만들어 물건을
달면 그 저울추와 저울대도 훔쳐 가고, 부절(符節)이나 인장을 만들어 신용의
표지로 만들면 그 부절이나 인장도 훔쳐 가고 인과 의로 바로 잡으면 그 인과
의도 아울러 훔쳐 갈 것이다."129)

　이것은 통치자가 가렴주구로 백성을 착취하고 수탈하여 못살게 구
는 것을 대도에 비유하여 말한 것이다. 그리고 노자가 "천하에 금령이
많을수록 백성은 더욱 가난해지고, 법령이 밝아질수록 도둑이 많아진
다"130)라고 말한 것도 지배자가 법의 이름으로 백성의 재산을 수탈하
여 가난하게 만드는 것을 빗대어 말한 것이다. 당시 지배계급에 의한
수탈이 얼마나 심하였는지 알 수 있을 것 같다. 도가의 자연주의적 자
연법사상의 출발점은 이렇게 국가권력의 남용에 대한 비판과 저항에
서 비롯되었음을 알 수 있다. 즉 그 출발점은 오히려 저항적이고 개혁
적인 인간의 자연법의 파토스와 에토스였지 자연의 자연법의 로고스
는 아니었다.131) 그러나 그 결과로서 제시한 처방은 무치주의 자연법
으로 전락하고 말았다.

129) 『莊子』, 胠篋, "世俗之所謂至知者, 有不爲大盜積者乎? 所謂至聖者, 有不爲
　　大盜守者乎? 何以知其然邪? 昔者龍逢斬, 比干剖, 萇弘胣, 子胥靡, 故四子
　　之賢而身不免乎戮. 故盜跖之徒問於跖曰. 盜亦有道乎? 跖曰何適而無有道
　　邪? 夫妄意室中之藏, 聖也. 入先, 勇也. 出後, 義也. 知可否. 知也. 分均, 仁
　　也. 伍者不備而能成大盜者, 天下未之有也. 由是觀之, 善人不得聖人之道不立,
　　跖不得聖人之道不行. 天下之善人少而不善人多, 則聖人之利天下也少而害天
　　下也多. 故曰脣竭則齒寒, 魯酒薄而邯鄲圍, 聖人生而大盜起. 掊擊聖人, 縱舍
　　盜賊, 而天下始治矣. 夫川竭而谷虛, 丘夷而淵實. 聖人已死, 則大盜不起. 天下
　　平而無故矣. 聖人不死, 大盜不止. 雖重聖人而治天下, 則是重利盜跖也. 爲之
　　斗斛以量之, 則並與斗斛而竊之. 爲之權衡以稱之, 則並與權衡而竊之. 爲之符
　　璽以信之, 則並與符璽而竊之. 爲之仁義以矯之, 則並與仁義而竊之."
130) 『道德經』, 伍十七章, "天下多忌諱, 而民彌貧. 民多利器. 國家滋昏. 人多伎巧,
　　奇物滋起. 法令滋彰, 盜賊多有."
131) 金忠烈, 『老莊哲學講義』, 제4강의, 예문서원, 1995, 139면 이하, 특히 154면
　　이하.

우리는 이러한 결론에 동의할 수 없다. 왜냐하면 도가의 무치주의 자연법은 불법의 한쪽 문은 막아버렸지만, 불법의 다른 한쪽 문은 열어놓았기 때문이다. 칸트에 의하면, 인간의 자연상태에는 두 가지가 있다고 한다. 하나는 '무법의 자연상태(status justitis vacuus)'이고, 다른 하나는 '불법의 자연상태(status injustus)'이다. 전자는 무법천지의 무정부상태이고, 후자는 불법의 폭정상태이다. 그 어느 곳에서도 인간은 보호되어 있지 않다. 도가의 무치주의는 후자인 불법의 자연상태로 들어가는 입구는 막아버렸지만 동시에 전자의 무법의 자연상태로 나가는 출구는 열어놓았다.

도가는 이 무법의 자연상태를 홉스와 같이 '만인의 만인에 대한 투쟁상태'로 보지 않고 '만인과 만인의 평화상태'로 보고 있다. 이러한 가정은 인간의 본성이 '무욕'하다는 전제하에서만 가능하다. 그러나 사실은 그렇지 않다. 오히려 인간은 유욕한 존재이다. 국가 발생 이전의 사회가 무위·무욕의 자연의 평화상태였다면 그 후에 왜 국가가 생겨났는지 그 이유를 알 수 없다.

노자는 무치주의를 주장하면서 국가성립 이전의 원시사회의 조그마한 촌락공동체를 머리에 그리고 있었다. 인구는 적고, 먹을 것은 부족함이 없고, 욕망의 대상은 생존에 필요한 최소한의 의·식·주에 국한되어 있었고, 외적의 침해도 없는 그러한 원시적 촌락공동체에서는 평화롭고 목가적인 생활이 가능하였을지도 모른다. 그러나 인구가 증가하고, 먹을 것은 모자라고, 욕망의 대상은 점점 많아지고, 외적의 침해를 받기에 이른 사회발전단계에서는 이미 그러한 간섭 없고 다스림 없는 무정부상태의 평화는 더 이상 지속할 수가 없었다. 그래서 루소도 이러한 역사발전단계에 이르러서는 원초적 자연상태와는 달리 인류가 그들의 생활양식을 바꾸지 아니하는 한, 만인의 만인에 대한 투쟁으로 인하여 인종은 멸망하여 버리고 말 것이라고 한다.[132] 그래서 국가가 생겨난 것이다.

그러나 그 국가의 통치권이 남용되면 백성들은 이번에는 '불법의 폭정상태'에서 신음하게 된다. 그렇다고 도가에 따라 이 불법의 자연상태를 다시 '무법의 자연상태'로 옮겨 놓는 것은 인간의 문제를 해결하는 처방이 될 수 없다. 도가의 무치주의는 바로 이러한 우를 범하고 있다. 도가의 공적은 국가가 백성을 억압하고 착취하고 죽게 하는 '불법의 자연상태'로부터 인간을 해방해 구제하고자 했다는 점이다. 그러나 도가의 과오는 무치의 치로 인간을 '무법의 자연상태'에 버려 놓은 채 돌보지 않고 방치했다는 점이라 하겠다.

Ⅳ. 묵가의 자연법사상

1. 천지주의와 '하늘'의 자연법

서양 중세의 기독교적 자연법사상이 법을 '신의 의지'의 표현으로 이해한 것과 같이, 동양 고대 묵교(墨敎)의 자연법사상도 법을 '천의 의지'의 표현으로 이해한다. 기독교가 '하나님'을 의지를 가진 초월적 인격신으로 신앙하는 것과 같이, 묵교도 '하느님(天)'을 의지를 가진 인격신으로 표상한다. 이 점에서 양 종교는 유사한 점을 가지고 있으나 내세관의 유무에서 종교로서의 차이가 있다. 즉 묵교는 기독교와는 달리 내세관과 구원의 약속이 없으며, 다만 현세관에 국한된

---

132) J. J. Rousseau, *Du Contrat Social*(*Der Gesellschaftsvertrag*), Hrsg. von Heinrich Weinstock. 1968. I. 6. S. 42.

사랑의 행위계율이 있을 뿐이다. 그 계율을 '하늘의 뜻', 즉 '천지(天志)'라고 하며, 이 천지를 따르지 않으면 '천벌'을 받고 그것을 따르면 '천상(天賞)'을 받는다는 동양의 천에 대한 소박한 원시신앙에 근거하고 있다. 그러나 여기서 '하늘의 뜻'으로 나타나는 계율은 모든 인간행위를 구속하는 법도로서 자연법화한다. 묵자는 이 점을 다음과 같이 말한다.

"내가 하늘의 뜻을 가지고 있다는 것은 비유하건대 바퀴를 만드는 사람이 콤파스를 가지고 있고, 집을 짓는 목수가 직각자를 가지고 있는 것과 같다. 그리고 이 척도에 맞는 것은 옳은 것(是)이라 하고 안 맞는 것은 틀린 것(非)이라 하는 것이다."133)

묵자는 이렇게 천의 의지를 모든 인간행위의 시비를 재는 잣대로 사용한다. 그것이 천지주의적 자연법 개념이다.

그러면 이 천지주의적 자연법의 구체적 내용은 무엇인가? 그것은 평등하게 서로 사랑하라는 것과 서로 이롭게 하라는 것이다. 즉 '서로 사랑함(兼愛)'과 '서로 이익을 취함(交利)'이 그 핵심적 내용이다. 이 겸애와 교리는 하늘의 뜻이며 그것은 모든 인간행위를 구속하는 법도로서 치도의 원리가 된다. 묵자는 말한다.

"옛날 삼대의 성왕(우왕·탕왕·문왕·무왕)은 하늘의 뜻을 순종하여 하늘의 상을 받은 자이다 … 그들이 한 일은 위로 하늘을 존중하고, 가운데로 귀신을 섬기고, 아래로는 인민을 사랑하였다. 그러므로 하늘의 뜻은 '이들은 내가

---

133) 『墨子』, 天志上, "子墨子言曰, 我有天志, 譬若輪人之有規, 匠人之有矩. 輪匠執其規矩, 以度天下之方圓, 曰, 中者是也, 不中者非也."

사랑하는 것을 아울러 사랑하였고, 내가 이롭게 하고자 하는 것을 아울러 이롭게 하였다'라고 여겼다."134)

이렇게 하늘의 뜻에 따라 백성을 사랑하고 이롭게 하는 임금을 '성왕(聖王)'이라 한다. 이 점은 유가의 성왕상과 같다. 순자의 민본주의 사상에서는 임금은 오로지 백성을 위하여 다스려야 하는데 그 치도의 근본 내용은 백성에 대한 사랑(愛)과 백성의 이익(利)이다.135) 이 점에서 유가와 묵자의 성왕상의 내용은 같지만, 다만 그 정당화 근거에 있어서 차이가 있다. 즉 유가는 민본주의를, 묵가는 천지주의를 그 정당화 근거로 하고 있다.

묵가의 천지주의 자연법관에 의하면 하늘의 뜻에 따라 백성을 사랑하고 이롭게 하는 성군에게는 하늘의 상이 내려지지만, 그 반대로 하늘의 뜻에 거역하여 백성을 미워하고 해치는 임금은 폭군이라고 하고 그에게는 하늘의 벌이 내려진다. 묵자는 걸(桀)·주(紂)·유(幽)·여(厲) 등의 폭군을 예로 들면서 다음과 같이 말한다.

"그러면 걸·주·유·여 왕들이 벌을 받은 이유는 무엇인가? 묵자가 말하기를, 그들이 한 일은 위로는 하늘을 욕하고, 가운데로는 귀신을 속이고, 아래로는 백성을 해쳤다. 그러므로 하늘의 뜻은 '이들은 내가 사랑하라고 한 것을 차별하고 미워하였으며, 내가 이롭게 하라고 한 것을 서로 해롭게 하였으니, 사람을 미워함이 넓고 사람을 해롭게 함이 크다'라고 여겼다. 그러므로 그들의 수명을 마치지 못하도록 하고 그들의 세대를 끝맺지 못하도록 하였으니 오늘

---

134) 『墨子』, 天志上, "子墨子言曰, 昔三代聖王禹湯文武, 此順天意而得賞也. 昔三代之暴王桀紂幽厲, 此反天意而得罰者也. 然則禹湯文武其得賞何以也? 子墨子言曰, 其事, 上尊天, 中事鬼神, 下愛人, 故天意曰, 此之我所愛, 兼而愛之. 我所利, 兼而利之."

135) 앞의 각주 34)와 35)를 참조.

날까지도 그들을 비난하여 폭군이라고 부른다."136)

이렇게 하늘의 뜻을 따르는 자는 성군이라 하고 하늘의 뜻을 따르
지 아니하는 자는 폭군이라고 한다. 묵자는 성군의 정치는 '의로운 정
치'라 하고 폭군의 정치는 '폭력의 정치'라고 한다.

"하늘의 뜻을 따르는 것은 의로운 정치요, 하늘의 뜻을 거역하는 것은 폭력
의 정치이다. 그러면 의로운 정치는 어떻게 하는 것인가? 묵자는 말하기를, 대
국이 소국을 공격하지 않고, 큰 가문이 작은 가문을 찬탈하지 않고, 강한 자가
약한 자를 겁탈하지 않고, 귀한 자가 천한 자를 업신여기지 않고, 다수가 소수
를 억압하지 않고, 지혜로운 자가 어리석은 자를 속이지 않는 것이다. 이것은
위로는 하늘을 이롭게 하고, 가운데로는 귀신을 이롭게 하고, 아래로는 사람을
이롭게 한다. 이 세 가지가 이로우면 천하에 이롭지 않은 것이 없다. 그러므로
천하의 미명이 그에게 붙여지니 '성왕'이라고 부른다. 폭력의 정치는 이와는
달리 말은 하늘을 비난하고 행실은 하늘을 거스르고, 대국이 소국을 공격하고,
큰 가문이 작은 가문을 찬탈하고, 강한 자는 약한 자를 겁탈하고, 귀한 자는 천
한 자를 업신여기고, 다수는 소수를 억누르고, 지혜 있는 자는 어리석은 자를
속인다. 이것은 위로는 하늘을 이롭게 하지 않고, 가운데로는 귀신을 이롭게
하지 않고, 아래로는 사람을 이롭게 하지 않으니, 이 세 가지가 이롭지 않으면
천하에 이로울 것 없는 것이다. 그래서 천하의 악명이 그에게 붙여지니 '폭
군'이라 한다."137)

---

136) 『墨子』, 天志上, "然則桀紂幽厲, 得其罰何以也? 子墨子言曰, 其事上詬天, 中詬
鬼, 下賊人. 故天意曰, 此之我所愛, 別而惡之. 我所利, 交而賊之. 惡人者, 此為
之博也, 賊人者, 此為之厚也. 故使不得終其壽, 不歿其世, 至今毀之, 謂之暴王."

137) 『墨子』, 天志上, "順天意者, 義政也. 反天意者, 力政也. 然義政將奈何哉? 子
墨子言曰, 處大國不攻小國, 處大家不篡小家, 強者不劫弱, 貴者不午賤, 多詐
者不欺愚. 此必上利於天, 中利於鬼, 下利於人. 三利無所不利, 故舉天下美名

이것으로 알 수 있듯이, 묵가의 치도에 있어 성군은 인정과 선정을 펴는 임금이고, 폭군은 폭정과 학정을 행하는 임금이다. 이것은 인도를 실현하는 성군과 인도에 반하는 폭군을 개념적으로 구별하는 유가의 입장과 같으나 이에 대응하는 방식은 다르다. 유가에서는 성군은 기리고 칭송하며 폭군은 역성혁명에 의하여 다른 임금으로 바꾸든지 아니면 살해할 것을 가르치고 있지만, 묵가에서는 성군은 하늘로부터 상을 받고 폭군은 하늘로부터 벌을 받는다. 상과 벌의 내용이 유가의 그것과 같다 할지라도 상과 벌을 주는 주체는 같지 않다. 유가에서는 인민이고 묵가에서는 하늘(天)이다.

묵가에서는 치도의 모든 정당화 근거는 하늘에서 나온다. 묵자는 이를 다음과 같이 말한다.

"하늘은 의(義)를 바라고 불의를 싫어한다 … 의는 정(正)이다 … 의가 있으면 다스려지고 의가 없으면 혼란해진다 … 천자(天子)가 착함이 있으면 하늘은 그에게 상을 내리며 천자가 허물이 있으면 하늘은 그에게 벌을 내린다 … 하늘은 존귀하고 지혜롭다. 그러므로 의로움의 결과는 하늘로부터 나온 것이다."138)

加之, 謂之聖王. 力政者則與此異, 言非此, 行反此, 猶倖馳也. 處大國攻小國, 處大家簒小家, 強者劫弱, 貴者午賤, 多詐欺愚. 此上不利於天, 中不利於鬼, 下不利於人. 三不利無所利, 故擧天下惡名加之, 謂之暴王."

138) 『墨子』, 天志下, "天欲義而惡其不義者也. 何以知其然也? 曰, 義者, 正也. 何以知義之爲正也? 天下有義則治, 無義則亂, 我以此知義之爲正也. 然而正者, 無自下正上者, 必自上正下. 是故庶人不得次己而爲正, 有士正之. 士不得次己而爲正, 有大夫正之. 大夫不得次己而爲正, 有諸侯正之. 諸侯不得次己而爲正, 有三公正之. 三公不得次己而爲正, 有天子正之. 天子不得次己而爲政, 有天正之. 今天下之士君子, 皆明於天子之正天下也, 而不明於天之正天子也. 是故古者聖人明以此說人, 曰, 天子有善, 天能賞之. 天子有過, 天能罰之. 天子賞罰不當, 聽獄不中, 天下疾病禍福, 霜露不時. 天子必且犓豢其牛羊犬豕, 絜爲粢盛酒醴, 以禱祠祈福於天, 我未嘗聞天之禱祈福於天子也. 吾以此知天之重且貴於天子也. 是故義者不自愚且賤者出, 必自貴且知者出. 曰, 誰爲知? 天爲知. 然則義果自天出也."

이러한 정당화 방식은 유가의 덕치에 있어서도 마찬가지이다.

"바른 것이란 아래로부터 위를 바르게 할 수 없고, 반드시 위로부터 아래를
바르게 한다. 그러므로 인민은 스스로 바르게 될 수 없다. 천자가 있어야 그들
을 바르게 한다. 그러나 천자도 스스로 바르게 될 수 없고 하늘이 그를 바르게
한다. 오늘날 천하의 선비와 군자들이 모두 천자가 천하를 바르게 한다는 것은
알고 있지만, 하늘이 천자를 바르게 한다는 것은 알지 못하고 있다."[139]

또한 성군이 백성을 사랑하고 이롭게 하는 것도 하늘의 뜻에 따른
것이므로 그것을 '천덕(天德)'이라 하며, 폭군이 백성을 미워하고 해
치는 것도 하늘의 뜻에 따르지 아니한 것이므로 '천적(天賊)'이라 한
다. 그리고 성군에게 주어지는 상도 '하늘이 내리는 상(天之賞)'이라
하며 폭군에게 가해지는 벌도 '하늘이 내린 벌(天之罰)'이라 한다.

묵가의 천지주의에서는 모든 인간행위는 '하늘의 뜻'에 의하여 정
당화된다. 묵자의 다음의 말이 이 점을 잘 알려 준다.

"하늘이 바라는 것을 하지 않고 하늘이 바라지 않는 것을 하면 하늘도 역시
사람이 바라는 것을 해주지 않고 사람이 바라지 않는 것을 해 줄 것이다. 사람
이 바라지 않는 것은 무엇인가? 질병과 재앙이다. 만약 자신(임금)이 하늘이 바
라는 것을 하지 않고 하늘이 바라지 않는 것을 한다면, 이것은 천하의 만민을
이끌고 천벌을 받을 일을 하는 것이다."[140]

---

139) 『墨子』, 天志下, "然而正者, 無自下正上者, 必自上正下. 是故庶人不得次己而
    爲正……有天子正之, 天子不得次己而爲政, 有天正之. 今天下之士君子, 皆明
    於天子之正天下也, 而不明於天之正天子也."
140) 『墨子』, 天志中, "然有所不爲天之所欲, 而爲天之所不欲, 則夫天亦且不爲人
    之所欲, 而爲人之所不欲矣. 人之所不欲者何也. 曰：病疾禍祟也, 若已不爲天
    之所欲, 而爲天之所不欲, 是率天下之萬民以從事乎禍祟之中也."

그러면 여기서 임금의 행위를 정당화하기도 하고 안 하기도 하는 그 '하느님'은 누구인가? 그것이 임금 자신이 아닌 것은 분명하다. 임금은 행위구속의 객체이지 주체는 아니기 때문이다. 묵자의 천지주의가 하나의 종교인 이상 그것은 군주의 상위에 있는 교주일 수밖에 없을 것이다. 그 교주는 천하제일의 현인자(賢仁者)로서 하느님의 뜻을 전하고 대행하는 자이다. 이것을 '거자(鉅子)'라고 한다.141) 이 거자는 서양 중세에 군주의 상위에 위치하면서 군주를 임명하기도 하고 파면하기도 한 로마 법왕의 지위에 상응하는 사람이다. 만약 묵교가 동양에서 현실적으로 정치제도화 하였더라면 그것은 서양 중세의 교회정치와 같은 것이 되었을 것이다. 그러나 동양에서는 거자가 법왕으로 받아들여지지 않았고, 따라서 정치제도화 되지 못하였기 때문에 묵가의 사상은 그 후 치도론에서 완전히 자취를 감추어 버리고 말았다.

2. 상동(尙同)주의142)

천지주의적 자연법사상의 핵심은 하늘의 뜻을 법도로 삼는다는 데 있다. 하늘의 뜻은 겸애와 교리이다. 즉, 모든 사람은 서로 사랑하고

---

141) 묵교의 교주인 묵자 사후 묵교도 가운데서 한 사람의 가장 賢能聖智辯慧者를 후임자로 지정하여 묵교의 총통으로 삼고, 그를 '거자(鉅子)'라고 했다. 梁啓超는 선진(先秦)의 저서에서 묵교 거자의 이름 셋이 발견된다고 한다. 그것은 孟勝, 田襄子, 腹䵍 세 사람이다. 『先秦政治思想史』, 130면.

142) 여기서 '尙同'은 '上同'의 뜻이다. 즉 여기서 '尙'자는 어진 사람을 존상(尊尙)한다는 뜻이 아니라 '上'과 같이 해석하여야 한다. 胡適은 '尙同'을 "위에서 법도를 취한다(取法於上)"는 뜻으로 새긴다(『中國古代哲學史』, 송긍섭·함홍근·민두기 譯, 189면: 梁啓超도 이와 마찬가지로 '尙'을 '上'과 같은 뜻으로 보며, '尙同'을 "위의 천자의 뜻과 같게 한다(上同於天子)"라고 해석한다. 『先秦政治思想史』, 128면). 결국 상동주의(尙同主義)는 국가의 정치조직에 있어서 최하위에 있는 국민이 그 상위에 있는 군주의 뜻(실정법)과 같게 하고, 군주는 그보다 상위에 있는 하늘의 뜻(자연법)과 같게 하여 통일된 법질서를 세운다는 것이다.

서로 이롭게 행위하여야 한다는 것이다.

그러나 이러한 하늘의 뜻에 따라 살 수 있기 위하여는 우선 국가라고 하는 정치조직이 필요하다. 왜냐하면 그러한 정치조직이 아직 없는 자연상태에서는 옳고(是) 그름(非)에 대한 의견이 일치되지 않아 서로 다투고, 서로 미워하고, 서로 해치기 때문이다. 이러한 만인의 만인에 대한 투쟁상태를 극복하기 위하여는 지도자를 선출하여 나라를 세우고 정치를 하는 길밖에 없다. 묵자는 이것을 다음과 같이 말한다.

"옛날 인류가 처음으로 삶을 시작하면서 아직 법과 정치가 존재하지 않았을 때 사람들의 말은 저마다 달랐다. 그래서 제각기 옳다고 주장하는 바가 일치하지 않고 각인각색이었다. 인구가 증가함에 따라 각기 옳다고 주장하는 바도 점점 증가하였다. 그래서 모든 사람은 제각기 자기가 옳다고 주장하는 바를 시라 하고 남이 옳다고 주장하는 바를 비라고 하여 서로 비난하게 되었다. 그리하여 안으로는 부자 형제 사이가 벌어져 서로 원망하고 미워하여 화합할 수 없게 되었으며, 밖으로는 천하의 인민들이 모두 물과 불과 독약으로 서로를 해쳤다. 남는 힘이 있어도 서로 나누어 돕지 않고, 남는 재물이 있어도 서로 나누어 갖지 않고, 좋은 방법이 있어도 서로 가르쳐 주지 않으니 천하는 혼란해져서 마치 짐승들이 사는 것과 같았다. 무릇 이렇게 천하가 혼란한 원인은 통치하는 지도자가 없었기 때문이다. 그래서 천하에서 어질고 현명한 자를 선출하여 천자로 세웠다. 그러나 천자를 세웠으나 그 혼자의 힘으로는 부족하였으므로 다시 천하에서 어질고 현명한 자를 뽑아서 삼공(三公)으로 세웠다. 그러나 천자와 삼공으로도 천하는 넓고 먼 곳에 사는 백성들의 시비와 이해를 하나하나 분별하여 밝힐 수 없었다. 그래서 천하를 여러 나라로 구획하여 나누고 거기에 각각 제후들을 세웠다. 그러나 제후들을 세웠으나 또 그 힘이 미치지 못하므로 다시 어질고 현명한 자를 뽑아서 고을에 향장(鄕長)을 세웠던 것이다."[143]

이러한 국가성립 과정은 서양의 사회계약론과 흡사하다. 실제로 『묵경(墨經)』에는 "군주란 백성들이 총의로 약속하여 세운 것이다. 군왕이란 백성들이 선출하여 이름을 붙인 것이다"라는 말이 발견된다.[144] 이렇게 국가가 성립되면 그때부터 통치자에 의한 정치가 시작된다. 묵자는 이점을 다음과 같이 말한다.

"군주는 나라의 백성들에게 정령을 내린다. 착한 일과 착하지 아니한 일을 들으면 반드시 천자에게 고하라. 천자가 옳다고 판단한 것은 모두 옳은 것이며, 천자가 그르다고 판단한 것은 모두 그른 것이다. 너희들의 착하지 아니한 말을 버리고 천자의 착한 말을 배워야 하며, 너희들의 착하지 아니한 행동을 버리고 천자의 착한 행동을 배워야 한다. 그렇게 되면 어떤 설로 천하를 어지럽힐 수 있겠는가? 이처럼 천하가 잘 다스려지는 까닭을 살펴보면, 그것은 오직 천자가 천하의 시비에 대한 온갖 주의·주장을 하나로 통일시킬 수 있었기 때문에 그것으로 천하가 다스려진 것이다."[145]

---

143) 『墨子』, 尙同上, "子墨子言曰, 古者民始生、未有刑政之時, 蓋其語, 人異義. 是以一人則一義, 二人則二義, 十人則十義. 其人玆衆, 其所謂義者亦玆衆. 是以人人是其義, 以非人之義, 故交相非也. 是以內者父子兄弟作怨惡, 離散不能相和合. 天下之百姓, 皆以水火, 毒藥相虧害. 至有餘力, 不能以相勞. 腐朽餘財, 不以相分. 隱匿良道, 不以相教. 天下之亂, 若禽獸然. 夫明虖天下之所以亂者, 生於無政長, 是故選天下之賢可者, 立以爲天子. 天子立, 以其力爲未足, 又選擇天下之賢可者, 置立之以爲三公. 天子、三公既以立, 以天下爲博大, 遠國異土之民、是非利害之辯, 不可一二而明知, 故畫分萬國, 立諸侯國君. 諸侯國君既已立, 以其力爲未足, 又選擇其國之賢可者, 置立之以爲正長."
144) 『墨子』, 經上, "君, 臣萌通約也." 經說上, "君, 以若名者也."
145) 『墨子』, 尙同上, "國君發政國之百姓. 言曰, 聞善而不善, 必以告天子. 天子之所是, 皆是之, 天子之所非, 皆非之. 去若不善言, 學天子之善言, 去若不善行. 學天子之善行, 則天下何說以亂哉？ 察天下之所以治者何也？ 天子唯能壹同

묵자의 이러한 설명은 자연상태에서 각자의 시비 판단이 상반되
는 주의·주장에 의하여 통일을 이룰 수 없었던 것을 제3자인 군주의
판단에 따르게 함으로써 분쟁을 해소하고 질서를 세우는 과정을 말
하고 있다. 이것은 서양의 사회계약이론에서 그 계약을 '통합계약
(Vereinigungsvertrag)'으로 이해하는 입장과 같다. 칸트와 홉스는 사
회계약을 우선 통합계약으로 본다. 즉 사회계약은 1차적으로 만인의
만인에 대한 투쟁상태를 극복하고 하나의 통일된 질서를 세우는 데
있다. 그러기 위해서는 각자의 시비 판단을 떠나서 모든 사람이 군주
의 시비 판단에 따라야 한다. 그것이 군주의 법령이다. 군주의 시비
판단에 따르지 않고 그것에 대하여 다시 국민이 시비를 거는 것은 통
합계약의 본질에 반한다. 따라서 통합계약으로서의 사회계약의 목적
은 우선 법을 통한 안정, 질서, 평화이다. 여기서는 법내용의 정당성
여부는 문제되지 않는다. 왜냐하면 부정당한 법이라 할지라도 여전히
질서 기능은 가지고 있기 때문이다.[146]

그러나 로크와 루소는 사회계약을 '보호계약(Schutzvertrag)'으로
이해한다. 즉 인간의 생명, 신체, 재산, 자유 등을 보호할 것을 목적으
로 하는 사회계약이다. 여기서는 법을 통하여 그 보호계약 내용을 충
족해야 한다. 따라서 보호계약으로서의 사회계약의 목적은 법을 통한
정의의 실현이다. 그 법이 이러한 법익보호 목적에 반할 때는 그 법 자
체에 대한 시비가 일 수 있고 그 법에 대한 복종을 거부할 수 있다. 여
기서는 법내용의 정당성 여부가 문제되어 있으며, 그 안정성이 문제
되어 있는 것은 아니다. 따라서 그 법의 내용이 부정당하여 복종을 거

天下之義. 是以天下治也."
146) 동양에서도 법가의 신도(愼到)는 이와 같은 말을 하고 있다. "비록 나쁜 법이
    라 할지라도 법이 없는 것보다는 낫다. 왜냐하면 인심을 통일시킬 수 있기
    때문이다(『愼子』, 失文, "法雖不善, 猶愈於無法. 所以一人心也.")."

부할 때는 언제나 질서가 파괴된다.

이렇게 사회계약의 두 가지 목적은 이념상 상반된다. 하나는 '법적 안정성'을, 다른 하나는 '법적 정의'를 추구하기 때문이다. 이 두 마리 토끼를 함께 잡을 수 없다는 데 사회계약론의 고민과 비극이 있다. '무법의 자연상태'를 극복하자니 '불법의 자연상태'가 나타날 수 있고, 그 반대로 '불법의 자연상태'를 벗어나자니 '무법의 자연상태'가 다시 나타날 수 있기 때문이다. 이러한 딜레마의 해결은 법철학에 주어진 영원한 숙제이지만 서양의 사회계약론자들 사이에서도 이 문제에 대한 완전한 해결이 주어져 있지 않은 것 같다. 왜냐하면 논리적으로는 그 해결이 불가능한 것을 선택적 결단을 통하여 처리하고 있을 뿐이기 때문이다.

그러면 동양의 사회계약론자인 묵자에서는 어떠한가? 여기서도 두 가지의 법이념이 충돌될 때 선택적 결단을 통하여 어느 한쪽을 우선시키는 방식으로 해결되고 있다. 묵자는 말한다.

"천하의 백성들이 모두 천자의 시비판단에 뜻을 같이하여 그것에 따른다 할지라도 그 판단이 하늘의 뜻과 같지 않으면 재앙은 아직 제거될 수 없다. 오늘날 폭풍이 자주 불고 폭우가 잦은 것은 백성들이 하늘의 뜻에 따르지 아니하기 때문에 하늘이 내린 벌이다."[147]

그렇다면 묵자에서의 자연법은 하늘의 법을 말하는 것이며, 군왕의 실정법은 그 하늘의 자연법에 따를 때만 정당화될 수 있다. 군주의 실정법이 하늘의 자연법과 그 내용에 있어서 일치하지 않을 때는 그 효력이 부인된다. 그래서 묵자는 궁극적인 법의 효력으로서의 형벌은

---

147) 『墨子』, 尙同上, "天下之百姓, 皆上同於天子, 而不上同於天. 則菑猶未去也. 今若天飄風苦雨. 溱溱而至者, 此天之所以罰百姓之不上同於天者也."

하늘이 내리는 '천지벌(天之罰)'이지 군주가 내리는 '인지벌(人之罰)'
이 아니라고 말하는 것이다. 이것은 자연법과 실정법이 충돌될 때는
자연법이 우선한다는 것을 알려주고 있다.

따라서 상동주의에서 최상위는 하느님이지 군주가 아니다. 상동주
의의 단계를 순위로 매기면, 최고위 단계가 하느님, 그다음의 중간단
계가 군주, 그리고 최하위 단계가 국민이 될 것이다. 그러므로 국민의
뜻은 위로 군주의 뜻에 따라야 하고, 군주의 뜻은 위로 하느님의 뜻에
따라야 한다. 그런데 묵자에서는 국민이 군주의 뜻에 따랐지만, 그 군
주의 뜻이 하느님의 뜻에 따르지 아니하였을 때는 실정법의 효력이
아닌 자연법의 효력으로서 치자와 피치자가 함께 벌을 받아야 한다.

만약 묵자에서 이 최고 단계의 권위인 하늘의 뜻을 국민의 통일된
뜻으로 대신할 수만 있었다면, 즉 유가에서와 같이 '천의'를 '민의'로
대신할 수만 있었다면 상동주의는 군주주의의 입법원리가 아닌 민주
주의의 입법원리로 원용하는 것이 가능하였을 것이다. 그러나 유감스
럽게도 묵자에게서 그것을 기대하는 것은 불가능하다. 왜냐하면 묵자
에서는 백성이 임금의 하늘은 아니었기 때문이다.

3. 겸애(兼愛)주의

묵가의 자연법은 천지주의에 근거하고 있는데, 그 천지의 내용은
'겸애'와 '교리(交利)'이다. 즉, 모든 사람이 서로 사랑하고 서로 이롭
게 하는 것이 하늘의 뜻이라는 것이다. 천하의 모든 혼란의 원인은 하
늘의 뜻에 따르지 않기 때문이다. 그래서 묵자는 말한다.

"성인은 천하를 다스리는 것을 직책으로 하는 사람이다. 그러므로 반드시

혼란의 원인을 알아야만 능히 다스릴 수 있고 그것을 모르면 다스릴 수 없다
… 살펴보건대 혼란이 일어나는 원인은 서로 사랑하지 않기 때문이다 … 자식
이 자기는 사랑하면서 아버지는 사랑하지 않음으로써 아버지를 해치고 자기
를 이롭게 하기 때문이다. 아우가 자기는 사랑하면서 형은 사랑하지 않음으로
써 형을 해치고 자기를 이롭게 하기 때문이다. 신하가 자기는 사랑하면서 군주
는 사랑하지 않음으로써 군주를 해치고 자기를 이롭게 하기 때문이다. 이것이
이른바 혼란이다. 마찬가지로 아버지가 자식을 사랑하지 않고, 형이 아우를 사
랑하지 않고, 군주가 신하를 사랑하지 않는 것도 천하의 혼란이다 … 이것은
모두 서로 사랑하지 않기 때문이다. 천하의 도적들도 이 점에 있어서 마찬가
지이다. 도둑(盜)은 자기 집은 사랑하면서 다른 사람의 집은 사랑하지 않음으
로써 남의 집의 재산을 훔치고 자기 집을 이롭게 하는 자이고, 도적(賊)은 자
기 몸은 사랑하면서 다른 사람은 사랑하지 않음으로써 타인을 해치고 자기 몸
을 이롭게 한다. 이것은 무엇 때문인가? 모두 서로 사랑하지 않기 때문이다. 이
뿐만 아니라 대부들이 서로 남의 가문을 어지럽히고 제후들이 서로 남의 나라
를 공격하는 것도 마찬가지이다. 대부들은 자기의 가문은 사랑하면서 남의 가
문은 사랑하지 않음으로써 남의 가문을 어지럽혀 자기 가문을 이롭게 하고,
제후들은 제나라는 사랑하면서 남의 나라는 사랑하지 않음으로써 남의 나라
를 공격하여 제 나라를 이롭게 한다. 이렇게 천하를 어지럽히는 것은 모두 여
기에 원인이 있는 것이니 그것은 서로 사랑하지 않기 때문이다 … 만약 천하로
하여금 두루 서로 사랑하게 한다면 나라와 나라는 서로 공격하지 않을 것이고,
가문과 가문은 서로 어지럽히지 않을 것이고, 남의 것을 훔치고 빼앗는 도적
도 있지 않을 것이며, 군주와 신하, 아버지와 자식은 모두 사랑하고 효도할 수
있을 것이니 이렇게 되면 천하는 다스려질 것이다 … 그러므로 천하가 서로 사
랑하면 다스려지고 서로 미워하면 어지러워지는 것이다."148)

---

148) 『墨子』, 兼愛上, "聖人以治天下爲事者也, 必知亂之所自起, 焉能治之. 不知亂

위의 묵자의 말은 서로 사랑하지 않는 것이 천하의 모든 혼란의 근원이라는 것이다.

"천하의 모든 재난과 찬탈과 원망과 한탄이 일어나 원인은 서로 사랑하지 않는 데서 생기는 것이다. 그래서 인자(仁者)는 이것을 비(非)라고 한다. 그것이 비라면 서로 바꾸어야 한다. 어떻게 바꿀 것인가?"149)

묵자는 그 방법을 다음과 같이 제시한다.

"남의 나라 보기를 제 나라 같이 보고, 남의 집안 보기를 제 집안 같이 보고, 남 보기를 제 몸 같이 보라."150)
"부모, 형, 임금을 제 몸과 같이 보면 어찌 효도하지 않고 자애롭지 않겠는가? 아우, 자식, 신하를 제 몸과 같이 보면 어찌 자애롭지 않을 수가 있겠는가? 그렇게 된다면 불효하고 자애롭지 않은 자가 있을 수 없을 것이다. 도적도 마찬가지이다. 남의 집을 제집 같이 본다면 누가 훔치겠는가? 남의 몸을 제 몸 같이 본다면 누가 남을 해치겠는가? 그렇게 된다면 도적도 있을 수 없을 것이다. 또 대부들이 서로 남의 가문을 어지럽히고 제후들이 서로 남의 나라를 공격하

之所自起, 則不能治. … 當察亂何自起? 起不相愛. … 子自愛, 不愛父, 故虧父而自利. 弟自愛, 不愛兄, 故虧兄而自利. 臣自愛, 不愛君, 故虧君而自利. 此所謂亂也. 雖父之不慈子, 兄之不慈弟, 君之不慈臣, 此亦天下之所謂亂也.… 皆起不相愛. 雖至天下之爲盜賊者亦然. 盜愛其室, 不愛異室, 故竊異室以利其室. 賊愛其身, 不愛人, 故賊人以利其身. 此何也? 皆起不相愛. 雖至大夫之相亂家、諸侯之相攻國者亦然. 大夫各愛其家, 不愛異家, 故亂異家以利其家. 諸侯各愛其國, 不愛異國, 故攻異國以利其國. 天下之亂物, 具此而已矣! 察此何自起, 皆起不相愛. … 若使天下兼相愛, 國與國不相攻, 家與家不相亂, 盜賊無有, 君臣父子皆能孝慈, 若此則天下治. … 故天下兼相愛則治, 交相惡則亂."
149)『墨子』, 兼愛中, "凡天下禍篡怨恨, 其所以起者, 以不相愛生也. 是以仁者非之, 旣以非之, 何以易之?"
150)『墨子』, 兼愛中, "視人之國, 若視其國. 視人之家, 若視其家. 視人之身, 若視其身."

는 것도 남의 가문을 제 가문 같이 여기고 남의 나라를 제 나라같이 여긴다면
누가 남의 가문을 어지럽히고 남의 나라를 공격하겠는가? 그렇게 된다면 그
러한 일도 생기지 않을 것이다."151)

　묵자의 겸애주의의 내용은 대체로 위와 같이 되어있다. 네 이웃을
내 몸같이 사랑하라는 기독교적 윤리와 맥락을 같이 하고 있다. 겸애
는 서로 사랑하되 나에 대한 사랑과 너에 대한 사랑을 차별하지(別)
말고 평등하게(兼) 사랑하라는 것이다. 즉 묵가의 겸애는 '무차별적
평등애'이다.152) 이것은 보편적 인류애를 뜻하며 세상을 구하는 길은
이 길밖에 없다는 것을 설파한 것이라 하겠다. 묵자는 가히 동양의 예
수라 일컬을 만하다. 그리고 이 사랑의 계율을 법의 세계로 끌어내려
자연법화하였으며, 그것으로 실정법의 정당화 근거로 삼았던 것이다.
묵자는 우선 겸애를 '하느님의 뜻(天志)'이라고 한다.

　"하늘의 뜻에 따르는 것은 '서로 함께함(兼)'이요, 하느님의 뜻에 반하는 것
은 '서로 구별함(別)'이다. 하늘의 뜻을 순종하는 자는 만천하의 인민을 서로 함
께 사랑한다. 그 사람을 성인이라 한다."

　"성왕이란 '서로 함께함(兼)'을 실천하는 사람이지 '서로 구별함(別)'을 실천
하는 사람이 아니다. '겸'을 실천하지 않고 '별'을 실천하는 사람은 난폭한 왕
이다."

　"'겸'을 도(道)로 삼는 것은 의로운 정치이며, '별'을 도로 삼는 것은 폭력의

---

151) 『墨子』, 兼愛上, "視父兄與君若其身, 惡施不孝? 猶有不慈者乎? 視弟子與
　　臣若其身, 惡施不慈? 故不孝不慈亡有, 猶有盜賊乎? 故視人之室若其室, 誰
　　竊? 視人身若其身, 誰賊? 故盜賊亡有. 猶有大夫之相亂家諸侯之相攻國者
　　乎? 視人家若其家, 誰亂? 視人國若其國, 誰攻? 故大夫之相亂家諸侯之相
　　攻國者亡有."
152) 梁啓超, 『先秦政治思想史』, 116면 이하.

정치이다."153)

  묵자의 이러한 모든 표현은 겸애가 하늘의 뜻임을 말하고 있는 것이며, 그것으로 모든 사람의 행위의 시와 비를 가려내는 법도로 삼고 있다. 이것이 천지(天志)주의적 자연법이다. 그리고 군주의 실정법은 이 자연법을 실현하는 수단이다. 따라서 이 자연법에 어긋나는 실정법은 효력을 가질 수 없다. 즉, 자연법에서 '옳지 않은 것(非)'이 실정법에서 '옳은 것(是)'으로 뒤바뀌었을 때는 실정법상의 형벌은 받지 않지만, 자연법상의 형벌은 면할 수 없다. 실정법을 어기지 않았음에도 형벌을 받는 것은 자연법이 내린 천벌 이외의 아무것도 아니다.

  그러면 그 평등한 사랑으로서의 겸애는 어떻게 실행 가능한가?

  묵자는 우선 치자의 겸애의 도에 관하여 다음과 같이 말한다.

  "'내가 듣건대 천하에 밝은 임금이 되려면 반드시 만백성의 몸을 먼저 생각한 후에 제 몸을 생각하며 그런 연후에 비로소 천하에 밝은 임금이 될 수 있다'라고 한다. 그러므로 그의 백성들을 먼저 돌볼 것이니 굶주리면 먹여주고, 헐벗으면 입혀주고, 병이 나면 보살펴 주고, 죽으면 장사지내줄 것이다."154)

  이렇게 임금이 백성을 제 몸같이 사랑하면(兼) 다스려진다는 것이다. 이것은 '인정(仁政)'을 말한 것이다.

  묵자는 이어서 "세상은 변하지 않아도 백성의 습속은 바꿀 수 있

---

153) 『墨子』, 天志下, "順天之意者, 兼也, 反天之意者. 別也." 天志下, "順天之意者. … 兼愛天下之人. … 名之曰聖人." 天志中, "聖王, 從事兼, 不從事別. 暴王, 從事別. 不從事兼." 天志下, "兼之爲道也, 義正, 別之爲道也, 力正."

154) 『墨子』, 兼愛下, "吾聞爲明君於天下者, 必先萬民之身, 後爲其身, 然後可以爲明君於天下. 是故退睹其萬民, 飢卽食之, 寒卽衣之, 疾病侍養之, 死喪葬埋之."

다"라고 한다. 왜냐하면 "백성의 행동은 그들의 윗사람이 지향하는 것을 따르기 때문이다."[155] 그리고 그는 『상서(尙書)』의 주서(周書), 홍범(洪範)편에 나오는 다음과 같은 시 구절을 인용한다.

"왕도는 넓고 넓도다. 치우치지도 않고 기울지도 않네. 왕도는 형평하고 공평하도다. 기울지도 않고 치우치지도 않네. 곧기는 화살과 같고 탄탄하기는 반석과 같네. 군자의 가야 할 길, 소인이 보고 본받아야 할 도로다."[156]

이것은 '덕치'를 말한 것이다. 이렇게 묵가에서의 성왕의 도는 유가의 인정과 덕치에 의한 성왕의 도와 같다. 다만 묵가에서는 그것을 하늘의 뜻을 순종하는 다스림으로 보았고, 유가에서는 백성을 위한 다스림으로 보았다는 차이가 있을 뿐이다. 즉 묵가에서는 하늘은 임금의 하늘이었지만 유가에서는 백성이 임금의 하늘이었다.

다음은 백성의 겸애의 도이다. 묵자는 말한다.

"'내가 듣건대 천하에 높은 선비가 되려면 반드시 벗을 위하기를 제 몸같이 하고 벗의 부모를 위하기를 제 부모같이 해야 한다'라고 말한다. 그렇게 실천한 연후에야 천하에 고귀한 선비가 될 수 있다. 그래서 이 선비는 그의 벗을 먼저 돌보아 줄 것이니 굶주리면 먹여주고, 추위에 떨면 입혀주고, 병에 걸리면 보살펴 주고, 죽으면 장사지내줄 것이다."[157]

---

155) 『墨子』, 兼愛 下, "扶垣而後行. 故約食爲其難爲也, 然後爲而靈王說之, 未踰於世而民可移也, 卽求以鄕其上也."
156) 『墨子』, 兼愛 下, "王道蕩蕩, 不偏不黨, 王道平平, 不黨不偏. 其直若矢, 其易若底. 君子之所履, 小人之所視."
157) 『墨子』, 兼愛 下, "吳聞爲高士於天下者, 必爲其友之身, 若爲其身, 爲其友之親, 若爲其親, 然後可以爲高士於天下, 是故退睹者其友. 飢卽食之, 寒卽衣之, 疾病侍養之, 死喪葬埋之."

이렇게 묵가에서는 모든 사람이 서로 남을 제 몸같이 사랑하면(兼) 질서가 잡히고, 남을 제 몸같이 사랑하지 않으면(別) 질서가 어지러워진다고 한다. 그러나 실제로 이러한 차별 없는 보편적 인류애가 현실적으로 실현 가능할 것인가?

유가에서는 사람을 사랑하는 것(愛人)을 인(仁)이라 한다. 그러나 그 인을 실현하는 동기와 방법은 묵가의 겸애와 다르다. 그러면 유가의 사랑과 묵가의 사랑은 어떻게 다르며 어느 것이 더 현실적으로 실현 가능한가? 유가의 사랑은 추기급인(推己及人), 즉 자기를 미루어 남에게 미쳐 가는 사랑을 말한다. 즉 자기를 사랑하는 것으로부터 추급해서 남을 사랑하고, 자기 집을 사랑하는 것으로부터 추급해서 남의 집을 사랑하고, 자기 나라를 사랑하는 것으로부터 추급해서 다른 나라를 사랑하는 방식이다. 이것을 혈구지도라 한다.

그리고 여기서는 친소의 차등에 따른 친친지애(親親之愛)가 문제되어 있으며 친소원근에 관계없이 모든 사람을 똑같이 사랑하는 평등지애, 즉 겸애가 아니다. 겸애주의에서 말하는 사랑은 나를 사랑하는 것과 같이 남을 사랑하고, 내 집을 사랑하는 것과 같이 남의 집을 사랑하고, 내 나라를 사랑하는 것과 같이 남의 나라를 사랑하는 것을 의미하지만, 유가에서의 인의 사랑은 가까운 부모형제에서 시작하여 먼 친척, 그리고 더 먼 사람들에게까지 추급 확장해 나가는 사랑을 의미한다.

그리고 사랑의 동기도 양자에 있어서 같지 않다. 유가에서의 인은 측은지심의 단서로서 동정심 또는 동류의식의 발로로 사랑이 남에게 미쳐 가며, 따라서 사랑의 주체와 객체는 따로 떨어져 있다(別). 그러나 이와는 달리 묵가에서의 겸애는 내 몸과 똑같이 남을 사랑하라는 것이며, 타인도 자기 몸과 똑같이 나를 사랑할 것을 바란다. 여기서는 사랑의 주체와 객체가 서로 겹쳐서 하나로 합쳐 있으며(兼) 따로 떨어져 있지 않다. 즉 네 사랑이 내 사랑이고 내 사랑이 네 사랑인 셈이다. 따라서 이 세상에 남이란 없다(天下無人).

이러한 사랑의 극치는 자기희생과 자기부정에까지 이르러 간다. 예수의 산상수훈에서 "너의 오른뺨을 때리면 왼뺨도 내주고, 너의 윗저고리를 빼앗으면 아랫바지도 벗어주라"라는 말이 바로 그것이다. 그러한 사랑이 종교적, 도덕적 순수성에 있어서 차원 높은 것임에 틀림없겠으나 현실세계에서 실현 가능한 속인의 행위계율이 되기는 어려울 것이다. 따라서 일반적으로 묵가의 겸애주의는 훌륭한 사상임에는 틀림없으나 실제로 실현 가능할 것인지 의심하는 사람이 적지 않다.[158] 법이 '윤리의 최소한도'로서 도덕의 극치를 바라는 것이 아니라면, 묵자의 자연법을 속세에서 현실화하는 데는 한계가 있다고 보겠다.

4. 교리(交利)주의

묵가에 의하면 겸애는 서로를 이롭게 하지만 차별은 서로를 해롭게 한다고 한다. 즉, 서로 사랑하면 서로 이롭게 되고 서로 사랑하지 않으면 서로 해롭게 된다는 것이다. 이렇게 겸애와 교리는 언제나 서로 상응되는 상관개념으로 이해되어 있다. 그래서 묵자는 다음과 같이 말한다.

"하늘은 사람들이 서로 사랑하고 서로 이롭게 하기를 바란다. 그러므로 사람을 사랑하고 이롭게 한 자에게는 복을 내리고, 사람을 미워하고 해친 자에

---

158) 예컨대 梁啓超, 『先秦政治思想史』, 116면 이하 참조.

게는 재앙을 내린다고 말하는 것이다."¹⁵⁹⁾

"남을 사랑하면 그 타인도 반드시 따라서 나를 사랑할 것이며, 남을 이롭게 하면 그 타인도 반드시 따라서 나를 이롭게 할 것이며, 남을 미워하면 그 타인도 반드시 따라서 나를 미워할 것이며, 남을 해치면 그 타인도 반드시 따라서 나를 해칠 것이다."¹⁶⁰⁾

그러면 겸애에 상응하는 이 교리를 어떻게 이해해야 할 것인가? 『묵경』에는 "의는 이익(利)이다"라고 해설되어 있다.¹⁶¹⁾ '의'란 도덕적 개념이고 '이익'은 경제적 개념인데, 어떻게 의로움(義)이 이로움(利)이 될 수 있는가? 유가에서는 의와 이익은 서로 상용될 수 없는 개념으로 이해한다.¹⁶²⁾ 그러나 묵가에서는 의와 이익은 서로 일치하는 개념으로 이해되고 있다. 그러나 여기서 이익을 의로 볼 때 그 이익은 '교리(交利)'로 이해하여야 할 것이다. 교리는 서로 이로운 것이므로 상호 간의 선의 교환으로 이해할 수 있으며, 그러한 선의 교환은 인간관계에 있어서 마땅하고(宜) 옳은 것(義)이라 할 수 있을 것이다.

또한 『묵경』에는 "이(利)는 얻어서 좋은 것이고 해는 받아서 싫은 것이다"라고 해설되어 있다.¹⁶³⁾ 이는 사람이 싫어하는 바와 좋아하는 바에 따라 행동하는 본능을 이용하여 좋아하는 쪽으로 인도하고자 한 것이다. 서로 사랑하면 상호 간에 사랑을 교환하는 것이므로 사랑을

---

159) 『墨子』, 法儀, "夫奚說以不欲人之相愛相利也. 故曰, 愛人利人者, 天必福之, 惡人賊人者, 天必禍之."
160) 『墨子』, 象愛中, "夫愛人者. 人必從而愛之, 利人者. 人必從而利之. 惡人者, 人必從而惡之. 害人者, 人必從而害之."
161) 『墨子』, 經上, "義, 利也."
162) 공자는 "君子喩於義, 小人喩於利"라고 말하며(『論語』, 里仁), 맹자는 양혜왕과의 대화에서 "王何必曰利, 亦有仁義而已矣."라고 말하고 있다(『孟子』, 梁惠王上).
163) 『墨子』, 經上, "利, 所得而喜也.……害, 所得而惡也."

주고받는 양쪽이 다 좋아할 것이다. 따라서 서로 좋아하는 교리는 서로 사랑하는 겸애와 표리관계에 놓여 있음을 알 수 있다. 즉 쌍방의 사랑은 쌍방의 이로움이다. 이것을 사회 전체의 입장에서 본다면 만인의 만인에 대한 사랑은 만인의 만인에 대한 이익이 될 것이다. 묵자는 이것을 '천하의 이익'이라고 한다.

"그러면 천하의 이로움은 무엇이고 천하의 해로움은 무엇인가? 지금 만약 나라들 사이에서 서로 공격하고, 집안들 사이에서 서로 빼앗으며, 사람들 사이에서 서로 해치고, 임금과 신하 사이에서 서로 자애롭지 못하고 충직하지 못하며, 어버이와 자식 사이에서 서로 자비롭지 못하고 효성스럽지 못하고, 형과 아우 사이에서 서로 화목하지 못하고 조화되지 못하면 이것이 천하의 해로움인 것이다. 그러면 이러한 해로움은 무엇 때문에 생기는 것인가? 서로 사랑하지 않기 때문에 생기는 해인 것이다."[164]

여기서는 서로의 이익이 되는 것은 천하의 이익이 된다고 말하고 있다. 즉 사람 사이의 상호이익은 곧 사회 전체의 이익이라는 것이다. 그러나 여기서 말하는 이익은 주로 정신적 이익에 중점을 두고 말하고 있으나, 그러면 경제적 이익을 중점에 둘 때는 어떠한가?

묵가는 특히 생산활동을 하는 노동의 중요성과 신성함을 강조하며, "일하지 않는 자는 먹지 말라"라는 의식이 그의 사고의 바탕에 깔려 있으며, 모든 사람은 자기에게 맡겨진 일에 매진하여 생산성을 최대한으로 높일 것을 바란다. 왜냐하면 사람은 다른 짐승들과 달리 노동을 하여 그의 의식주를 해결하지 않으면 생존할 수가 없기 때문이라

---

164) 『墨子』, 兼愛中, "天下之利何也也, 天下之害何也 ? 子墨子言曰, 今若國之與國之相攻, 家之與家之相簒. 人之與人之相賊, 君臣不惠忠, 父子不慈孝, 兄弟不和調, 此則天下之害也. 然則崇此害, 亦何用生哉 ? 以不相愛生邪."

고 한다. 그러나 묵가가 말하는 노동은 육체노동만을 말하는 것은 아
니고 분업적 원리에 따라 각자에게 맡겨진 일을 충실히 할 것을 바란
다. 이 점을 그는 다음과 같이 말한다.

"비유해서 말하면, 흙으로 담장을 쌓는 것과 같다. 흙을 잘 다지는 사람은 흙
을 다지고, 흙을 잘 운반하는 사람은 흙을 나르고, 흙을 잘 파는 사람은 삽질을
하면서 제각기 능한 일을 맡아서 하며 담을 쌓는 것과 같다. 의로운 일을 행하
는 것도 이와 같아서 변론을 잘하는 사람은 변론을 하고, 글을 잘 쓰는 사람은
글을 쓰고, 어떤 일을 잘하는 사람은 그 일에 종사하여 제각기 맡은 일을 잘 해
내면 의로운 일이 성사되는 것이다."165)

이처럼 노동이 육체노동이든 정신노동이든 각자에게 맡겨진 일을
열심히 하면 사회 전체의 생산성이 높아져서 국리민복을 가져온다는
것이다.

그러므로 아무 일도 안 하고 놀고먹거나, 생산성을 저해하는 낭비
나 사치나 과소비를 해서는 안 된다고 한다. 예컨대,

"의복은 몸에 맞고 피부가 따뜻하면 족한 것이다 … 수를 찬란하게 놓고 문
채를 다양하게 가꾼 의복은 실제로 따뜻하게 하는 데 도움을 주는 것이 아니
다 … 그러한 의복을 노력을 다하여 만든다 할지라도 결국은 경제적 효용은 아
무것도 없는 것이다."166)

---

165) 『墨子』, 耕柱, "子墨子曰, 譬若築牆然, 能築者築, 能實壤者實壤, 能欣者欣, 然
後牆成也. 爲義猶是也, 能談辯者談辯, 能說書者說書, 能從事者從事, 然後義
事成也."
166) 『墨子』, 辭過, "故聖人爲衣服, 適身體和肌膚而足矣, 非榮耳目而觀愚民也. …
故民衣食之財, 家足以待旱水凶饑者, 何也? 得其所以自養之情, 而不感於外
也. 是以其民儉而易治, 其君用財節而易贍也. … 當今之王, 其爲衣服, 則與此

묵자의 「비악(非樂)」, 「비정(非政)」, 「비공(非攻)」, 「비유(非儒)」, 「비명(非命)」편 등은 전부 경제적 효용이 없는 비생산적 행위를 하지 말라는 것을 담고 있다. 즉 아무런 경제적 생산성도 없는 예악을 즐기지 말라는 것이며, 모든 것을 파괴하는 전쟁을 하지 말라는 것이며, 시간과 비용을 낭비하는 번잡한 유교식 장례나 의식의 허례허식 등을 하지 말라는 것이며, 숙명론자가 되어 가난을 숙명으로 받아들여 노력하지 않고 일하지 않으며 게으름을 피우지 말라는 것 등이 그것이다.

그러면 이렇게 즐기지 않고, 낭비하지 않고, 사치하지 않고, 과소비하지 않고 오로지 열심히 일하여 생산을 극대화함으로써 얻은 사회의 재화는 어떻게 고루 분배할 것인가?

묵자는 그의 「겸애」편에서 옛날 법과 정치가 아직 존재하지 않았던 자연상태에서는 "남는 힘이 있어도 서로 나누어 돕지 않고, 남는 재물이 있어도 서로 나누어 갖지 않고, 좋은 방법이 있어도 서로 가르쳐주지 않으니 천하는 혼란해져서 마치 짐승들이 사는 것과 같았다"라고 말한다. 그러면 국가가 세워지고 통치자가 들어서서 법에 따라 정치를 행할 때 어떻게 이러한 자연상태를 극복할 수 있었을 것인가? 즉 어떠한 사회원리에 의하여 그러한 자연상태를 극복하고 "남는 힘은 서로 나누어 돕고, 남는 재물은 서로 나누어 갖는" 사회가 될 수 있었을 것인가?

묵자가 제시하는 처방은 단 한 가지이다. 서로 사랑하고 서로 이롭게 하라는 것이다. 이것을 위의 명제에 적용해 말한다면, "남는 힘은 상호 간의 이익을 위하여 써야 하고, 남는 재물은 상호 간의 이익을 위하여 분배한다"라는 말로 옮겨 쓸 수 있을 것이다.

異矣. 多則輕煖, 夏則輕淸, 皆已具矣, 必厚作斂於百姓, 暴奪民衣食之財, 以爲錦繡文采靡曼之衣, 鑄金以爲鉤, 珠玉以爲珮, 女工作文采, 男工作刻鏤, 以爲身服. 此非云益煖之情也. 單財勞力, 畢歸之於無用也."

이것은 바로 공자가 『예기(禮記)』의 「예운」편에서 대동사회를 설
명하는 가운데서 "재물을 헛되이 땅에 버리는 것은 싫어하였으나 반
드시 자기에게만 사유로 독점하지 않았으며, 노동은 각자의 몸에서
나오는 것이지만 반드시 자기의 사리를 취하기 위해서만 쓰지 않았
다"[167]라는 것에 해당한다.

그러면 묵가의 교리주의 사회원리를 가지고 이러한 대동사회의 실
현을 가능하게 할 수 있을 것인가?

이미 위에서 살펴본 바와 같이, 묵자의 교리주의는 그 질서구성 원
리에 있어 겸애주의와 표리관계에 놓여 있다. 즉 남을 사랑하면 이로
움을 주고, 남을 미워하면 해로움을 준다는 것이다. 그러나 남을 사랑
하는 데 아무런 한계 없이 내 몸같이 이웃을 사랑하라고 한다면 그것
은 자기희생을 전제하지 않을 수 없다. 왜냐하면 예수의 산상수훈에
서 볼 수 있듯이, 자기의 손해를 감수하는 자기희생의 이타주의 정신
이 없으면 진정한 사랑의 실현은 불가능하기 때문이다.

이와 마찬가지로 교리주의에서도 남을 이롭게 하는 데 한계가 그어
져 있지 않은 이상 나의 이익을 희생시키는 것을 전제하지 않을 수 없
다. 왜냐하면 서로가 내 몸과 같이 사랑하고 서로가 내 몸과 같이 이롭
게 한다면 너와 나와의 사이에서 내 이익이 곧 네 이익이고, 네 이익이
곧 내 이익이 될 것이기 때문이다. 그래서 묵자는 이것을 '하늘의 이
익(上利於天)' 또는 '천하의 이익(天下之利)'이라고 말하고 있는데, 이
것은 모든 개인의 이익이 '전체의 이익'에 흡수되어있는 공익개념이
다. 이러한 공익개념은 전체주의적 공익개념이 될 수밖에 없고 개인
주의적 공익개념이 될 수 없다. 개인주의적 공익개념은 개인의 이익
을 희생시키고 그것을 전체이익으로 환원시키는 것이 아니라 개인의

167) 앞의 각주 23)을 참조.

이익을 전제하되 그 이익이 다른 사람의 이익과 충돌되지 않도록 한
계를 그어 각자의 이익이 공평하게 조화되어있는 질서원리에 기초한
공익개념이기 때문이다.[168] 이것은 벤담의 '최대 다수의 최대 행복'
에 해당하는 것이다.

묵가의 사회이론에 따르면 개인은 완전히 사회에 흡수되어 사회를
구성하는 일 분자에 지나지 않게 되며, 따라서 개인은 이익의 주체가
아니다. 묵자의 사회이론이 전체주의 이데올로기로 차용될 유혹을 받
는 것은 그 때문이다.

묵가의 교리주의 사회이론은 위에서 공자가 말한 '대동사회'로 돌
아가는 원리로 원용될 수도 없다. 대동사회에서는 노동으로 인하여
얻은 재화를 자기만을 위하여 사유로 독점하지 않았다고 하는데, 그
러한 사회질서로 환원되자면 불공평한 사유재산제도를 폐지하고 그
것을 공평하게 재분배해야 한다. 그래서 공자는 가난이 문제가 아니
라 고르게 분배하는 것이 문제라고 말하고 있다.[169] 그러나 묵자는 개
인의 모든 이익을 전체사회의 이익으로 환원시켰을 뿐 그것을 다시
공평하게 만드는 고른 분배를 생각하지 않고 있다. 다시 말하면, 교리
주의는 불공평한 사유재산제도를 폐지하고 그것을 국유재산제도로
환원시키는 사회원리로 원용될 수는 있지만, 그것을 공평하게 재분배
하는 원리로 사용될 수는 없다는 것이다. 결론적으로 말하면, 묵자의
겸애주의와 교리주의는 하나의 종교적 도그마로서는 옳고 또한 바람
직하다. 그러나 그것은 법원리로는 원용될 수 없다. 왜냐하면 법은 이

---

168) 순자의 예개념, 칸트 및 홉스의 법개념, 루소의 일반의지 또는 일반이익 개념 등
    은 모두 개인의 이익을 전제로 한 공익개념이다. 이 점에 관하여는, 앞의 각주
    65), 66), 70) 및 J. J. Rousseau, *Du Contrat Social*(*Der Gesellschaftsvertrag*),
    Ⅱ 1, S. 54를 참조.

169) 『論語』, 季氏, "孔子曰, 求! 君子疾夫舍曰欲之而必爲之辭. 丘也, 聞有國有
    家者, 不患寡而患不均, 不患貧而患不安. 蓋均無貧, 和無寡, 安無傾."

웃사랑의 종교적 계율에 따라 "남을 네 몸과 같이 사랑하라" 또는 "남을 네 몸과 같이 이롭게 하라"라는 적극적 명제로부터 출발하는 것이 아니라, 황금률의 혈구지도에 따라 "남을 너 자신을 미루어서 미워하지 말라", "남을 너 자신을 미루어서 해치지 말라"라는 소극적 명제로부터 출발하기 때문이다. 쉽게 말하면, 법은 타인을 적극적으로 사랑하거나 이롭게 하지 않아도 좋으니 다만 타인을 미워하거나 해치지만 말라는 것이다. 따라서 법은 남을 위한 자기희생이나 자기부정을 바라지 않을 뿐만 아니라 규범으로서 요구하지도 않는다. 이 점이 종교적 규범윤리와 법적 규범윤리의 다른 점이다. 그러므로 묵자의 종교적 자연법을 세속적 자연법의 질서원리로 원용하는 것은 불가능하다고 본다.

동양의 법사상의 재조명
― 덕치주의, 예치주의, 법치주의를 중심으로

Ⅰ. 덕치주의

　덕치주의는 유가에서 주장된 것으로서 도덕규범에 의하여 다스리는 치도의 원리를 의미한다. 동서고금을 막론하고 국가가 있으면 지배(治)가 있었는데 유가에서는 그 지배권의 정당화를 국가의 윤리성에서 찾는다. 즉 유가에서의 국가는 단순한 권력단체가 아니라 윤리단체이다. 이 윤리단체로서의 국가의 이념은 백성을 계몽하고 교화하여 인·의·예·지·신의 인간 가치를 실현하는 데 있으며 또한 그 지배방식도 도덕에 구속되는 '덕치'를 하게 된다. 이것이 국가의 지배를 정당화하는 도덕성의 기초이다. 맹자는 "덕으로 인(仁)을 행하는 자가 왕"이라고 하며 "군주가 인자하면 아무도 인자하지 않을 수 없고, 군주가 의로우면 아무도 의롭지 않을 수 없고, 군주가 올바르면 아무도 올바르지 않을 수 없다. 한 번 군주가 바로 잡히면 나라도 바로 잡힌다"[1]라고 말한다.

　공자도 같은 말을 한다. "정치는 바른 것을 행하는 것이다. 그대(季康子)가 솔선하여 바르게 행하면 누가 감히 바르게 행하지 아니하겠는가?"[2] "윗사람의 몸가짐이 바르면 명령하지 아니하여도 백성은 행

---

1) 『孟子』, 公孫丑上, "以德行仁者, 王.", 離婁上, "君仁莫不仁, 君義莫不義, 君正莫不正. 一正君而國定矣."
2) 『論語』, 顔淵, "季康子問政於孔子. 孔子對曰, 政者, 正也. 子帥以正, 孰敢不

하고 그 몸가짐이 부정하면 비록 명령을 하여도 백성은 따르지 아니한다."3)

순자도 다음과 같이 말한다. "임금은 백성의 근원이다. 근원이 맑으면 흐름도 맑고 근원이 흐리면 흐름도 흐린 것이다."4) "임금이 드러내어 밝히면 곧 백성도 잘 다스려질 것이며 임금이 바르고 성실하면 곧 백성도 성실해질 것이며 임금이 공정하면 백성 정직하게 될 것이다."5)

이렇게 유가의 치도는 권력에 의한 법치보다 선교(善教)에 의한 덕치를 중요시한다. 공자는 법치와 형벌에 의한 통치(刑治)보다 덕치와 예치가 더 중요하다는 것을 다음과 같이 일깨워주고 있다.

"백성을 법으로 인도하고 형으로 다스리면 그들은 법망을 뚫고 형을 피함을 수치로 여기지 아니한다. 그러나 덕으로 인도하고 예로 다스리면 수치심을 갖게 되고 따라서 행실을 바로 고치게 된다."6)

그는 또한 다음과 같이 말하기도 한다.

"계강자가 공자에게 묻기를 '무도한 죄인은 사형에 처하여 백성들로 하여금 겁내게 하여 바른 방향으로 나아가게 함이 어떻겠습니까?' 이에 공자가 답하되, '그대 정치를 함에 있어서 어찌 살인을 일삼으리오. 그대가 스스로 착하고자 하면 인민도 착하여질 것이다. 군자의 덕은 바람이요, 소인의 덕은 풀이

正？"
3) 『論語』, 子路, "子曰, 其身正, 不令而行. 其不正, 雖令不從."
4) 『荀子』, 君道, "君者, 民之原也. 原淸則流淸, 原濁則流濁."
5) 『荀子』, 正論, "上宣明, 則下治辨矣. 上端誠, 則下愿愨矣. 上公正, 則下易直矣."
6) 『論語』, 爲政, "子曰, 道之以政, 齊之以刑, 民免而無恥. 道之以德, 齊之以禮, 有恥且格."

어서 바람을 맞으면 풀은 반드시 머리 숙이니라.'"7)

이것은 법과 형으로 다스리기보다는 덕과 예로 다스릴 것을 강조한
말이다. 법을 통한 형벌로 다스리기보다는 덕과 예로 다스리는 것이
더 바람직하다는 공자의 이 말을 비현실적이라고 하여 오늘날 귀담아
들을 사람은 거의 없을 것이다. 그러나 현대사회의 그 많은 형벌법규
에 의하여 얼마나 효과적으로 사회질서가 바로 잡혔으며 범법자가 줄
어들었는지 한번 반성해 볼 필요가 있다. 공자는 여기서 특히 사형의
일반예방적 효과를 부인할 뿐만 아니라 오히려 그 비인도성과 비윤리
성의 책임을 치자에게 돌리고 있다.

"오호라! 위의 치자가 실덕(失德)을 하면서 아래의 백성을 사형에 처하는
것이 가능한가? 백성을 교화하지 않으면서 사형이라는 옥사를 결행하는 것은
죄 없는 무고한 사람을 죽이는 것이나 다름없다. 삼군이 대패해도 그 병사들
을 벌로 참해서는 안 된다. 단순히 법령을 어겼다고 해서 형벌을 과해서는 안
된다. 왜냐하면 백성에게는 죄가 없기 때문이다. 금령을 소홀히 하면서 엄하
게 처벌하는 것은 적(賊)이며 생산은 때가 있는데 무시로 아무 때나 조세를 거
두어들이는 것은 폭정이며 백성을 교화하여 바르게 인도하지도 않으면서 백
성이 잘못을 저질렀다고 문책하는 것은 학정이다. 따라서 이러한 세 가지 일
을 그치고 치자가 해야 할 일을 먼저 하고 난 다음에 비로소 형벌을 과할 수 있
는 것이다."8)

---

7) 『論語』, 顏淵, "季康子問政於孔子曰, 如殺無道, 以就有道, 何如? 孔子對曰, 子
爲政, 焉用殺? 子欲善, 而民善矣. 君子之德風, 小人之德草. 草上之風, 必偃."
8) 『荀子』, 宥坐, "孔子慨然歎曰, 嗚呼! 上失之, 下殺之, 其可乎! 不教其民而聽其
獄, 殺不辜也. 三軍大敗, 不可斬也. 獄犴不治, 不可刑也, 罪不在民故也. 嫚令謹
誅, 賊也. 今生也有時, 斂也無時, 暴也. 不教而責成功, 虐也. 已此三者, 然後刑
可卽也."

공자는 일반예방과 특별예방을 전부 예로 행한다. 즉 백성을 예에 따라 사전에 교화시킴으로써 범죄가 일어나지 않도록 일반예방을 하며 그런데도 범죄자가 생기면 마찬가지로 사후에도 예에 따라 교화시키는 방법으로 개과천선하는 특별예방을 한다는 것이다. 그러므로 일반예방의 수단은 위하가 아닌 교화이며, 특별예방의 수단도 응보가 아닌 교육적 징계이다.[9] 이 점을 공자는 『예기』에서 다음과 같이 말한다.

"예교에 의한 교화는 잘못이 아주 경미할 때에 그것을 그치게 하고, 아직 그 형태가 드러나지 않을 때 그 사악함을 미연에 방지하는 데 있다. 그리하여 사람으로 하여금 자기도 모르는 사이에 나날이 선으로 옮아가고 죄에서 멀어지게 하는 것이다."[10]

"무릇 사람의 지능은 지나간 과거를 볼 수는 있으나 미래를 볼 수는 없다. 예는 악의 발생을 미연에 방지하는 것이고 법은 그것이 발생하고 난 다음에 금하는 것이다."[11]

공자의 이러한 교육형 사상은 서양에서 현대 형법의 아버지라고 불리는 홉스나 리스트의 형벌사상과 똑같다. 다만 홉스는 300년 전 사람이고 공자는 2,500년 전의 사람이라는 차이가 있을 뿐이다. 이처럼 형벌관에 관한 한 공자는 홉스와 리스트의 목적형 사상과 교육형 사

---

9) 이러한 유가의 교육형 사상과는 달리 법가의 형벌관은 위하형에 입각하고 있으며, 따라서 일반예방적 관점만 있을 뿐 특별예방의 관점은 전혀 없다. 이 점에 관하여 자세한 것은, 拙稿, 「韓非子의 법사상」, 『法律論集』 제32집, 고려대 법학연구소, 1996, 249면 이하 참조.

10) 『大戴禮記』, 禮察, "禮云禮云, 貴絶惡於未萌, 而起信於微眇, 使民日從善遠罪而不自知也."

11) 『大戴禮記』, 禮察, "凡人之知, 能見已然, 不能見將然. 禮者禁於將然之前, 而法者禁於已然之後."

상의 선구자였음을 알 수 있다. 덕치주의의 특징은 법치주의와의 차이에서 분명히 드러난다. 덕치주의에서는 질서를 유지하기 위하여 법과 형을 사용하여 강제하지 않고 덕과 예로 교화할 것을 바란다. 따라서 유가에서의 정치는 근본적으로 교육을 통하여 하는 것이지 권력을 통해서 하는 것이 아니다. 따라서 정치가도 여기서는 교육자의 역할을 하는 것이지 권력자의 역할을 하는 것이 아니다. 교육은 스승의 덕으로 감화시키는 것이지 힘으로 강제하는 것이 아니기 때문이다. 그래서 유가에서는 "임금은 백성의 스승이다"[12]라고 말하기도 하며 "성인은 백대(百代)의 스승이다"[13]라고 말하기도 한다.

덕치주의의 지배방식의 특징은 힘을 사용하는 것이 아니라 덕을 사용한다는 데 있다. 즉 지배자의 덕으로 백성을 감화시켜서 따라오도록 한다는 데 있다. 따라서 법이나 권력보다 유덕한 군자가 필요하다. 덕치주의는 본질적으로 유덕한 군자에 의한 '인치주의'를 의미한다.[14] 순자는 말한다.

"좋은 법이 있어도 어지러워질 수는 있지만, 군자가 있으면서 어지러워진다는 말은 자고로 들어본 적이 없다. 옛말에 '다스림은 군자에서 나오고 혼란은 소인에게서 생겨난다'라고 한 것은 이것을 두고 말한 것이다."[15]

"법은 다스림의 시단(端)이고 군자는 법의 근원이다. 그러므로 군자가 있으면 법이 비록 생략되었다 할지라도 충분히 두루 펴질 것이다. 군자가 없으면 법이 비록 잘 갖추어져 있다 할지라도 족히 어지러워질 것이다. 그러므로

---

12) 『荀子』, 王制, "夫是之謂人師, 是王者之法也."
13) 『孟子』, 盡心下, "聖人百世之師也."
14) 梁啓超도 유가의 덕치주의를 '인치주의'라고 칭한다. 『先秦政治思想』, 78면 참조.
15) 『荀子』, 致士, "故有良法而亂者, 有之矣, 有君子而亂者, 自古及今, 未嘗聞也. 傳曰, '治生乎君子, 亂生乎小人.' 此之謂也."

밝은 임금은 사람을 얻기를 서두르고, 어리석은 임금은 권세를 얻기를 서두른다."16)

나라에는 법이나 제도가 있지만 이를 운용하고 다스리는 것은 사람이다. 따라서 다스리는 사람이 군자라면 법이나 제도가 다소 미비하고 불완전하다 하더라도 다스려지지만, 그 다스리는 사람이 소인이라면 아무리 법과 제도가 완벽하게 갖추어져 있다고 할지라도 제대로 다스려지지 않는다는 것이다. 그래서 순자는 단호하게 말한다.

"어지러운 임금이 있는 것이지 어지러운 나라가 따로 있는 것이 아니요, 다스리는 사람이 있는 것이지 다스리는 법이 따로 있는 것이 아니다."17)

이렇게 덕치주의는 '인치(人治)'를 강조하지만 그 인치는 '유덕한 군주의 인치'를 전제하고 있음을 간과해서는 안 된다. '실덕한 군주의 인치'는 덕치주의의 개념에 들어가지 않는다. 그러면 실덕한 군주의 인치, 즉 '폭군'은 어떻게 해야 하는가?

유가에서는 폭정과 학정을 일삼는 불인(不仁)한 통치자는 두 가지 방법으로 임금의 자리를 잃게 된다. 그 하나는 군주를 바꾸는 것이고, 다른 하나는 군주를 죽이는 것이다. 제나라의 선왕(宣王)과의 대화에서 맹자는 "군주에 큰 잘못이 있으면 간하고 그것을 되풀이하여 간하여도 들어주지 아니하면 군주를 바꾸어 버립니다"라고 말하고 있다.18) 이것은 실덕을 한 군주를 폐위하고 다른 사람을 그 자리에 앉히

16) 『荀子』, 致士, "法者, 治之端也. 君子者, 法之原也. 故有君子, 則法雖省. 足以遍矣. 無君子, 則法雖具, 失先後之施, 不能應事之變, 足以亂矣. 不知法之義, 而正法之數者, 雖博臨事必亂. 故明主急得其人, 而闇主急得其埶."
17) 『荀子』, 君道, "有亂君, 無亂國, 有治人, 無治法."
18) 『孟子』, 萬章下, "君有大過, 則諫, 反覆之而不聽, 則易位"

는 역위(易位)를 뜻한다. 또 하나의 방법은 폭군을 살해하는 것이다.

"제나라의 선왕(宣王)이 묻기를, '탕왕(湯王)이 걸왕(桀王)을 내쫓고 무왕(武王)이 주왕(紂王)을 방벌했다는데 그런 일이 있습니까?' 맹자가 대답했다. '옛 기록에 있습니다.' 선왕이 다시 묻기를 신하로서 군주를 시해하는 일이 있을 수 있습니까?' 맹자가 이어 답하되, '인(仁)을 해치는 자를 적(賊)이라 하고, 의를 해치는 자를 잔(殘)이라고 합니다. 잔적을 일삼는 자를 일부(一夫)라고 합니다. 일부 주를 살해했다는 말은 들었어도, 군주를 시해했다는 말은 아직 듣지 못하였습니다.'"19)

이것을 '역성혁명'이라 한다.20) 순자도 역성혁명에 대하여 다음과 같이 언급한다.

"탕왕과 무왕은 백성들의 부모였고 폭군 걸(桀)과 주(紂)는 백성들의 원수인 적(賊)이었다. 지금 세속의 세자(說者)들은 걸과 주를 임금이라 하고 탕왕과 무왕을 자기 임금을 시해한 사람이라고 하는데 그렇다면 이는 백성의 부모를 주멸하고 백성의 원수인 적을 웃어른으로 받드는 격이니 상서롭지 못한 말로서 이보다 더한 것은 없을 것이다. 천하가 복종하는 것이 왕인즉 천하가 일찍이 걸과 주에게 복종한 일이 없다. 그런데도 탕왕과 무왕이 자기 임금을 시해하였다고 하니 천하에 아직 이런 논리가 있어 본 적이 없으며 이는 헐뜯기 위한 망언에 지나지 않는다."21)

---

19) 『孟子』, 梁惠王下, "齊宣王問曰, 湯放桀, 武王伐紂, 有諸? 孟子對曰, 於傳有之. 曰, 臣弑其君, 可乎? 曰, 賊仁者謂之賊, 賊義者謂之殘, 殘賊之人謂之一夫. 聞誅一夫紂矣, 未聞弑君也."

20) 역성혁명에 관하여 자세한 것은, 拙稿, 「孟子의 易姓革命論」, 『東西의 法哲學과 社會哲學』(無碍 徐燉珏博士 古稀記念論文集), 박영사, 1990, 참조.

21) 『荀子』, 正論, "湯武者, 民之父母也. 桀紂者, 民之怨賊也. 今世俗之爲說者, 以

순자는 이어서 역성혁명의 현상을 다음과 같이 간결하게 표현하기도 한다.

"임금은 배요 백성은 물이다. 물은 배를 뜨게도 하지만, 물은 배를 전복시키기도 한다."22)

이러한 역성혁명의 사상은 이미 공자에게서도 발견된다. 그는『예기』의「예운」편에서 "만약 덕과 예로 인정을 펴지 아니하는 임금이 있다면 백성의 재앙을 막기 위하여 그를 권세의 지위에서 제거하여야 한다"23)라고 말한 바 있다.

유가에 의한 이러한 역성혁명 사상은 지배자의 통치권이 도덕성을 상실하면 그것은 이미 정당한 권력으로서의 권위를 상실하고 단순한 폭력에 지나지 않는다는 데 있다. 지배자가 어진 임금이 되지 못하고 불인(不仁)을 행하는 폭군이 되면 그것은 이미 임금의 자격을 상실한 한낱 필부에 지나지 않는 것이며, 따라서 그러한 폭군을 제거하거나 살해하는 것은 시역이나 시해에 해당하지 않는다는 것이다. 결국 역성혁명론은 폭군에 대항하는 국민의 저항권을 국가윤리에 의하여 정당화시켜주는 이론으로서 그 이론적 근거는 '인(仁)'의 개념에 기초한 인도적 자연법사상과 '직분'의 개념에 바탕한 정명론의 사상에서 연유한다.24)

桀紂爲君, 而以湯武爲弑, 然則是誅民之父母, 而師民之怨賊也, 不祥莫大焉. 以天下之合爲君, 則天下未嘗合於桀紂也. 然則以湯武爲弑, 則天下未嘗有說也, 直墮之耳."

22)『荀子』, 王制, "君者舟也, 庶人者水也. 水則載舟, 水則覆舟."
23)『禮記』, 禮運, "此六君子者未有不謹於禮者也. 以著其義, 以考其信, 著有過, 刑仁, 講讓, 示民有常. 如有不由此者, 在執者去, 衆以爲殃. 是謂小康."
24) 이 점에 관하여 자세한 것은, 拙稿,「東洋의 自然法思」,『法學論集』제33집, 고려대 법학연구소, 1997, 169면 이하, 특히 392-400면 참조.

　동양의 덕치주의의 현대적 의의는 재조명되어야 할 것으로 본다. 동양의 덕치주의와 서양의 법치주의는 형식적인 수단에서는 대립하는 개념으로 보이지만, 실질적인 목적에서는 같다. 즉 폭군을 통제하겠다는 목표에서는 같다. 다만 그 방법이 다를 뿐이다. 법치주의는 법으로 폭군의 지배를 막겠다는 것이고, 덕치주의는 군주의 덕으로 폭군의 지배를 원천적으로 봉쇄하겠다는 것이다. 그러나 덕치주의는 오늘날 비현실적인 면이 있다. 왜냐하면 현대사회에서 모든 지배자가 요순과 같은 성인도 아니고 또 그러한 성인일 것을 기대할 수도 없기 때문이다. 따라서 법치주의는 불가피하다. 이 점에 덕치주의의 한계가 있다고 보겠다. 그러나 다른 한편 법치주의가 아무리 법으로 지배자의 권력을 구속하더라도 지배자가 자기를 구속하는 그 법을 개폐하여 악법으로 바꾸든지, 또는 그 법을 그대로 놓아둔 채 그것을 왜곡 적용하든지, 또는 그 법 자체의 존재를 애당초 무시해 버리고 자의에 의하여 다스릴 때는 속수무책이다. 현대판 폭군들은 전부 그렇게 해서 법의 구속으로부터 해방되었던 것이다. 이 점에 또한 법치주의의 한계가 있다고 보겠다.

　우리는 법치와 인치의 관계를 배타적 관계로 보지 말고 상호보완적 관계로 이해해야 할 것이다. 즉 법치로 인치의 단점을 보완할 필요가 있고, 인치로 법치의 단점을 보완할 필요가 있는 것이다. 따라서 덕치주의를 신화적·비현실적이라고 하여 무조건 배척할 것이 아니라 현대사회에서도 그 깊은 뜻과 장점을 살려 활용하는 지혜가 아쉽다 할 것이다.

Ⅱ. 예치주의

덕치주의가 주관적 도덕규범에 따라 다스리는 것이라면, 예치주의
는 객관적 윤리규범에 따라 다스리는 것을 의미한다. 예규범은 윤리
규범으로서 공사 생활의 모든 분야에서 규범력을 가지며, 거기에는
가족윤리, 사회윤리, 국가윤리 등이 모두 포함된다. 특히 동양에서는
이 예규범이 발달해 있어서 그것으로 질서를 형성하고 유지하는 기능
을 하였다. 인간행위를 통제하는 객관적 규범이라는 점에서 그 기능
은 법과 동일하며, 다만 예규범에는 강제가 수반되어 있지 않다는 점
이 법규범과 다를 뿐이다. 그러나 예규범에는 정치적 강제 대신 사회
적 비난이 제재의 형식으로 따른다.

유가의 삼철(공자·맹자·순자) 가운데서 특히 예치주의를 강조하고
예의 개념을 이론적으로 정립한 사람은 순자이다. 그는 덕치주의만으
로는 사회질서를 유지하는 데 부족하다고 보았으며, 따라서 주관적
도덕규범 외에 객관적 예규범이 필요하다는 것을 인식하고 그것을 이
론적으로 근거 붙였다. 그는 성악설적 인간관으로부터 예의 발생의
필요성과 당위성을 설명한다.

"인간의 본성은 악하다 선하다고 하는 것은 인위의 소산이다. 사람은 나면
서부터 이익을 좋아하기 때문에 이것을 따르면 쟁탈이 벌어지고 사양이 없어
진다. 나면서부터 질투하고 미워하기 때문에 이것을 따르면 타인을 해치게 되
고 충과 신이 없어진다. 나면서부터 귀와 눈의 욕망이 있어 아름다운 소리와
빛깔을 좋아하기 때문에 이것을 따르면 음란이 생기고 예의와 질서가 없어진
다. 사람의 감정을 쫓는다면 반드시 쟁탈이 벌어지고 분수를 어기게 되고 질서
가 문란해지고 난폭한 무질서에 이르게 된다. 이로써 본다면 사람의 본성이 악

하다는 것이 분명하다."25)

"사람의 본성은 악하다. 그래서 옛날에 성왕께서는 사람의 본성이 악하여 음험하고 편벽하여 바르지 못하고 질서를 소란케 하여 다스려지지 않기 때문에, 임금의 권세를 세워 이들 위에 군림케 하고, 예의를 밝히어 이단을 교화하고, 올바른 법도를 만들어 이들을 다스렸으며, 형벌을 중하게 하여 이들의 악한 행동을 금지한 것이다. 이것이 성왕의 다스림이고 예의의 교화인 것이다. 지금 시험 삼아 임금의 권세를 없애버리고, 예의를 통한 교화를 중지하고, 바른 법도의 다스림을 없애버리고 형벌에 의한 금지를 폐지하고, 천하의 인민들이 어떻게 어울려 사는가를 한 번 보기로 하자. 그렇게 되면 강자가 약자를 해치고 탈취하며, 다수의 무리는 소수의 무리에게 폭력을 가하여 그들을 굴복시킬 것이다. 천하가 어지럽게 되어 망하는 꼴을 보는 것은 한참을 기다릴 필요조차 없을 것이다. 그러니 사람의 본성이 악한 것은 분명하다."26)

순자의 성악설은 인간의 '자연적 본성'에 근거한다. 그것은 이목구비의 감각기관이 외적인 사물과 접촉하여 자연히 감응하는 감성작용을 말한다. 이와는 달리, 맹자의 성선설은 인간의 '도덕적 본성'에 근거한다. 그것은 마음의 사유기관이 사물을 인식하여 가치판단을 하는 이성작용을 뜻한다.27) 그런데 순자는 감성만이 사람의 선천적 본성에

---

25) 『荀子』, 性惡, "人之性惡, 其善者僞也. 今人之性, 生而有好利焉. 順是, 故爭奪生而辭讓亡焉. 生而有疾惡焉, 順是, 故殘賊生而忠信亡焉. 生而有耳目之欲, 有好聲色焉, 順是, 故淫亂生而禮義文理亡焉. 然則從人之性, 順人之情, 必出於爭奪, 合於犯分亂理而歸於暴. 故必將有師法之化, 禮義之道, 然後出於辭讓, 合於文理, 而歸於治. 用此觀之, 然則人之性惡明矣."

26) 『荀子』, 性惡, "人之性惡. 故古者聖人以人之性惡, 以爲偏險而不正, 悖亂而不治, 故爲之立君上之埶以臨之, 明禮義以化之, 起法正以治之, 重刑罰以禁之, 使天下皆出於治, 合於善也. 是聖王之治而禮義之化也. 今當試去君上之埶, 無禮義之化, 去法正之治, 無刑罰之禁, 倚而觀天下民人之相與也. 若是, 則夫彊者害弱而奪之, 衆者暴寡而譁之, 天下悖亂而相亡, 不待頃矣. 用此觀之, 然則人之性惡明矣, 其善者僞也."

27) 순자의 성악설과 맹자의 성선설에 관하여 자세한 것은, 拙稿, 「荀子의 法思想」,

속하며, 이성은 후천적으로 인위적 작용을 통해 얻어지는 것이므로 인간의 생래적 본성이 아니라고 한다. 그러한 이성적 본성과는 달리 인간의 감성적 본성은 태어나면서부터 가지고 있는 자연적 본성으로서 그 작용은 이익과 욕망을 추구하게 된다는 것이다. 이러한 욕망의 추구는 그 자체 한계가 없는 것이므로 필연적으로 타인의 욕망과 충돌되어 쟁투가 벌어지고 무질서를 가져오게 된다는 것이다. 그러므로 예규범을 세워 그 욕망의 한계를 그어서 충돌을 막아야 한다는 것이다. 그는 예가 생겨난 이유를 다음과 같이 설명한다.

"'예는 왜 생겨났는가?' 그것은 사람은 나면서부터 욕망이 있는데. 바라면서도 얻지 못하면 곧 추구하지 않을 수 없고, 추구함에 있어 일정한 척도나 한계가 없다면 곧 다투지 않을 수 없게 된다. 다투면 질서가 문란하여지고 질서가 문란하여지면 궁하여진다. 옛 임금께서는 그 질서가 어지러워지는 것을 싫어하셨기 때문에 예의를 제정하여 그 한계를 정함으로써, 사람들의 욕망을 충족시켜주고 사람들이 추구하는 것을 얻게 하였던 것이다. 그리하여 욕망으로 하여금 반드시 물건에 궁하여지지 않도록 하고, 물건은 반드시 욕망에 부족함이 없도록 하여 이 두 가지 것이 서로 견제하며 발전하도록 하였는데, 이것이 예가 생겨난 이유인 것이다."[28]

공자의 '극기복례(克己復禮)', 즉 "자기의 이기적 욕망을 극복하여 예로 돌아간다"라는 것도 이 점을 말한 것이다.

순자의 이러한 예의 개념은 서양의 칸트의 법의 개념과 동일하다.

『法學論集』 제29집, 고려대 법학연구소, 1993, 49면 이하 참조.

28) 『荀子』, 禮論, "禮起於何也? 曰, 人生而有欲, 欲而不得, 則不能無求. 求而無度量分界, 則不能不爭, 爭則亂, 亂則窮. 先王惡其亂也, 故制禮義以分之, 以養人之欲, 給人之求. 使欲必不窮於物, 物必不屈於欲. 兩者相持而長, 是禮之所起也."

칸트에 의하면 인간은 이기와 욕망을 추구하는 자연적 자유를 가지고 있는데, 이 자연적 자유는 일정한 척도와 한계가 없다면 항상 타인의 자연적 자유와 충돌하여 쟁탈이 벌어지고 무질서를 가져오게 된다고 한다. 그래서 각자의 자연적 자유에 한계를 그어서 서로 충돌되지 않도록 법을 정함으로써 평화로운 공존조건을 마련한다는 것이다. 이것이 법이 생겨난 이유이다. 그래서 칸트의 유명한 법의 정의는 다음과 같이 되어있다.

"법이란 한 사람의 자의(자연적 자유)가 다른 사람의 자의(자연적 자유)와 자유의 일반법칙에 따라 서로 양립할 수 있는 조건의 총체이다."29)

이렇게 순자의 예개념과 칸트의 법개념은 같다. 이 점은 홉스에서도 마찬가지이다. 홉스에 의하면, 인간은 욕망과 이익을 추구하는 성정 때문에 자연상태에서는 인간은 '만인의 만인에 대한 투쟁상태'30)에 놓이게 되며 "인간은 인간에 대하여 늑대"31)가 된다고 한다. 따라서 사회계약을 통하여 법과 국가를 세움으로써 그 욕망의 충돌을 막아서 평화로운 공존의 법상태를 마련해야 한다는 것이다. 그리하여 자연상태가 극복된 법상태에서는 "인간은 인간에 대하여 신"으로 변한다고 한다.32) 그는 법의 개념을 다음과 같이 설명한다.

---

29) I. Kant, *Die Metaphysik der Sitten*, in: *Kant—Werke*, Bd. 7, S. 337. "Das Recht ist der Inbegriff der Bedingungen, unter denen die Willkür des einen mit der Willkür des andern nach einem allgemeinen Gesetze der Freiheit zusammen vereinigt werden kann."
30) T. Hobbes, *Vom Menschen Vom Bürger*, Kap. 5, Art. 9, S. 59 f.: "status naturalis est bellum omnium in omnes."
31) T. Hobbes, a.a.O., S. 59 f.: "homo homini lupus."
32) T. Hobbes, a.a.O., S. 59 f.: "homo homini deus."

"법을 제정·공포하는 목적은 행동을 제한하려는 것 이외의 아무것도 아니다. 그 제한 없이는 평화는 불가능하다. 이 세상에 법률이란 것은 결국 개인의 자연적 자유를 제한하기 위하여 만들어지는 것이다. 그렇게 함으로써 각 개인은 서로서로 상대방을 해치지 않게 되고 오히려 서로서로 돕게 되는 것이다."[33]

이것으로 알 수 있듯이, 순자의 예개념은 칸트, 홉스의 법개념과 그 내용이 같다. 따라서 법과 마찬가지로 예도 객관적인 행위준칙이며 인간행위를 통제하여 질서를 세우는 사회규범이다. 다만 그것이 법과 다른 점은 강제가 수반되어 있지 않다는 데 있다. 강제성이 없는 예규범의 규범력을 의심하는 사람도 있지만, 강제성이 있는 법규범의 규범력을 의심하는 사람도 없지 않다. 현대의 법만능 사회에서도 권력남용은 사라지지 않고 범죄행위는 좀처럼 줄어들지 않고 있는 것이 현실이라면, 법의 강제적 규범력의 한계를 솔직히 인정하여야 할 것이다. 따라서 사회윤리 규범으로서의 예와 강제규범으로서의 법은 서로 배타적인 관계로 놓일 것이 아니라 상호보완적 관계에 놓이는 것이 바람직하며, 특히 '법은 윤리의 최소한도'에 머물러야 할 것이다. 사회정책적으로는 예규범이 지배하는 영역이 크면 클수록 좋다. 모든 사회생활의 영역을 전부 법으로 통제하는 것은 불가능할 뿐만 아니라 불필요하다. 강제규범은 예의 최소한도에 그쳐야 하며 양 규범의 지배영역은 서로 존중되어야 한다. 순자의 예치주의도 법의 지배영역을 부인한 것이 아니라 주례종법(主禮從法)의 입장에서 양 규범의 지배영

---

33) T. Hobbes, *Leviathan*, Chap. 26, p. 246. "… the end of making laws, is no other, but such restraint; without which there cannot possibly be any peace. and law was brought into the world for nothing else, but to limit the natural liberty of particular men, in such manner, as they might not hurt, but assist one another …."

역을 안배하였던 것임을 주목하여야 한다.[34]

Ⅲ. 법치주의

법가는 법과 형으로 나라를 다스린다. 그런 의미에서 '법치주의'라고 한다. 그러나 이 법치주의에는 법치만 있는 것이 아니라 술치(術治)와 세치(勢治)가 합하여져 있다. 상앙은 법치에 중점을 두었고, 신불해는 술치에 중점을 두었고, 신도는 세치에 중점을 두었다. 그리고 한비자는 이 셋을 종합하여 법가사상을 완성했다. 한비자는 법·술·세의 삼치(三治)는 지배자가 간직하고 있어야 할 세 가지 요소(三守)로서 그 어느 하나를 결하여도 제대로 통치를 할 수 없다고 한다.

"이 세 가지는 임금이 반드시 지켜야 할 요소이다. 세 가지 지킬 것이 완전하면 곧 나라가 편안하고 자신도 영화로워지며, 세 가지 지킬 것이 완전하지 못하면 곧 나라가 위태로워지고 자신도 위험하게 된다."[35]

---

34) 주례종법(主禮從法)에서 예와 법과의 비율이 어느 정도인지는 확인할 길이 없으나 순자는 법이 지배하는 영역을 좁히고 있다. 즉 법에 의한 형벌은 신중을 기하여 삼가야 한다는 것이다. 그는 성상(成相)편에서 다음과 같이 말한다. "치평(治平)을 가져오는 길은 예의와 형벌의 두 가지이다. 군자가 그것으로 몸을 닦으면 백성은 편안하게 된다. 덕을 밝히고 형벌을 신중히 하여 삼가면 나라는 잘 다스려져서 온 천하(天下)가 태평(太平)해질 것이다(治之經, 禮與刑. 君子以修, 百姓寧, 明德愼罰, 國家旣治, 四海平)."

35) 『韓非子』, 三守, "人主有三守, 三守完, 則國安身榮. 三守不完, 則國危身殆." 삼수(三守)편의 맨 끝 절에서 한비자는 삼겁(三劫)에 대하여 언급하고 있다. 삼겁이란, 첫째 '사겁(事劫)'으로서 임금이 세를 잃고 신하가 나라의 권세를 휘두르는 것이며, 둘째 '명겁(明劫)'으로서 임금이 술을 잃고 신하들의 불충에 의하여 이목이 가려지는 것이며, 셋째 '형겁(刑劫)'으로서 임금이 법을 잃고 신하들이 형벌권을 차지하여 멋대로 행사하는 것이다. 이 삼겁이 있으면 나라가 망한다고 한다.

1. 법치

우선 법치에 있어서 한비자는 다음과 같이 법의 개념을 정의한다.

"법이란 문서로 기록·편찬하여 관청에 비치해 놓고 백성에게 공포한 것이
다."36)

"법이란 관청에 비치해 놓은 헌령(憲令)이며 상벌이 백성들의 마음에 반드
시 아로새겨져 있어 상은 법을 잘 지키는 사람에게 주는 것이고, 벌은 법령을
어긴 사람에게 가해지는 것이다. 이것은 신하들이 따라야 할 규범이다."37)

법가의 법개념은 오늘날의 실정법 개념과 같다. 그러면 그 법은 어
떠한 행위를 금지하고 상벌을 가하는가? 그는 "언행이 법령에 따르지
아니할 때는 반드시 금한다"38)라고 하며, 그 금지 대상은 '신하들과
백성들의 사사로운 행위'39)라고 한다. 즉 "밝은 임금은 공과 사의 구
분을 살피고, 이(利)와 해(害)의 소재를 살펴서 간사한 사람들이 사리
를 추구하지 못하도록 금한다"40)라고 한다. 이것으로 알 수 있듯이,
법으로 금해야 할 행위는 사리를 추구하는 행위이다.

사리(사익)를 추구하는 행위는 공리(공익)에 반하는 행위로서 양자
는 서로 조화되는 개념이 아니라 서로 충돌되는 개념이다. 그래서 "사
리추구 행위가 성행하면 공리는 소멸해 버린다"41)라고 한다. 그러면

---

36) 『韓非子』, 難三, "法者, 編著之圖籍, 設之於官府, 而布之於百姓者也."
37) 『韓非子』, 定法, "法者, 憲令著於官府, 刑罰必於民心, 賞存乎愼法, 而罰加乎姦
   令者也, 此臣之所師也."
38) 『韓非子』, 問辨, "故言行而不軌於法令者, 必禁."
39) 『韓非子』, 和氏, "法術者, 禁君臣士民之私邪."
40) 『韓非子』, 八經, "明主審公私之分, 審利害之地, 姦乃無所乘."
41) 『韓非子』, 伍蠹, "私行立而, 公利滅矣."

무엇이 공리(공익)인가? 법가는 공리를 군주의 이익으로 본다.

"명령은 반드시 행하여지고 금한 것은 반드시 그쳐야 한다. 이것이 군주의
공의이다."42)

여기서 공리는 군주의 지배권이다. 그러므로 공리라는 것은 국민
전체의 이익이나 신하의 이익이 아니라 군주 개인의 지배이익을 두고
말한다. 그리고 그 군주의 이익과 신하의 이익은 언제나 상반·충돌되
는 것으로 이해된다.

"신하와 군주의 이익은 서로 다른 것이다. 어떻게 그것을 밝힐 수 있는가?
… 군주의 이익은 호걸로 하여금 능력을 발휘하게 하는 데 있으나, 신하의 이
익은 붕당을 만들어 사리를 도모하는 데 있다."43)
"군주의 최대의 이익은 패왕이 되는 데 있으며, 신하의 최대의 이익은 작록
을 받고 부귀해지는 데 있다."44)

이러한 한비자의 설명에 따르면, 법으로 금지해야 할 행위는 공익,
즉 군주의 이익에 반하는 행위임을 알 수 있다. 그러므로 여기서 법이
라는 것은 군주가 그의 패왕의 업을 달성하는 데 방해가 된다고 생각
되는 모든 행위를 금지하고 이에 대하여 형벌을 과하는 것이다. 그것

42) 『韓非子』, 飾邪, "夫令必行, 禁必止, 人主之公義也."
43) 『韓非子』, 孤憤, "臣主之利與相異者也. 何以明之哉？ 曰, 主利在有能而任官,
臣利在無能而得事. 主利在有勞而爵祿, 臣利在無功而富貴. 主利在豪傑使能,
臣利在朋黨用私."
44) 『韓非子』, 六反, "霸王者, 人主之大利也. 人主挾大利以聽治, 故其任官者當能,
其賞罰無私. 使士民明焉, 盡力致死, 則功伐可立而爵祿可致, 爵祿致而富貴之
業成矣. 富貴者, 人臣之大利也."

은 군주 자신의 이익을 옹호하기 위한 수단이지 결코 신하의 이익이
나 백성의 이익을 보호하는 수단이 아니다. 법이 이렇게 군주 개인의
사익을 보호하는 수단이라면, 그것은 공익을 보호하는 법개념과는 전
혀 다르다. 자고로 법이란 인간 상호 간의 이익충돌을 해결하는 수단
으로 이해되어왔다. 그것은 한비자의 스승이었던 순자에서도 그러했
다. 순자는 예규범이 생겨난 이유를 인간 사이에서 이기적 욕망의 충
돌을 막기 위하여 일정한 척도와 한계를 예로 정함으로써 사람들의
욕망을 충돌 없이 고루 충족시켜주기 위함이었다.[45] 이러한 순자의
예개념은 서양의 칸트의 법개념에서도 마찬가지였다. 그는 '자유의
일반법칙(allgemeines Gesetz der Freiheit)'을 법이라고 하며, 그것은
인간들 사이에서 이기적 욕망을 추구하는 자연적 자유가 서로 충돌되
지 않도록 일정한 척도와 한계를 그어서 그러한 이익충돌을 막는다는
것이다. 또한 루소의 법개념도 이와 같아서, 법은 인간 사이의 특수의
지(사익)의 충돌을 막고 모든 사람의 이익을 평등하게 보장하는 '일반
의지(volonté générale)'의 표현으로서 그것을 일반이익 또는 공익이
라고 한다.[46]

이러한 법개념에 비추어 볼 때 한비자의 법개념은 전혀 다른 차원
에 놓여 있다. 그의 법개념은 모든 사람의 이익을 보장하는 공익에 기
초하고 있는 것이 아니라 군주 개인의 이익을 보장하는 사익에 기초
하고 있기 때문이다. 따라서 한비자의 법개념은 '객관성'을 결하고 있
으며,[47] 그것은 군주 자신의 이익을 보장하기 위한 '주관적 자의'의

---

45) 『荀子』, 禮論, "禮起於何也? 曰, 人生而有欲, 欲而不得, 則不能無求. 求而無度
   量分界, 則不能不爭, 爭則亂, 亂則窮. 先王惡其亂也, 故制禮義以分之, 以養人之
   欲, 給人之求. 使欲必不窮於物, 物必不屈於欲. 兩者相持而長, 是禮之所起也."
46) J. J. Rousseau, *Du Contrat social(Der Gesellschaftvertrag)*, hrsg. von
   Heinrich Weinstock, 1968, Ⅱ. 1, S. 54.
47) 한비자의 법은 단순한 주관적 자의의 표현이 아니라 객관성을 가지고 있다는

표현 이외의 아무것도 아니다. 즉 그의 법은 군주 자신의 주관적 판단
에 따라 군주 자신의 주관적 이익에 반한다고 생각되는 모든 행위를
금지하고 이에 대하여 형벌을 과하는 것이다. 예컨대 그 가운데는, 군
주를 업신여기는 것도 법으로 처벌하고, 밀고를 안 하는 것도 처벌하
고, 신하가 책임 맡은 일의 성과를 못 올려도 처벌하고 지나친 성과를
올려도 처벌한다. 이런 것이 한비자의 법이다. 그리고 그러한 법의 목
적은 군주 자신의 이익을 보호함으로써 절대군주정을 확립하여 천하
를 통일하는 패왕의 업을 달성하는 데 있다. 아마도 한비자처럼 그의
독특한 자의적 법개념을 가지고 인치주의를 완성해 권력국가를 만들
어낸 이론가도 찾아보기 어려울 것이다.

　일반적으로 법가의 치도를 '법치주의'라고 한다. 그러나 그것은 그
형식에 있어서 '법치'일 뿐이고 그 실질적 내용에서는 '인치' 내지 '역
치(力治)'이다. 이러한 형식적 법치주의는 서양의 '법의 지배(Rule of
Law)' 사상에 기초한 실질적 법치주의와는 거리가 멀며 오히려 그 정
반대이다. 왜냐하면 서양의 법의 지배의 사상은 "국왕도 법 아래에 있
다"라는 명제로 표현되기 때문이다. 따라서 동양의 법가의 이른바 '법
치주의'라는 것은 다만 지배의 형식을 두고 말하는 것일 뿐 지배의 실
질은 '힘의 지배'를 의미한다. 그것은 순수한 권력국가 사상이다. 왜
냐하면 법가에서는 "국왕은 법 위에 서 있으며" 법에 구속되지 않기
때문이다.

　법가의 법개념에는 군주의 절대권력을 구속하는 법(오늘날의 헌법
과 같은 것)은 존재하지 않는다. 오로지 군주의 명령을 어긴 백성이나

　주장이 있다. 즉 법은 '道'의 법칙성에 구속된다는 것이다(尹燦遠, 「韓非子에
　있어서의 法의 客觀性의 問題—老子의 道와 관련하여」, 『哲學』 제25집, 1986,
　149－171면 참조). 그러나 노자의 '道'는 자연법을 뜻하는 것이며 사회법칙을
　뜻하는 것이 아니다. 이 점에 관하여 자세한 것은, 拙稿, 「韓非子의 法思想」,
　242면 이하, 각주 36) 참조.

신하들을 처벌하는 형법만 있을 뿐이다. 따라서 법가에서 군주는 어떠한 법의 구속도 받지 않는다. 군주는 입법권을 독점하고 있으며 자기가 만든 자기의 실정법에 구속되지 아니할 뿐만 아니라, 자연법의 구속을 받지도 않는다. 이와는 달리 유가에서는 군주를 구속하는 자연법의 개념을 알고 있다. 즉 유가에서는 군주는 '도덕'과 '윤리'에 구속된다. 전자의 경우는 '덕치'로서 나타나고 후자의 경우는 '예치'로서 나타난다.

2. 술치

술치(術治)는 신불해(申不害)에서 비롯되어 한비자에 이어지고 있다. 술은 군주의 권한이 신하들에 의하여 잠탈되거나 찬탈되지 않도록 감시하는 술책을 의미한다. 절대군주정에서는 군주만이 절대적 권한을 갖고 신하들과 그 권한을 나누어 가질 수 없다. 따라서 군주는 신하들의 권한 남용을 항상 경계하고 술로써 통제하지 않으면 안 된다. 만일 신하들을 술로써 통제하지 않으면 권력 누수 현상이 생길 뿐만 아니라 심지어는 군주의 자리를 찬탈하거나 아니면 군주를 허수아비로 만들어 버린다.

한비자는 이 점을 다음과 같이 말한다.

"권세는 신하에게 빌려주어서는 안 된다. 위에서 군주가 하나의 권세를 잃게 되면 아래에서 신하들은 백 가지의 권세를 얻게 된다. 신하가 권세를 얻게 되면 힘이 강해지고 힘이 강해지면 중앙의 관리들과 지방의 제후들을 부릴 수 있게 되며 그렇게 내외의 관리들을 부릴 수 있게 되면 군주는 거세되어 무력해진다."[48]

---

48) 『韓非子』, 內儲說下, "權勢不可以借人, 上失其一, 下以爲百. 故臣得借則力多,

"군주가 권세를 잃고 무력해지는 다섯 가지 요소가 있는데, 첫째는 신하가 군주의 이목을 가리는 것이며, 둘째는 신하가 국가의 재정을 마음대로 좌지우지하는 것이며, 셋째는 신하가 군주의 재가 없이 명령을 발하는 것이며, 넷째는 신하가 마음대로 백성에게 선행을 베푸는 것이며, 다섯째는 신하가 패거리를 규합하여 붕당을 조직하는 것이다. 신하가 군주의 이목을 가리면 군주는 총명을 잃게 되며, 신하가 나라의 재정을 장악하면 군주는 백성에게 은덕을 베풀 수 없게 되며, 신하가 마음대로 명령을 발하면 군주는 행정의 통제력을 상실할 것이며, 신하가 임의로 백성에게 선행을 베풀면 군주는 명의를 잃을 것이며 신하가 붕당을 조직하면 군주는 거느릴 무리를 잃을 것이다. 이러한 것들은 오로지 군주만이 독점하고 있어야 할 일들이며, 신하가 그 권능을 가로채서 행할 일들이 아니다."49)

위의 언급에서 알 수 있듯이, 술은 군주의 고유한 권한을 잠탈하는 관리들을 감시·통제하는 수단이다. 절대군주정에 있어서 모든 통치권은 군주 한 사람에게 귀속된다. 관리는 군주의 수족으로서 군주의 의사인 법을 집행할 뿐 군주의 통치권에 속하는 입법권, 형벌권, 재정권, 상여권(賞與權), 병권 등은 가질 수 없다. 따라서 군주는 이러한 군주권을 가로채어 잠탈하는 관리들의 월권행위를 차단하지 않으면 정권을 유지할 수 없으며, 유명무실한 군주로 남을 수밖에 없다. 관리들에 의한 이러한 권한 남용을 방지하기 위하여 군주에게 주어져 있는 통제권이 이른바 '술(術)'이다. 술은 법과 함께 군주의 통치를 위하여 필요불가결한 수단이다. 그 중의 어느 하나라도 결하면 통치는 제대로 이루어질 수 없다고 한다.

力多則內外用, 內外爲用則人主壅."
49)『韓非子』, 道, "是故人主有伍壅. 臣閉其主曰壅, 臣制財利曰壅, 臣擅行令曰壅, 臣得行義曰壅, 臣得樹人曰壅. 臣閉其主, 則主失位. 臣制財利, 則主失德. 臣擅行令, 則主失制. 臣得行義, 則主失名. 臣得樹人, 則主失黨. 此人主之所以獨擅也, 非人臣之所以得操也."

"지금 신불해는 술을 강조하였고 상앙은 법을 강조하였다 … 어떤 사람이
묻기를, 신불해와 상앙 두 사람의 말은 어느 편이 나라를 위하여 절실합니까?
이에 답하기를 그것은 헤아릴 수 없다. 사람은 열흘 동안을 아무것도 먹지 않
으면 죽고, 큰 추위가 닥칠 때 옷을 입지 않아도 죽는다. 그런데 옷과 먹을 것
어느 것이 사람에게 더 절실하느냐고 묻는다면 곧 그것은 한 가지라도 없어서
는 안 된다고 대답할 것이다. 임금이 술이 없다면 위가 가려지고, 신하가 법이
없다면 아래에서 혼란을 일으키게 될 것이다. 그러니 이것들은 한 가지도 없어
서는 안 될 것이며, 모두 제왕이 갖추어야 할 통치의 도구인 것이다."[50]

그러나 법과 술은 그 성질이 다르다고 한다.

"술은 군주가 마음속에 품고 있으면서 신하들의 여러 가지 단서를 대조하
여 은밀히 신하들을 통제하는 것이다. 그러므로 법은 드러내는 것이지만 술은
드러나게 해서는 안 된다."[51]

법은 관청에 비치해 놓고 백성들에게 공포하여 드러내는 것이지만,
술은 군주의 마음속에 감추어 놓고 비밀리에 신하들을 감시하고 경계
한다는 것이다. 따라서 "군주는 신하들의 행실을 보고도 보지 못한 듯
들어도 듣지 못한 듯, 알아도 알지 못한 듯하여야 한다."[52]
이러한 성질로 말미암아 술은 '무위이술(無爲而術)'이라고 하며 한

---

50) 『韓非子』, 定法, "今申不害言術而公孫鞅爲法. 術者, 因任而授官, 循名而責實,
操殺生之柄, 課群臣之能者也, 此人主之所執也. 法者, 憲令著於官府, 刑罰必於
民心, 賞存乎愼法, 而罰加乎姦令者也, 此臣之所師也. 君無術, 則弊於上. 臣無
法, 則亂於下, 此不可一無, 皆帝王之具也."
51) 『韓非子』, 難三, "術者, 藏之於胸中, 以偶衆端而潛御群臣者也. 故法莫如顯, 而
術不欲見."
52) 『韓非子』, 主道, "上見而不見, 聞而不聞, 知而不知."

비자는 이 무위이술을 정당화하기 위하여 노자의 '무위이치'를 원용
한다. 그러나 이것은 노자의 무위이치에 대한 개념의 왜곡이다. 노자
의 무위이치는 인위적으로 조작하지 않고 자연스럽게 다스려지는 것
을 말하는 것이며 "아무것도 안 해도 안 되는 것이 없는" 다스림을 말
한다.[53] 그러나 한비자의 무위이술은 외견상 드러나지는 않지만, 인
위적인 술책을 써서 신하들을 통제하고 다스리는 것이다. 따라서 신
불해나 한비자가 그들의 술치를 정당화하기 위하여 노자의 무위이치
의 개념을 끌어들이는 것은 가당치 않다.[54]

3. 세치

세치(勢治)는 신도에서 비롯되어 한비자에 이어졌다. 여기서 '세'
라는 것은 군주의 세력, 위세, 권세, 권위 등을 가리켜 말하는 것인데
그것이 없으면 법과 술이 실행될 수 없다고 한다. 따라서 세는 법과
술을 실행하는 기초라 할 수 있으며, 그런 의미에서 한비자는 "세란
대중을 휘어잡는 바탕"[55]이라고 한다. 천하를 호령하여 휘어잡을 수
있는 세가 없으면 군주는 유명무실한 존재에 불과하며 통치는 불가
능하다는 것이다. 폭군 걸(桀)이 비록 난폭하기는 하였지만 귀하기
로는 천자였으며 그가 천하를 장악하고 호령할 수 있었던 것은 세가
컸기 때문이라고 한다. 아무리 어진 마음을 가진 요순이라 할지라도
세가 없으면 단 세 사람도 다스릴 수 없을 것이다. 따라서 "군주는 은
혜롭고 어진 마음을 기를 것이 아니라 위엄의 세를 길러야 한다"[56]

53) 『老子』, 三十八章, "上德, 無爲而無不爲."
54) 老子의 '무위이치(無爲而治)'에 관하여 자세한 것은, 拙稿, 「東洋의 自然法 思
    想」, 400면 이하, 특히 404–413면 참조.
55) 『韓非子』, 八經, "勢者, 勝衆之資也."
56) 『韓非子』, 六反, "不養恩愛之心, 而增威嚴之勢."

라고 말한다.

한비자는 세가 없는 군주는 마치 이빨 빠진 호랑이와 같아서 통치를 할 수 없다고 한다.

"호랑이와 표범이 사람을 이기고 모든 짐승을 휘어잡을 수 있는 것은 그의 발톱과 이빨이 있기 때문이다. 만일 호랑이와 표범으로 하여금 그의 발톱과 이빨을 잃게 한다면 반드시 사람에게 제압당할 것이다. 지금 군주에게서 권세가 중요한 것은 그것이 짐승의 발톱과 이빨과 같기 때문이다. 사람들의 임금으로서 그의 발톱과 이빨을 잃는다면 그것은 발톱과 이빨을 잃은 호랑이나 표범의 신세처럼 될 것이다."[57]

그러면 군주의 세는 어디에서 오는가? 유가에서는 그것은 '존현지세(尊賢之勢)'로서 군주의 현명함에서 온다고 한다. 즉 군주의 권위는 '현명(賢明)'에서 오는 것이지 '힘'에서 오는 것이 아니라고 한다. 그러나 한비자는 현명하고 현명하지 못함이 치와 난을 결정하는 요소가 될 수 없다고 하며, 다음과 같이 말한다.

"대체로 세란 것은 반드시 현명한 자가 쓰고 못난 자가 쓰지 못하도록 할 수 있는 것이 아니다. 현명한 자가 쓰면 천하가 다스려지고 못난 자가 쓰면 천하가 어지러워지는 것이다."[58]

요순과 같은 어질고 현명한 임금이 세를 얻으면 천하가 다스려지

---

57) 『韓非子』, 人主, "虎豹之所以能勝人執百獸者, 以其爪牙也, 當使虎豹失其爪牙, 則人必制之矣. 今勢重者, 人主之爪牙也, 君人而失其爪牙, 虎豹之類也."
58) 『韓非子』, 難勢, "夫勢者, 非能必使賢者用己, 而不肖者不用己也. 賢者用之則天下治, 不肖者用之則天下亂."

고 걸주와 같은 난폭한 폭군이 세를 얻으면 천하가 어지러워진다는
것이다.

그러나 요순과 같은 현군 또는 걸주와 같은 폭군은 천년에 한 번 나
타날까 말까 하다는 것이다. 따라서 '보통의 군주'도 통치를 하자면
세를 가져야 하는데, 현군·폭군을 기준으로 하여 세를 논하는 것은
옳지 않다고 한다.

"대체로 요순 걸주는 천년에 한 번 나오는 인물이다. 내가 세를 말하는 것은
보통 사람(中) 때문이다. 보통 사람이란 위로는 요순에 미치지 못하고, 아래로
는 역시 걸주가 되지 않는다. 법을 안고 세를 업으면 다스려지고, 법을 등지고
세를 버리면 어지러워진다. 이제 세를 없애고 법을 등지고서 요순을 기다린다
면 요순이 이르러서야 다스려진다. 이것은 천년 동안 혼란되다가 한 번 안정
되는 것이다. 법을 안고 세를 업고서 걸주를 기다린다면 걸주가 이르러서야 혼
란해진다. 이것은 천년 동안 안정되다가 한 번 혼란해지는 것이다. 안정된 때
가 천년이고 혼란한 때가 한 번인 것과 안정된 때가 한 번이고 혼란한 때가 천
년인 것은 마치 천리마를 타고서 내달리는 것과 같아서 서로 간의 거리가 너무
나 먼 것이다."59)

한비자는 세를 제도의 문제로 보았으며 사람의 문제로 보지 않았
다. 사람이 현명하건 현명하지 않건 그것과는 상관없이 제도에 의하
여 세를 얻는다는 것이다. "법을 안고 세를 업는다(抱法處勢)"는 것은
그것을 두고 한 말이다. 즉 사람이 절대군주정의 법제도를 만들어 한

---

59) 『韓非子』, 難勢, "且夫堯舜桀紂, 千世而一出, 是比肩隨踵而生也. 世之治者不
絶於中, 吾所以爲言勢者, 中也. 中者, 上不及堯, 而下亦不爲桀紂. 抱法處勢,
則治; 背法去勢, 則亂. 今廢勢背法而待堯舜, 堯舜至乃治, 是千世亂而一治也.
抱法處勢而待桀紂, 桀紂至乃亂, 是千世治而一亂也. 且夫治千而亂一, 與治一
而亂千也, 是猶乘驥駬而分馳也, 相去亦遠矣."

사람의 군주에게 권력을 집중시키면 그 자리가 군주로 하여금 권력의
자루를 쥐고 세를 얻게 만든다는 것이다.

한비자는 절대군주정의 체제를 확립하고 군주에게 무한한 권력을
부여하였다. 그 수단으로 사용된 것이 법·술·세이다.

우선 한비자는 '법'을 통하여 백성을 통일된 조직체로 만들었다. 그
래서 그는 "백성을 통일하는 수단으로서 법보다 좋은 것이 없다"라고
한다.60) 군주가 만든 법을 통해 신하들과 백성의 일체의 언행은 통제
되며 그것은 형벌권에 의하여 보장된다. 이것은 군주의 의지인 법을
관철해 일사불란한 지배권을 확립하기 위한 것이다. 그래서 "법이 자
세하면 군주가 존귀하게 되고 그 의지를 침해받지 아니하며, 군주가
존귀하여져서 침해를 받지 아니하면 군주의 권력이 강화된다"라고
한다.61) 이렇게 군주는 법을 이용하여 "혼자서 사해(四海)의 온 천하
를 장악하며",62) "한 사람의 힘으로써 한 나라를 장악한다."63) 결국
법은 절대군주정의 제도를 창출하는 가장 확실하고 가장 실효성 있는
수단이다.

다음은 '술'이라는 수단이다. 이것은 일단 법을 통해 절대군주정이
확립되고 난 다음 그 정권을 유지하는데 필요한 수단이다. 즉 정권을
유지하려면 대신이나 신하들이 군주의 권한을 잠탈 또는 찬탈하는 것
을 '술'로 막아야 한다. 절대군주정은 군주 한 사람에게 모든 권력이
집중된 제도로서 그 군주의 권력을 신하들과 나누어 가질 수 없다. 신
하들은 다만 군주의 수족으로서 군주의 의지인 법을 집행할 따름이
다. 집행권만 가지고 있는 이러한 신하들이 군주의 입법권과 형벌권

---

60) 『韓非子』, 有度, "一民之軌, 莫如去."
61) 『韓非子』, 有度, "法審則上尊而不侵, 上尊而不侵則主强."
62) 『韓非子』, 有度, "故法省而不侵, 獨制四海之內."
63) 『韓非子』, 有度, "以一人之力禁國."

을 잠탈하거나 찬탈하면 군주는 허수아비가 되든지 쫓겨나든지 해야 한다. 그래서 한비자는 "총애하는 신하가 너무 친근해지면 반드시 군주의 생명을 위태롭게 하며 신하가 너무 존귀해지면 반드시 군주의 자리를 바꾸어 버린다"라고 한다.[64] 신하들의 이러한 월권행위를 엄격히 통제하고 감시·감독함으로써 군주의 권력이 약화하거나 침탈되지 않도록 하는 술책이 곧 술이다. 이 술 가운데는 형명술(形名術; 명실상부함을 검증하는 기술)을 위시하여 무위술, 참오술(參悟術; 功過檢證術), 청언술(聽言術; 충언과 아첨을 구별하는 기술), 용인술 등 무한히 많은 술이 한비자에 의하여 개발되어 있다. 마키아벨리의 권모술수를 훨씬 능가하는 술들이다. 이러한 모든 술은 결국 군주의 지위와 권력을 보전하기 위한 술책들이다. 따라서 법이 군주권을 창출하는 적극적인 수단이라면, 술은 군주권을 유지하는 소극적인 수단인 셈이다.

다음은 '세'라는 수단이다. 이것은 군주권의 위세와 위엄을 뜻하는 것인데, 그것은 법과 술을 실행하는 기초조건이다. 즉 법과 술이 군주권의 강화를 위하여 기능할 수 있도록 하는 바탕(資)이다. 한비자에 있어서 세는 제도가 만들어 주는 것이지 군주가 현명한 사람인가 불초한 사람인가는 문제 되지 않는다. 따라서 제도적으로 절대군주정을 만들어 군주에게 천하를 제압하는 절대권력을 부여하면 "비록 군주가 불초하다 할지라도 신하가 감히 그 군주의 권력을 침범할 수 없다"라고 한다.[65] 결국 제도에 의하여 주어지는 권력의 위세도 군주권을 보전하는 수단이다.

이렇게 한비자에 있어서 법·술·세는 군주의 최고권력을 창출하고 유지하고 보전하는 수단들이다. 한비자에 있어서 이러한 법·술·세

---

64) 『韓非子』, 有度, "愛臣太親, 必危其身, 人臣太貴, 必易主立."
65) 『韓非子』, 忠孝, "人主雖不肖, 臣不敢侵也."

에 의한 치도의 구조는 한 실에 꿴 구슬과 같아서 법치, 술치, 세치의 기능이 상호 결합해 하나의 제도로 뭉친 인조인간이다. 한비자의 국가론은 그 체계적이고 조직적인 기계론적 사고에 있어서 홉스와 흡사하다. 홉스는 『Leviathan』에서 국가를 '인조인간(an artificial man)'이라 하였고, 법을 '인조사슬(artificial chains)'이라 한다. 인조사슬의 한쪽 끝은 군주의 입에 연결되어 있고, 다른 한쪽 끝은 신민의 귀에 연결되어 있다. 군주의 명령은 그의 입을 통하여 하달되고 그것은 모든 신민의 귀에 전달되어 명령대로 행위하게 된다.[66] 그러나 그 목적은 홉스와 한비자에 있어서 같지 않다. 홉스는 그러한 군주의 명령에 의하여 '만인의 만인에 대한 투쟁상태'를 극복하고 안정된 법상태를 만듦으로써 인간을 보호하는 데 있었지만, 한비자는 신민을 군주의 노예로 만들어 패왕의 업, 즉 부국강병의 패도를 달성하는 데 있었다. 즉 홉스의 국가는 법을 통하여 인간을 보호하려 하였고,[67] 한비자의 국가는 법을 통하여 군주를 보호하려고 하였다. 한쪽에서는 국가는 인간의 목적을 위한 수단이었고 다른 한쪽에서는 인간이 국가의 목적을 위한 수단이었다. 결국 한비자의 국가는 자기목적적 개념으로서 그것은 "법을 안고 세를 업은" 강력한 동양의 'Leviathan'으로 탄생했던 것이다. 한비자는 동서양에서 오늘에 이르기까지의 모든 권력국가의 사상적 원조였음을 잊어서는 안 될 것이다.

---

66) T. Hobbes, *Leviathan*, Chap. 21, p. 205.
67) T. Hobbes의 국가론에 관하여 자세한 것은, 拙稿,「Thomas Hobbes의 法思想」,
　　『法思想과 民事法』(玄勝鍾博士 華甲紀念論文集), 법문사, 1980, 61면 이하 참조.

논문출처

1. "맹자의 역성혁명론", 『東西의 法哲學과 社會哲學』(無碍 徐燉珏博士 古稀記念論文集), 박영사, 1990, 518-530면.
2. "유가의 법사상", 「안암법학」, 안암법학회, 제1호(1993), 1-20면.
3. "순자의 법사상", 「법학논집」, 고려대학교 법학연구소, 제29집(1993), 39-68면.
4. "한비자의 법사상", 「법학논집」, 고려대학교 법학연구소, 제32집(1996), 231-264면.
5. "동양의 자연법사상", 「법학논집」, 고려대학교 법학연구소, 제33집(1997), 367-439면.
6. "동양의 법사상의 재조명", 「동아법학」, 동아대학교 법학연구소, 제23호(1997), 345-368면.

편집자 후기

1. 인연

夢鹿 沈在宇 선생님(1933-2019)은 슬하에서 동문수학한 우리 제자들이 진심으로 존경하는 스승님이시다. 선생님께서는 강릉의 삼척 심씨 문중의 가풍 있는 집안에서 1남 1녀의 외아들로 태어나셨다. 고등학생 때 6·25사변이 발발해 학도병으로 참전하셨고 그대로 입대하셔서 군인의 신분으로 장장 4년여를 복무하셨다. 전쟁이 끝나고 1953년 고려대학교 법과대학에 입학하셨다. 선친께서는 수십 칸에 이르는 한옥을 지으시고 넓은 과수원을 경작하시면서 아들의 학업을 뒷바라지하셨다. 워낙에 가풍 있는 집안인데다 오죽헌에 깃든 율곡 선생의 도학풍이 작용한 탓인지 선생님은 어려서부터 선친께 "율곡 선생님 같은 대학자가 되라"라는 말씀을 늘 듣고 자라셨다. 흑룡의 태몽을 안고 태어나신 율곡 선생의 산실(産室)이 오죽헌 몽룡실(夢龍室)이니 심 선생님 아호의 몽夢은 이렇게 얻으신 글자다.

당시 법과대학생들의 공통적인 포부는 사법시험에 합격하여 판사나 검사가 되는 것이었음에도 선생님께서는 법철학에 깊은 관심을 가졌고 이내 대학원에 진학하셔서 법철학을 전공으로 택하셨다. 대개 좋아하는 교수님의 강의에 매료되어 그 과목을 전문 연구 분야로 정하여 학자의 길을 가게 된 경우를 종종 볼 수 있는데 선생님의 경우는 그런 경우가 아니었다. 선생님께서 법철학을 택하신 이유는 잔혹한 전쟁을 직접 치르시면서 겪은 절박한 역사적 경험이 작용하고 있었다. "도대체 국가권력이 무엇이기에 이처럼 온 백성들을 전란으로 몰아넣는 것일까?" 우리 문하생들이 강의 도중 혹은 사석에서 종종 들었던 말씀이다. 국가권력의 본질에 대한 물음은 평생 지속된 심 선생님의 영원한 화두였다. 법의 효력에 관한 연구의 산물인 석사학위 논문(1961년)과 독일에 유학하신 1세대 유학파로서 저항권에 관한 연구로 받으신 박사학위논문의 주제는 선생님의 일관된 문제의식을 그대로 보여주고 있는 저작들이다.

어쩌면 이러한 고풍 어린 한학자 집안의 제반 환경들로 인해 법철학을 하시면서도 결국은 말년에 동양 법철학으로 귀의하심이 운명의 역정처럼 여겨지기도 한다. 그러나 1세대 독일 유학자로서 그리고 이 땅에 사회적 행위론이라는 신학문을 정착시키신 정통 형법학자이자 법철학자로서 긴 세월 강단에서 활동하신 선생님께서 동양학으로 회귀하시게 된 일이 그리 간단하게 이루어진 일은 아니었다.

필자는 선생님의 많은 제자 중 처음으로 동양 법철학을 전공하게 된 행운아다. 석사과정 첫 학기 말에 연구지도 보고서를 제출하러 댁으로 뵈러 간 나를 반갑게 맞아주신 선생님과 한동안 대화를 나누게 되었다. 대화 말미에 선생님께서는 나에게 앞으로 동양 법철학을 연구해 보는 게 어떻겠느냐는 명령과 같은 권유를 하셨다. "자네의 사고방식이 법대 출신과 달리 문과대 출신답다"라는 지극히 감성적인 판단에 서였다. 나는 그때부터 한문을 공부하고 고전을 읽으며 학업의 절반은 철학과에서 동양철학을 공부하며 보냈다. 석사학위논문을 제출했을 때 선생님께서는 대견해하시면서도 한편으로는 많은 의구심을 보이셨다. 논문에 인용된 한문 원전들과 중국논문들을 과연 정말 다 보았는지를 여러 번 확인하셨다. 번역본들이 있는 경우 도움을 받기도 했지만, 대부분은 직접 읽고 이해한 후 인용한 것임을 말씀드렸다. 선생님의 이러한 의구심은 선생님으로서는 지극히 당연한 궁금증이셨다. 선생님께서는 보기 드물게 철저한 원칙주의자이셨기 때문이었다.

단 한 줄을 인용하기 위해 해당 논문을 처음부터 끝까지 읽으시고 이해하신 후에 그 한 줄을 인용하실 정도로 철저한 원칙주의자이시다. 해당 자료가 도서일 경우에는 관련 편 전체를 읽으신 후 인용하신다. 그러니 선생님께서 글을 한 편 쓰실 때 거쳐야 하는 과정이 지루하고 엄격했으며 시간 또한 만만치 않게 소요되었다. 선생님은 완벽주의를 추구하시는 원칙주의적인 삶의 태도로 인해 일상생활에서 무엇 하나 허투루 하시는 경우가 없었다. 선생님께서 생전에 쓰신 주옥같은 글들은 이렇게 탄생해서 우리 곁에 남아 있다. 이런 글쓰기 원칙으로 평생을 살아오신 선생님의 문하생들 또한 학위논문 쓰는 일이 녹록지 않은 일이었다. 인용한 독일어 원전을 이해하고 있음을 몇 번이고 확인하시고 때로는 증명해 보이도록 요구하셨다. 요즈음 예전에 쓰인 유명인들의 학위 논문들이 수도 없이 표절로 비난받는 것을 보면 동시기에 우리를 이처럼 혹독한 학업으로 제련시키신 선생님의 은덕에 더욱 감사하게 된다.

이런 환경에서 오직 나만이 열외였으니 이는 선생님께 한문이 어려워 원문을 확인하기 어렵다는 선입견이 작용하신 탓이리라. 어쨌든 나는 선생님 문하에서 박사과정에 진학해 동양 법철학을 계속 연구하게 되었고 뒤이어 목포대학에 재직했던 조천수 교수와 경기대학교에 재직하고 있는 진희권 교수까지 동양 법철학 전공자가 계속 이어질 수 있었다. 선생님께서 동양 법철학으로 논문을 발표하신 것이 1990년부터이니 내가 박사학위 논문을 제출한 시기였고 조천수 교수와 진희권 교수도 석사논문을 준비하던 즈음으로 기억된다. 그즈음 선생님께서는 동양철학 관련 자료들도 읽으시고 원전도 읽으시면서 제자들

논문을 구체적으로 지도해 오셨고 평소 지녀왔던 국가철학에 관한 동양철학적 이해를 구체화하신 듯하다. 동양철학적 지식이 많지 않으시던 분이 말년에 갑자기 보태거나 뺄 것이 없는 완결된 글을 발표하실 수 있었던 것은 이처럼 긴 세월 꼼꼼히 준비하신 선생님 특유의 성실성과 분명한 목표 의식 그리고 강한 추동력이 바탕이 되었기 때문이다.

이제 선생님께서 타계하신 지 2년이 되어 다시금 선생님께서 남기신 주옥같은 글들을 수습하고 정리하여 이를 책으로 엮어 세상에 내놓게 되니 우리 문하생들의 감회는 남다르다. 이제 선생님의 글을 통해 선생님께서 고민하신 현실과 이루려 하셨던 꿈을 좇아 함께 가보자.

2. 열정과 감동, 그리고 분노

선생님께서 처음으로 쓰신 동양 법철학 논문은 1990년에 출간된 무애 서돈각박사 고희기념 논문집 『東西의 法哲學과 社會哲學』에 기고하신 「맹자의 역성혁명론」이다. 12쪽 분량의 비교적 짧은 글이다. 주지하듯이 선생님의 박사학위논문은 『저항권과 인간의 존엄』이다. 평생을 저항권과 인간의 존엄이라는 화두를 안고 살아오신 선생님으로서는 맹자의 역성혁명사상만큼 충동적이고 매력적인 사상은 없을 것이다. 선생님께서는 수년에 걸쳐 집요하고 섬세하게 맹자를 연구하셨다. 지금도 강의 시에는 물론이고 사석에서도 늘 맹자 사상의 탁월함을 말씀하시던 모습이 눈에 선하다. 아마도 선생님의 맹자를 향한 칭송은 맹자를 금서로 묶어 탄압했던 명 태조 주원장의 분노에 정확히 반비례할 듯하다. 주원장은 맹자의 역성혁명론에 분개해 맹자를 금서로 묶어 백성들이 읽지 못하게 했다. 심지어는 이 늙은이를 무덤에서 파내 능지처사하겠다는 말도 서슴지 않았다고 하니 그 분노가 얼마나 컸는지 짐작할 만하다. 늘 곁에서 선생님을 모시고 뜻을 따랐던 우리로서는 맹자를 향한 선생님의 칭송은 어쩌면 뜻을 같이하는 동지와의 만남만큼이나 감격스러운 모습이었다. 비교적 짧은 글이지만 맹자 역성혁명론의 근거와 의미, 가치 등을 깔끔하게 정리하신 글로서 누구든 일독하는 사람들은 이내 선생님과 뜻을 함께할 수 있도록 이끌 수 있는 글이라 하겠다.

이 글을 발표하신 전후로 선생님은 동양 법철학에 관한 본격적인 연구를 시작하신 것으로 보이고, 그 결실은 1993년 9월 『안암법학』 제1호에 게재된 「유가의 법사상」으로 맺어졌다. 연구주제로 유가를 택하신 것은 유교는 아마도 우리에게 친숙하고 긴 역사적 궤적을 지니고 있던 사상이었기 때문일 것이다. 일반적으로 동양철학 하면 우선 떠오르는 것이 유교였으니 우선 이에 대해 답해야 한다고 여기신 듯하다.

선생님께서는 유가의 통치철학을 전통적인 이해에 따라 덕치주의와 예치주의로 나누어 설명하신다. 선생님께서는 이 양자를 민본주의와 왕도주의로 묶어 함께 개괄한 후 다시 덕치주의와 예치주의로 나누어 상술하신다. 특히 맹자의 역성혁명론을 통해 민본주의를 설명하면서 이를 국민주권 원리라고 강조하시는 점이 눈에 띈다. 즉 "유가에 있어서는 국민이 주권자이며, 국가권력은 국민으로부터 나온다"라는 표현은 동양에서도 국민주권 원리가 수천 년 전에 기능하고 있었다는 단호한 언명이다.

덕치주의의 문제에서 '덕'이란 무엇인가를 묻게 되면 어려운 문제에 봉착할 수 있으나, 일단 우리가 흔히 사용하는 의미 그대로의 '덕치'를 상정하면 이에 대한 논의는 쉽게 전개될 수 있다. "백성을 형벌과 위협으로 억압할 것이 아니라 덕으로 대하여 인정(仁政)을 베풀어야만 한다"라는 언명은 덕치에 대한 정형화된 설명방식이다. 이에 대해서는 역사상 반론의 여지도 별로 없으니 누구나 한마디 거들 수 있을 것이다. 그러나 선생님의 글은 단순히 이에 그치지 않고 덕치주의를 법치주의와 상호보완적 관계로 재정립해 논하고 있다는 특징이 있다. 특히 성군(聖君)을 전제하는 인치주의적 덕치주의와 폭군을 방지하려는 법치주의는 결국 통치자의 권력 남용을 방지하기 위한 수단이라는 점에서 똑같은 귀결점을 지향하고 있고, 성군을 기대할 수 없는 통상의 경우 인치적 요소로 통치자의 인품이 성군을 지향하되 통치행위는 법치제도로 구획하여 안내해야 한다는 점을 강조하고 있는 셈이다. 오늘날 국가제도가 잘 정비된 현대에조차 통치자 한 사람의 인품과 가치관에 따라 국가의 향배가 갈리는 경우를 보면 덕치와 법치의 상호보완 필요성은 전율을 느낄 만큼 중요한 점이라는 것을 확인할 수 있게 된다. 못된 통치자를 만나 선진국이 졸지에 후진국으로 전락해 버리는 경우를 우리는 현대의 국제정치사에서 수도 없이 보았기 때문이다.

선생님의 예치주의에 대한 설명 중 특별한 것은 맹자의 성선설과 순자의 성악설을 각기 인성의 한 부분만을 강조한 것으로 이해하여 이를 상호 조합한 것이 온전한 인성론이라고 결론지은 점이다. 맹자는 인성의 이성적 측면을 인성으로 보아 덕치주의를 강조한 것이고, 순자는 인성의 감각적 본성을 인성으로 보아 예치주의를 강조한 것이니 결국 덕치주의와 예치주의가 상호 보완되어야 온전한 체제가 이루어진다는 설명이다. 이는 앞서 말한 덕치주의와 법치주의의 상호보완과 동일한 이해라고 할 수 있다. 그러나 예치주의는 법치주의와 분명 다른 것이니 양자 또한 상호 보완되어야 한다고 주장하신다. 이는 법제도가 인습·관습·전통·예의범절·도덕 등 많은 사회규범의 토대

위에 구축되고 기능하고 있는 제도라는 점에서 볼 때 당연한 주장이라고 볼 수 있다.

이로부터 3개월 후 유가의 법사상에 대한 이러한 이해를 바탕으로 선생님께서는 『법학논집』(제29집, 고려대학교 법학연구소, 1993년 12월)에 「순자의 법사상」을 발표하신다. 무려 30쪽에 달하는, 짧지 않은 글임에도 「유가의 법사상」을 발표하신 3개월 후에 또다시 이러한 글을 쓰신 걸 보면 선생님께서는 동양사상에 대한 전반적인 이해와 체계가 정립되었고 이런 이해의 토대 위에서 이제는 동양학 전반에 대한 검토와 분석이 충분히 가능하다고 느끼신 듯하다. 물론 이 글에서도 예외 없이 선생님 특유의 철저한 연구자의 태도를 확인할 수 있다. 이 글에서 선생님은 순자의 예치주의를 후왕지도(後王之道)를 추구하는 왕도정치로 이해하신다. 즉 법선왕(法先王)의 무위이치(無爲而治)적 대동세계(大同世界)와 법후왕(法後王)의 예치주의적 왕도정치를 분명하게 구별한 사람이 순자인데 이러한 순자학의 특징을 잘 정리하여 글을 전개하신다. 특히 순자는 역사상 제의 환공 이래로 효율적인 통치시스템으로 확인된 패도정치의 공효(功效)를 왕도정치의 관점에서 예치주의로 재규정한 역사적 맥락을 지닌 사상가이다. 예치가 객관적인 규범절목으로 통치자의 자의를 방지하려는 통제시스템임에도 불구하고 순자가 인치의 중요성을 강조한 점을 들어 이 또한 왕도주의와 예치주의의 상호보완적 관계로 설명하신다. 여기서는 특히 순자의 성악설을 토마스 홉스의 성악설에, 예치의 필요성을 칸트의 법개념에 비교해 순자의 예치론이 조금도 손색이 없는 법개념임을 강조하신 점이 눈에 띈다.

이로부터 3년 후 선생님께서는 『법학논집』(제32집, 고려대학교 법학연구소, 1996년 12월)에 「한비자의 법사상」을 발표하신다. 조천수 교수가 박사학위논문 주제로 법가사상을 연구하고 있던 시기에 선생님의 법가사상연구 결과를 정리하여 발표하신 것이다. 제자의 박사논문 연구주제를 정해주시면서 선생님께서도 함께 법가 연구를 시작하셔서 3년여 후에 그 결과물을 정리하여 발표하신 글이 바로 이 논문이니, 아마도 제자의 연구에 도움을 주기 위해 먼저 발표하신 듯하다. 선생님의 관련 논문이 있으면 제자의 학위논문 작성에 적지 않은 도움이 되는 것은 말할 필요가 없다.

이 글에서 선생님은 홉스의 국가관이 형식적으로는 권력국가임에도 실질적으로는 법치국가임에 반해, 한비자의 국가관은 법치국가를 표방한 실질적 권력국가라고 보아 역사상 유례없는 권력실증주의라고 이해하신다. 성악설적 인간 이해에서 비롯된 순자의 예치주의와 한비자의 법치주의도 결코 같은 선상에서 논할 수 없음을 강조하신다. 순자의 예치주의가 인간 상호 간의 관계를 조율하고 인성을 계발해 도덕세계로 나아갈 수 있는 안내자의 역할을 한다고 보았음에 반해 한비자의 법치주의의 궁극적 목적은 순전히 신하와 군주의 이해관계에서 군권을 강화하기 위한 장치로 여겨 극구 거부하신다. 한비자가 주장하는 법은 객관성도 결여하고 군주와 백성 간에, 군주와 신하 간에 오로지 군주의 권한만을 강화하기 위한 장치라고 비판하신다. 역사상 노자에 대한 최초의 주석을 단 사람이 한비자인데, 선생님께서는 한비자는 노자의 도(道)를 오해했다고 지적하시면서 한비자의 법치주의는 애초에 법철학적 토대가 잘못되어 이러한 결론에 이르게 되었음을 밝히신다. 이러한 이해의 바탕 위에서 선생님께서는 법·술·세의 상호 결합을 통해 부국강병을 추구한 한비자의 국가론을 ─ 인민을 위해 권력국가론을 주장한 홉스와 비교하면서 ─ "신민을 군주의 노예로 만들어 패왕의 업, 즉 부국강병의 패도를 달성"하기 위한 극단적 권력국가론으로 극구 배척하신다.

이로부터 8개월 후 선생님께서는 그동안 발표하셨던 동양 법철학 글들을 모으고 여기에 새로운 항목을 더해 동양의 법사상을 집대성하는 작업을 시도하신다. 「동양의 자연법사상」(『법학논집』 제33집, 고려대학교 법학연구소, 1997년 8월)은 73쪽에 이르는 매우 긴 글인데 여기에는 종래의 유가의 법사상 대부분이 요약 정리되어 포함되어 있지만, 도가와 묵가에 관한 항목이 새롭게 소개되어 있다. 도가는 그렇다쳐도 당시로서는 묵가에 관한 연구는 국내에 드문 편이었고 번역서 또한 흔치 않았던 시절이었다.

유가 부분에서는 정명론을 직분적 자연법으로 이해하여 마이호퍼의 '로서의 존재(Als-Sein)'에 상응하는 개념으로 이해하시며, 도가에 관한 선생님의 설명 중 눈에 띄는 부분은 노자의 무위이치가 천도의 무위적 특성에 근거하고 있는데 이는 사실과 가치의 이분법적인 구분에 기초한 논리구조에서 볼 때 유비론적 사고에 입각한 자연주의적 오류를 범한 이론이기에 받아들일 수 없는 모순된 이론으로 단정하신다는 점이다. 특히 도가의 무위이치를 "천지자연의 자화(自化)의 도를 모범으로 삼아서 인위적으로 다스리지 않는" 무치주의로 명명하신 후, 자연으로 돌아가라는 노자의 외침을 "무치(無治)의 치(治)로서 인간을 '무법의 자연상태'에 버려 놓은 채 돌보지 않고 방치했다는 점"이 도가 정치철학의 과오라고 평가하신다.

그 밖에 묵가의 자연법사상을 '천지주의(天志主義)'로 명명한 후 천의 의지를 추종하는 묵가 집단의 성격상 이는 종교적 색채를 지니고 있어서 이를 서양 중세의 교회정치와 유사한 입장으로 이해하신다. 묵자의 교상애(交相愛) 겸상리(兼相利) 사상은 현실세계에서는 실현 불가능한 종교적 차원의 실천행위로서 이는 사회과학적 영역에서 구체적 제도의 문제로 논할 수 없는 성격임을 밝히신다. 꼼꼼히 읽다 보면 선생님께서 이 글을 쓰기 위해 얼마나 정성을 기울이셨는지를 곳곳에서 확인할 수 있다. 쉽게 이해하기 어려운 노자철학을 이해하기 위해 도덕경 전체를 매우 꼼꼼히 읽으신 게 분명하고 착간(錯簡)과 위서(僞書) 문제를 안고 있는 묵자는 제대로 된 번역서조차 없었는데도 불구하고 전체를 꼼꼼히 읽으신 모습이 역력히 드러난다. 철저함을 추구하시는 선생님의 성실하신 학자적 연구 태도가 그대로 드러나는 글이라고 볼 수 있겠다.

선생님께서는 이로부터 3개월 후에 『동아법학』(제23호, 동아대학교 법학연구소, 1997년 12월)에 다시 「동양의 법사상의 재조명」이라는 제하의 글을 발표하신다. 얼핏 보기에 「동양의 자연법사상」의 또 다른 버전으로 보일 수도 있겠지만 전체적인 구성은 동양사상을 유·법·도·묵의 학파별로 나누어 논한 것이 아니라 통치철학의 입장별로 장과 절을 나누어 논하신 점이 특징이다. 덕치주의, 예치주의, 법치주의로 항목을 나누어 구성하고 종래에 발표하셨던 글들을 기초로 하여 이를 다시 나누어 정리 발표하신 듯하다. 아마도 3개월 전에 발표하신 「동양의 자연법사상」이 장문임에도 마지막 결론이 빠진 글이라 석연치 않다고 여기신 탓이신지 다시 깔끔하게 정리해야겠다는 마음에서 작성하신 글인 듯하다. 그런데도 이 글에서 도가와 묵가에 관한 논의를 배제하신 것은 아마도 법학적 관점에서 볼 때 크게 중시할 만한 특징이 없다고 느끼신 듯하다.

3. 후학들에게 주어진 과제

『순자(荀子)』첫 편인 권학(勸學; 배움에 힘쓸 것을 권함) 첫머리는 유명한 "君子曰, 學不可以已. 青取之於藍. 而青於藍. 冰水為之, 而寒於

水”로 시작된다. “군자는 배움에 힘쓰기를 그칠 수가 없으니 청색은 람(藍)이라는 풀에서 만들어지지만 람(藍) 풀의 색보다 더 푸르고, 얼음은 물에서 만들어지지만 물보다 더 차갑다.”『순자』는『맹자』와 달리 대부분 순자 자신이 직접 집필한 저작이다. 책의 첫머리를 권학으로 시작한 것에는 순자의 학문에 대한 깊은 통찰이 담겨 있다. 순자는 공자의 초기 제자인 중궁(仲弓; 본명은 염옹冉雍,『순자』비십이자非十二子 편에는 자궁子弓으로 나옴)의 학문을 이어받아 사회 개혁적이고 변화에 상응하는 사회사상을 펼친 사상가로서 왕도정치를 주장한 맹자를 비판하고 패도정치의 공효를 받아들여 왕도정치와의 상호보완을 주장하였으니 그 통치수단을 예치로 설파한 사상가다. 그 때문에 순자의 예치는 거의 법치에 준하는 통치원리를 담고 있으니 그의 문하에서 한비자와 이사(李斯)가 배출된 것은 전혀 이상한 일이 아니었다.

순자는 변화에 상응하여 전개되는 경험적인 사실을 토대로 새로운 방안을 모색해야 하는 학자는 모름지기 스승의 학문을 더 깊고 심원하게 발전시켜 더 나은 삶을 만들어야 함을 권학의 첫머리에서 강조하고 있는 것이다. 여기서 그 유명한 ‘청출어람(靑出於藍)’이라는 성어가 만들어져 지금도 인구에 회자되고 있다. 스승의 학문을 토대로 삼아 그 위에 더 큰 집을 지어야 함을 그 옛날 순자도 강조하고 있는 것이다. 제자를 훌륭하게 길러내야 하는 스승의 정성과 노고도 쉬운 것이 아니겠지만, 스승을 딛고 일어서야 하는 제자의 과업은 그 못지않게 더욱 막중한 학자적 사명이다. 쉽지 않은 이 일을 해야 하는 우리 심재우 선생님의 문하생들은 여기서 더 나아가지도 못하고 있으니 이런 모습은 우리도 바라는 바가 아니요 작고하신 선생님의 뜻도 아니리라. 훌륭한 제자를 얻는 것은 학자의 더없는 자랑이니 맹자는 이를 군자삼락(君子三樂)의 하나라고 했다. “여기에 천하의 왕이 되는 것은 해당하지 않는다(得天下英才而教育之, 三樂也. 君子有三樂, 而王天下不與存焉)"라고 할 정도로 제자와 함께하는 학문의 즐거움은 큰 것이다. 신통치 않은 재주조차 타고나지 못한 불초(不肖)가 언감생심 선생님의 학문을 딛고 그 위에 큰 그림을 그릴 수 있겠는가? 그러나 이는 선생님께서 남기신 뜻이 아니리라. 부득이 미력하게나마 불초의 소견을 개진해보고자 한다.

　선생님의 학문과 사상체계의 큰 뼈대를 이루는 국가철학은 유럽의 복잡다단한 역사를 통해 형성된 관점에 입각해 있다고 할 수 있다. 국가를 바라보는 관점은 동양과 서양이 달라도 너무 다르다. 서양은 중세 종교가 지배하던 천년을 거치면서 신의 실존을 부정할 수 없었듯이 국가의 존재를 실체로 상정한다. 왕권신수설로 무장된 국가는 종교개혁 이래로 신의 권위가 위협받는 정치사에서 아우구스티누스의 신국을 대신하는 또 다른 변용이다. 국가는 엄연한 인식 대상인 실체요 독자적 유기체이니 주권개념은 이를 전제하는 사고다. 동양에는 수천 년을 통해 서양의 주권개념에 상응하는 용어가 제기된 적이 없었다. 신이 관념의 산물이듯이 국가 또한 관념의 산물이라고 보는 것이 동양의 사유체계다. 경험적 사고를 통해 이루어진 동양의 사유가 경험적 인식의 영역을 넘어서는 경우란 없었으니 그래서 동양은 국가를 굳이 종묘와 사직으로 화체하여 이해하고 있다. 국왕은 시간의 흐름을 타고 대대손손 계속되는 사직을 보존하고 경영하는 잠정적 대리자에 불과했다. 사직은 말 그대로 백성들이 터전을 잡고 살아가는 이 땅과 백성들이 먹고사는 경제적 토대를 의미하는 상징물이다. 그 때문에 동양에서의 국가통치의 최대 관심사는 백성의 평안과 경제적 터전의 확보요 왕으로 화체된 국가는 백성들을 위해 존재한다는 애민사상이 아득한 상고시대부터 존재해 왔다.

유구한 역사적 경험의 토대 위에서 볼 때 동양의 국가는 애민정치를 행하는 도덕국가이어야 한다는 사실이 엄연한 명제로 받아들여져 왔으니 국가를 잠재적 폭군으로 상정해 언제나 감시의 눈을 소홀히 할 수 없는 부정적 존재로 인식된 적이 없었다. 그 때문에 한비자의 국가관을 철저한 권력국가를 옹호하는 전제왕권 옹호자로 처단하는 것은 크나큰 논리적 모순일 수밖에 없다. 한비자는 상앙의 법치와 신도의 세치 그리고 신불해의 술치를 종합한 법가의 집대성자 임에도, 그가 유독 술치에 많은 장을 할애한 것은 그의 조국 한(韓)나라가 처한 정치적 위상 때문이었다. 법가 사상가로 일컬어지는 한비자는 군주조차 법 앞에 평등함을 철저하게 시행한 상앙의 법치를 그대로 전승하고 있는 점을 유의해야 한다. 전국시대 각국의 통치자인 군주는 원래 제후이기 때문에 국왕과 같은 권위와 존엄이 인정되지 않았다. 그 때문에 한비자가 많은 관심을 기울인 존군(尊君)과 신하에 대한 용인술(用人術), 즉 술치는 사활을 건 각국의 부국강병 전략에서 더없이 중요한 화두였던 시대상황이 고려되어야 한다.

동양사상은 백성들의 삶의 경험 속에서, 그리고 통치의 역사적 과오에 대한 반성 속에서 획득한 지혜를 귀납적으로 추출한 원리를 통해 구축되어 왔다. 동양에서는 인간의 삶과 구별되는 또 다른 차원의 세계는 상정된 바가 없으며 경배해 마지않는 신들조차 현세의 인간들이 전화된 인간적 신들이다. 다시 말해서 인간의 감각으로 인식 가능한 범위 내에서 경험적 귀납적으로 추상화시켜 형성된 산물이 철학이고 역사이며 삶의 원리였다. 이 점에서 동양에서 통칭되는 도의 개념 역시 이러한 사유체계에서 조금도 벗어나지 않는다. 그것이 도가의 도가 되었든 유가의 도이든 거론되는 일체의 도는 결코 추상적인 언명이 아니다. 당시의 동양인 누구나 이 점에 이의를 제기하지 않았으며 그 때문에 어떤 사상가도 '나의 도는 너의 도와 이렇게 다르다'라고 현란한 개념정의를 하여 구별하지 않았다. 이는 인간 사유 일체의 판단 척도가 자연의 원리라는 점에서 예외가 없었기 때문에 굳이 도를 또 다른 차원에 존재하는 고유개념어로 상정할 필요도 타당성도 없었다는 의미가 된다. 그러므로 자연과 삶을 동일하게 사유했던 동양사상의 근본토대를 올바로 이해한다면 '자연주의적 오류'는 전혀 설득력이 없는 이해가 된다. 이 점을 받아들인다면 한비자가 주해한 노자의 도(道)도 결코 오해한 것이 아니며 묵자가 상정했던 천의(天意)도 결코 전지전능한 신의 의지는 아니다. 이는 우리가 흔히 말하는 '하늘 뜻' 그 이상도 그 이하도 아니다. 다시 말해서 인간사의 일들이 대자연의 순리에 맞게 전개되어야 한다는 의미 이상을 넘어설 수 없는 것이다.

끝으로 선생님의 글쓰기가 제자들에게 모범으로 여겨져 왔다는 점을 소개해야겠다. 이 글을 쓰는 나도 글쓰기가 잘 안 될 때 쓰고 있는 글의 주제와 전혀 상관이 없음에도 종종 선생님의 글을 찾아서 읽어보곤 했다. 막힌 구멍이 뚫리듯 시원하게 전개되는 선생님의 글은 통쾌한 청량감을 주기에 족하다. 선생님의 글은 대체로 어느 곳 하나 더할 것도 뺄 것도 없을 만큼 잘 갖추어진 완결성을 자랑한다. 그만큼 매 단락 물고 물리며 이어지는 선생님의 글은 흡사 유능한 연출가가 전체 청사진을 머릿속에 담아놓고 이를 차례차례 펼쳐 보이듯이 막힘없이 전개된다. 선생님의 글쓰기가 얼마나 신묘하면 토마스 홉스의 법사상을 열심히 강의한 후 강의가 어려웠는지 어느 학생이 관련 논문을 알려달라기에 선생님의 글을 소개한 적이 있었다. 다음 시간에 학생이 내게 와서 선생님 강의보다 그 논문 한번 읽으니 훨씬 나았다는 지적에 얼굴이 뜨거워졌던 적도 있었다. 아마도 글을 쓰다 선생님 글을 꺼내 읽곤 하는 습관이 그때부터 생겼던 것 같다.

그러나 언제부터인가 세상만사는 칼로 무 자르듯이 딱딱 구별되어 전개되는 것이 아님에도 이러한 생활사태를 일정한 개념 언어로 분명하게 구별하여 단계적으로 차례차례 논하는 논리 전개가 무리가 있을 수 있다는 생각이 들었다. 사태는 총체적이며 즉시적으로 광범위한 범위에 걸쳐 수많은 인연의 사슬 속에서 전개된다. 그 때문에 인간의 삶을 있는 그대로 바라보며 과거 삶의 경험에서 얻어낸 원리로 사태를 파악하고 그에 대한 대책을 세워왔던 동양인들의 사유체계에서 볼 때 선생님의 글쓰기는 조금 낯설어 보이기도 한다. 동양고전을 늘 대하던 나의 사유구조가 그렇게 형성되어서인지 모를 일이다. 어쨌든 선생님의 동양 법철학 관련 글들을 볼 때마다 서양학자가 쓴 글이라는 점이 자꾸 오버랩되는 것은 어쩌면 스승님에 대한 불경스런 제자의 모습 같아 죄송하기도 하다. 아마도 만약 내가 서양철학 관련 글을 쓴다면 서양학자가 보기에 똑같은 평을 할지도 모를 일이다. 이 점에서도 역시 동양학과 서양학은 많이 다르다는 생각을 하게 된다.

선생님께서 돌아가신 지 두 해가 지나감에도 어느 늦은 저녁에 연구실로 잠깐 들르신 선생님께서 문을 열고 나가시다 다시 돌아보시며 "이군! 저녁은 먹었나?" 하시던, 걱정이 가득하신 선생님의 인자한 얼굴이 떠오른다. 불끈 눈시울이 적셔지는 것은 아마도 군사부일체라는 우리의 정서상 스승님은 아버지라는 정리 때문일 것이다. "선생님 평안히 잠드소서!"

2021년 8월
충북대학교 연구실에서
이 재 룡 근식

심재우

1933년 강릉에서 태어나 고려대학교 법과대학과 대학원 법학과를 졸업하고 독일 빌레
펠트 대학교 법과대학에서 「저항권과 인간의 존엄」으로 박사학위를 받았다(1973년).
1974년부터 고려대학교 법과대학에서 법철학과 형사법을 강의하면서 학생들에게 법
과대학이 단순히 조문을 다루는 기술자들을 생산하는 공장이 아니라는 사실을 깨닫게
해주었다. 답안지에 어떻게든 '인간의 존엄'이라는 단어가 들어가면 높은 학점을 받을
수 있다고 소문이 날 만큼 '인권'과 '인간의 존엄'이 곧 법의 정신임을 역설하는 정열적
인 강의로 유명했다. 법철학과 형사법에 관련된 다수의 논문을 발표했고, 필생에 걸친
학문적 화두인 「저항권」이라는 제목의 단행본을 출간했으며, 독일 스승 베르너 마이호
퍼의 「법치국가와 인간의 존엄」, 「법과 존재」, 저항권의 역사적 전개과정을 다룬 「폭정
론과 저항권(헬라 만트)」 그리고 루돌프 폰 예링의 고전 「권리를 위한 투쟁」을 번역했
다. 한국법철학회와 한국형사법학회 회장을 역임했다. 2019년 9월 28일 善終했다.

몽록(夢鹿) 법철학 연구총서 2

왕도와 패도

초판발행	2021년 9월 28일
지은이	심재우
펴낸이	안종만 · 안상준
편 집	이승현
기획/마케팅	조성호
표지디자인	박현정
제 작	고철민 · 조영환
펴낸곳	(주)**박영사**
	서울특별시 금천구 가산디지털2로 53, 210호(가산동, 한라시그마밸리)
	등록 1959. 3. 11. 제300-1959-1호(倫)
전 화	02)733-6771
f a x	02)736-4818
e-mail	pys@pybook.co.kr
homepage	www.pybook.co.kr
ISBN	979-11-303-3954-2 93360

copyright©심재우, 2021, Printed in Korea

정 가   17,000원